JN068784

収益課税の論点

Issues concerning Revenue Taxation

日税研論集
Journal of Japan Tax Research Institute

VOL 82

研究にあたって

成蹊大学名誉教授　成道　秀雄

　1990年代に天然ガス卸売会社として確固たる地位を築いていた米国エンロン社は，生産者と顧客との間での手数料収入でなくマーケットメーカーとしての差額収入を得ていた。そのために天然ガスの価格変動リスクを回避すべくデリバティブ取引を積極的に活用していた。しかしその後に取引対象を電気，金属，天候デリバティブ，排出権等へと拡大していったために，次第に利益率の低下が顕著となり，さらに海外事業関係での失敗が続出し，膨大な負債を抱えることとなった。そこで，損失の拡大を回避すべく次第に粉飾経理に手を染めていくことになる。そのひとつが，デリバティブ取引を抑制するために普及した時価評価会計の採用である。顧客との契約期間でのガス等の販売価格を現在価値に割り引くにおいて，長期契約でも初年度の収益として前倒しすることが可能となった。現在価値に割り引くといってもかなり恣意的であり，巧みに収益のかさ上げが行われた。しかし結局のところ，このようなエンロン社の不正経理は内部告発により明らかとなり，その結果として株価の暴落を招き，2001年2月に米国連邦破産法を適用して破綻した[注]。

　エンロン事件を契機として，2002年10月に国際会計基準審議会（IASB）と米国財務会計基準審議会（FASB）は収益認識に関する包括的な会計基準の開発のための共同プロジェクトを立ち上げた。その最終的成果として，2014年5月に「顧客との契約から生じる収益」（IASBにおいては

IFRS 第 15 号，FASB においては Topic606）が公表された。

　IFRS 第 15 号等の公表を踏まえて，2018 年 3 月に，わが国の企業会計基準委員会（ASBJ）は企業会計基準第 29 号「収益認識に関する会計基準」，企業会計基準適用指針第 30 号「収益認識に関する会計基準の適用指針」を公表している。わが国においても収益認識に関する包括的な会計基準が存在することとなった。3 月決算期の企業には 2022 年 3 月まで適用が猶予されたことからも，実務への適用が難しく，いかに影響の大きな内容であるかが窺える。これを受けて，2018 年度の「収益認識に関する会計基準等の対応」として法人税法が改正され，法人税法の従来からの立場を明確にする意義をもつものとして，法人税法第 22 条の 2 が創設された。

　エンロン事件の後の 2000 年に入っての技術革新は，その多くがそれまでの応用編（アイデア）といえるかもしれない。グローバル化，デジタル化，フィンテック，キャッシュレス化，仮想通貨，ポイントカード，サブスク，メタバース等々は新たな事業形態の出現をもたらし，なかんずく販売形態においても同様といえよう。わが国の収益認識会計基準の公表では，別に「設例」も紹介されているが，新たな販売形態に通じるものも含まれている。

　このたび刊行された日税研論集第 82 号『収益課税の論点』では，まず，わが国の収益認識会計基準について考察し，次に収益認識会計基準の公表を受けての法人税の立ち位置を明確化，具体化するとともに，残された課題について総観されている。そして新たに顕在化しつつある販売形態を紹介しつつ税務上の論点に言及した。

　各章の概要を示すと次のようになる。

第 1 章　収益認識会計基準の開発とその概要

倉田幸路

　企業会計基準第 29 号「収益認識に関する会計基準」（2018 年 3 月；最終改訂 2021 年 3 月）が公表され，新たに包括的な収益認識に関する基準が設

定された。この基準は IFRS 第 15 号の規定を取り入れたものであり，基準開発の経緯，概念フレームワークにおける収益の定義と認識，収益認識会計基準の概要，特定の状況または取引における取扱い，IFRS 第 15 号の定め及び結論の根拠を基礎としたもの以外の項目，従来の基準からの主な変更点について検討した。

第 2 章　法人税法 22 条 2 項，22 条の 2 の規定の意義と検討

岡村忠生

　平成 30 年度税制改正による法人税法第 22 条第 4 項の下での同法第 22 条第 2 項と第 22 条の 2 の意義を，収益認識会計基準と IFRS 第 15 号，及び，これらの源流にある IASB（国際会計基準審議会）等の文献を参照しつつ検討し，法人税法は，収益認識の方法論という領域の存在を承認し，資産負債の公正価値（現在出口価値）に基づく収益認識の考え方を直視することを通じて，収益に対する規律の実定性を獲得し，課税の公平性を高めるべきだと主張する。

第 3 章　収益認識に関する会計基準における契約の概念と租税裁判実務における契約の認定

佐藤修二

　収益認識会計基準における「契約」は，法的な概念であり，具体的には，裁判実務で現に通用している契約概念を参照すべきものと考えられる。租税裁判実務における契約の認定は，大要，整備された契約書が存在すればその契約書に沿った形で行われ，整備された契約書が無ければ諸事情を総合勘案して行われる。収益認識に関する会計基準を運用するに当たっては，こうした法的な契約の概念を理解した上で対応する必要があろう。

第4章　法人税法と収益認識会計基準

渡辺徹也

　収益認識に関する会計基準（企業会計基準 29 号）等の公表を受けて，法人税法は平成 30 年度改正で 22 条の 2 という規定を新たに導入した。本稿では，法人税法において同法 22 条の 2 をどのように位置づけるべきかという問題を設定し，収益認識会計基準を法人税法に取り込む規定という捉え方と，収益認識会計基準が法人税法に与える影響を防止する規定という捉え方の双方の側面から検討を行った。

第5章　収益認識会計基準における「履行義務の充足」と法人税務における「引渡し」

古田美保

　収益認識会計基準制定により，業界ごとに用いられていた慣習や特有の会計基準の取扱い，特に収益認識のタイミングに関する基本原則が整備されたことに伴い，従来の「実現」と法人税法上の「引渡し等の日」との異同及び対応についての検証が必要となった。本章では，収益認識のためのステップのうち認識のタイミングに関する会計基準の概要と，それに対応する法人税法上の対応及び基本通達の異同について確認した。その上で，税制改正後の法人税制における公正処理基準の意義・内容について検討を行った。

第6章　追加の財又はサービスを取得するオプションの付与―ポイントプログラム等―

齋藤真哉

　収益認識単位となる履行義務の識別に関する課題として，追加の財又はサービスを取得するオプションの付与がある。日本で広く普及しているポイントプログラムは，その典型例である。会計上，重要な権利を顧客に提供する場合にのみ，別個の履行義務として処理する。税務上も，任意では

あるが，同様の方向性を示している。しかし会計と税務とでは，1つの履行義務の構成要素の範囲や重要性に係る考え方の相違が内在すると考えられる。

第7章　収益認識会計基準が税制にもたらした影響―特殊販売等，デジタル化による変容―

坂本雅士

　本章では，収益認識会計基準に税制がいかに対応したかを俯瞰し，そこに内在する問題を指摘した上で，新基準が税制にもたらした影響について検討する。その射程は個々の項目から，新たな取引形態まで広範に及ぶが，本章では個別の税務処理を取り上げる。その際，デジタル化による変容についても考えてみたい。なお，デジタル化の意味するところは一様ではないものの，ここではそれを，伝統的な法人税法の思考に対するアンチテーゼたる予測や見積もりの要素の拡大と捉えることとする。

第8章　本人と代理人の区分，サブスクリプション収入

尾上選哉

　本章の「本人と代理人の区分，サブスクリプション収入」では，新たに適用された収益認識会計基準が，(1) 本人と代理人の区分，(2) サブスクリプション収入にかかる企業の収益認識の会計及び税務にどのような影響を与えているかを取り扱っている。本人と代理人の区分，サブスクリプション収入について，会計上及び税務上の取扱いを整理，検討した結果，どちらの領域においても，会計上と法人税法上の取扱いに差異は基本的に認められないことを明らかにしている。

第9章　役務の提供と無形資産のライセンスの供与，譲渡

成道秀雄

　本章では，収益認識会計基準の公表を受けて，法人税での役務の提供と

無形資産のライセンスの供与と譲渡の改正の内容を，収益認識会計基準で解説されている「設例」をもとに考察した。設例では，ソフトウェアのライセンスの供与と抱き合わせてのインストールサービス，テクニカルサポートサービス，アップデートサービスの移転，プラットフォーマーの代理人としてのサービスの提供，そして製品の販売に伴う仕様に従っての機能保証サービスと操作方法の訓練サービスの取扱いの違い等を列挙しており，それを受けて法人税ではどのように処理され，租税回避とみなされる恐れのある行為に言及した。

補章　収益認識計上に関する租税判例―相栄産業事件・大竹貿易事件・ビックカメラ事件―

柳 綾子

　法人の各事業年度の益金の額に算入すべき収益及び損金の額に算入すべき原価・費用・損失は，会計包括規定たる公正妥当と認められる会計処理の基準（公正処理基準）に従って計算されるものとされている（法法22条4項）。本章では，公正処理基準のもとで収益認識計上が争われた相栄産業事件・大竹貿易事件・ビックカメラ事件の3つの判例を分析・検討することにより，そのあり方を考察する。

　脱炭素化を含めてのSDGsの推進の過程で5Gから6Gの世界に移行し，さらに新たな事業形態や販売形態が出現して，収益認識会計基準の改正，法人税での対応が求められていくとすれば，次の日税研論集の刊行の場で検討してみたい。

　（注）鎌田信男「エンロン事件と米国のコーポレートガバナンス改革」『東洋学園大学紀要』12号127-141頁（2004年3月）。

目　　次

第2章　法人税法22条2項，22条の2の規定の意義と検討

第 6 章　追加の財又はサービスを取得するオプションの付与―ポイントプログラム等―‥‥齋藤　真哉・151

第1章　収益認識会計基準の開発の
経緯とその概要

法政大学特任教授（立教大学名誉教授）　倉田　幸路

Ⅰ　はじめに

　これまで日本では，収益認識に関して，『企業会計原則』（昭和24年7月，最終改正昭和57年4月）において，「第二　損益計算書原則」の一（損益計算書の本質）で「発生主義の原則」，「総額主義の原則」，「費用収益対応の原則」を規定し，三B（売上高の計上基準）及び注解注6，注7で実現主義による収益認識及び長期の未完成の請負工事に関して規定していた。また，工事契約に関して，企業会計基準第15号「工事契約に関する会計基準」（平成19年12月），企業会計基準適用指針第18号「工事契約に関する会計基準の適用指針」（平成19年12月），ソフトウェア取引に関して，実務対応報告第17号「ソフトウェア取引の収益の会計処理に関する実務上の取扱い」（平成18年3月）があるものの，包括的具体的な収益認識に係る会計基準はなかった。

　このような状況の中で，2018年に包括的な収益認識会計基準である，企業会計基準第29号「収益認識に関する会計基準」（2018年3月30日；2020年3月31日改正；2020年7月26日改訂。）と企業会計基準適用指針第30号「収益認識に関する会計基準の適用指針」（2018年3月30日；2020年3月31

日改正：最終改正 2021 年 3 月 26 日。）が公表された。これは，本文において
は，国際会計基準審議会（International Accounting Standards Board: IASB）
が公表した国際会計基準第 15 号「顧客との契約から生じる収益」
（*International Financial Reporting Standards No. 15; Revenue from Contracts
with Customers*. 2014. 以下 IFRS15 と呼ぶ。）をそのまま取り入れたわけでは
ないが，基本的な考え方はそのまま取り入れた基準となっている。本稿で
は，この新しく設定された収益認識会計基準の開発の背景とその概要につ
いて述べることとしたい。

II　基準開発の背景と経緯

　日本の新収益認識会計基準は，会計基準の国際的コンバージェンスのた
め，IFRS15 を取り入れたものであるため，IFRS15 の開発の経緯をみるこ
とにする。

　IASB は，この基準は，IFRS と米国の一般に公正妥当と認められる会計
原則（US GAAP）における収益の財務報告を改善するための共同プロジェ
クトとして行われたものであり，その必要性を次のように指摘している
（BC2）[(1)]。

(a) US GAAP は大まかな収益認識の概念と，特定の業種又は取引に係る
　　詳細なガイダンスとで構成されており，それは経済的に類似した取引に
　　ついて異なる会計処理を生じさせることが多かった。

(b) IFRS における従前の収益の基準は異なる原則を有していて，理解が
　　困難で，単純ではない取引への適用が困難な場合があった。さらに，
　　IFRS には，複数要素契約についての収益認識のような重要なテーマに
　　ついて限定的なガイダンスしかなかった。

(c) IFRS と US GAAP の両者で要求している開示が不適切で，顧客との

---

(1)　IFRS15 からの引用・参照は，本文は項番，「顧客との契約から生じる収益」に関
　　する結論の根拠からの引用・参照は，BC 項番という形で示す。

契約から生じる収益を十分に理解するための情報を財務諸表利用者に提供しないことが多かった。

このように，US GAAP は，業種ごとの細かなガイダンスがあるが，異なる会計処理をもたらすことがあり，また IASB では，従来の IAS 第 11 号「工事契約」と IAS 第 18 号「収益」とが異なり，複雑な取引に限定的なガイダンスしかなく，両者の問題点を解決するため，包括的な収益認識モデルを構築する必要があり，その利点を次のように述べている（BC3）。

(a) 収益認識の問題に対処するための，より堅牢なフレームワークを提供する。

(b) 企業，業種，法域及び資本市場間での，収益認識の実務の比較可能性を改善する。

(c) 企業が参照しなければならない要求事項の数を減らすことにより，財務諸表の作成を単純化する。

(d) 認識される収益の性質，金額，時期及び不確実性を財務諸表利用者がより適切に理解するのに役立つ充実した開示を要求する。

このため，まずはじめに，2008 年 12 月にディスカッション・ペーパー「顧客との契約における収益認識に関する予備的見解」を公表した。ここでは，収益認識の基礎として，「顧客との契約締結時に，企業は顧客から対価を受け取る権利を獲得し，顧客に財又はサービスを移転する義務（履行義務）を引き受ける」（BC18）。「収益認識は，概念的には，企業が顧客と契約を結んだ時点で発生する可能性がある。企業が契約開始時（すなわち，いずれかの当事者が履行を行う前）に収益を認識するためには，企業の権利の測定値が企業の履行義務の測定値を上回っていなければならない。これは，権利及び義務を現在出口価格で測定するとした場合に生じる可能性があり，契約資産の増加による収益認識につながる」（BC19）。しかし，契約開始時に契約資産及び収益の認識を禁じ，「したがって，両審議会は，収益の認識は，企業が約束した財又はサービスを顧客に移転し，それにより契約における履行義務を充足した時のみ行うべきだと決定した」（BC20）。

また，測定基礎として，当初，履行義務を直接的に現在出口価格で測定するという代替案を検討したが，さきに述べた，契約時に収益を認識してしまう問題があり，履行義務の測定に「配分後取引価格アプローチ」を適用すべきと決定した（BC25）。

このディスカッション・ペーパーに対して，次の懸念が寄せられた（BC6）。

(a) 履行義務の識別を，財又はサービスの顧客への移転の時期のみに基づいて行うこと

(b) 財又はサービスがいつ移転するのかを決定するために支配の概念を使用すること

これらの懸念は，一定期間にわたり顧客に移転する場合，例えば工事契約について，工事完成基準しか適用できなくなるのではないか，という点であった。これを受けて，2010 年 6 月公開草案「顧客との契約から生じる収益」を公表したが，これに対しても，次の懸念が寄せられた（BC10）。

(a) 支配の概念，及び，特に，サービス契約及び建設されるにつれて一定の期間にわたり顧客へ資産が移転する（例えば，仕掛品資産）契約に対する支配の移転の指標の適用

(b) 契約における履行義務の識別のための個別の財又はサービスの原則。多くのコメント提出者は，提案された原則は，契約の不適切な分割につながると懸念した。

このため，2011 年 11 月改訂公開草案「顧客との契約から生じる収益」を公表した。コメント提出者は，収益認識のコア原則は支持しているものの，次の懸念が寄せられた（BC12）。

(a) 明確化及び一層の精緻化の要望―履行義務の識別の要件，どのような場合に履行義務が一定の期間にわたり充足されるのかの判定，変動対価の見積りの制限などについて

(b) 要求事項の実務上の適用の困難―貨幣の時間価値（IFRS15 では，重大な金融要素と呼んでいる）や基準案の遡及適用などについて

(c)　以下のトピックに関する一部の要求事項案への反対

　(i)不利な履行義務の識別

　(ii)収益に関する情報の開示

　(iii)ライセンスについての要求事項の適用

　(iv)電気通信業界で一般的な契約に対しての配分原則の適用

　これらの懸念に対処して，IFRS15 は完成した[2]。

Ⅲ　概念フレームワークにおける収益の定義と認識

　日本の概念フレームワーク（討議資料『財務会計の概念フレームワーク』）と IASB の概念フレームワークにおいて，収益に関して定義と認識が定められているが，必ずしも同じではない。本節では，その相違についてみることにしたい。

　日本の概念フレームワークでは，収益の定義について，「収益とは，純利益または少数株主損益を増加させる項目であり，特定期間の期末までに生じた資産の増加や負債の減少に見合う額のうち，投資のリスクから解放された部分である。収益は，投資の産出要素，すなわち，投資から得られるキャッシュフローに見合う会計上の尺度である。投入要素に投下された資金は，将来得られるキャッシュフローが不確実であるというリスクにさらされている。キャッシュが獲得されることにより，投資のリスクがなくなったり，得られたキャッシュの分だけ投資のリスクが減少したりする。一般に，キャッシュとは現金及びその同等物をいうが，投資の成果がリスクから解放されるという判断においては，実質的にキャッシュの獲得とみ

---

(2)　その後 2016 年「IFRS 第 15 号の明確化」により，履行義務の識別，本人なのか代理人なのかの検討，ライセンス供与，移行時の実務上の便法について修正されている。また，IASB は修正しないことを決定したが，FASB が修正した項目として，回収可能性，売上税の表示（取引価格の算定），現金以外の対価，完了した契約の定義が挙げられる（BC27H）。したがって，米国基準と IASB 基準とは，収益認識に関しても若干違いがあることになる。

なされる事態も含まれる。収益は，そのように投下資金が投資のリスクから解放されたときに把握される。」（第3章「財務諸表の構成要素」13.項）と説明している。ここでは，これまでの「実現」という概念に代わる「リスクからの解放」という言葉がキーワードとなっている。また，認識に関して，「財務諸表における認識とは，構成要素を財務諸表の本体に計上することをいう。」（第4章「財務諸表における認識と測定」1.項）とし，認識の契機として，「第3章『財務諸表の構成要素』の定義を充足した各種項目の認識は，基礎となる契約の原則として少なくとも一方の履行が契機となる。さらに，いったん認識した資産・負債に生じた価値の変動も，新たな構成要素を認識する契機となる。」（第4章3.項）と述べ，さらに，「第3章『財務諸表の構成要素』の定義を充足した各種項目が，財務諸表上での認識対象となるためには，本章第3項に記した事象が生じることに加え，一定程度の発生の可能性が求められる。一定程度の発生の可能性（蓋然性）とは，財務諸表の構成要素に関わる将来事象が，一定水準以上の確からしさで生じると見積られることをいう。」（第4章6.項）として，認識されるためには蓋然性が必要であることとしている。

　これに対して，IASB の概念フレームワークにおいては，収益の定義について，「収益とは，持分の増加を生じる資産の増加又は負債の減少のうち，持分請求権の保有者からの拠出に係るものを除いたものである。」（4.68項）と規定している。また，認識に関して，「認識とは，財政状態計算書又は財務業績の計算書への記載のために，財務諸表の構成要素（すなわち，資産，負債，持分，収益又は費用）のうち1つの定義を満たす項目を補足するプロセスである。」（5.1項）とし，特に収益の認識に関して，「(a) 収益の認識は，次のものと同時に生じる。(i)資産の当初認識，又は資産の帳簿価額の増加(ii)負債の認識の中止，又は負債の帳簿価額の減少」（5.4項）と述べている。

　日本と IASB における概念フレームワークにおける収益の定義と認識の相違についてみると，まず第一に，収益の定義に関して，日本は「リスク

からの解放」という概念を用いているが，IASB ではこの用語は用いていない。日本における収益の定義は，IASB の狭義の収益（revenue）に該当することに注意しなければならない。第二に，認識における蓋然性の取扱いである。日本では蓋然性を考慮するが，IFRS では蓋然性という言葉は用いていないという2つの点が挙げられる。

Ⅳ　収益認識会計基準の概要

1　用語の定義

　はじめに，用語の定義からみることにする。日本における新収益認識会計基準では，以下の用語を定義している[3]。

- 「契約」とは，法的な強制力のある権利及び義務を生じさせる複数の当事者間における取決めをいう（5項）。
- 「顧客」とは，対価と交換に企業の通常の営業活動により生じたアウトプットである財又はサービスを得るために当該企業と契約した当事者をいう（6項）。
- 「履行義務」とは，顧客との契約において，次の(1)又は(2)のいずれかを顧客に移転する約束をいう。
  - (1)　別個の財又はサービス（あるいは別個の財又はサービスの束）
  - (2)　一連の別個の財又はサービス（特性が実質的に同じであり，顧客への移転のパターンが同じである複数の財又はサービス）（7項）。
- 「取引価格」とは，財又はサービスの顧客への移転と交換に企業が権利を得ると見込む対価の額（ただし，第三者のために回収する額を除く。）をいう（8項）。
- 「独立販売価格」とは，財又はサービスを独立して企業が顧客に販売する場合の価格をいう（9項）。

---

[3]　収益認識会計基準からの引用・参照は，項番を示すことにする。

- 「契約資産」とは，企業が顧客に移転した財又はサービスと交換に受け取る対価に対する企業の権利（ただし，顧客との契約から生じた債権を除く。）をいう（10 項）。
- 「契約負債」とは，財又はサービスを顧客に移転する企業の義務に対して，企業が顧客から対価を受け取ったもの又は対価を受け取る期限が到来しているものをいう（11 項）。
- 「顧客との契約から生じた債権」とは，企業が顧客に移転した財又はサービスと交換に受け取る対価に対する企業の権利のうち無条件のもの（すなわち，対価に対する法的な請求権）をいう（12 項）。
- 「工事契約」とは，仕事の完成に対して対価が支払われる請負契約のうち，土木，建築，造船や一定の機械装置の製造等，基本的な仕様や作業内容を顧客の指図に基づいて行うものをいう（13 項）。
- 「受注制作のソフトウェア」とは，契約の形式にかかわらず，特定のユーザー向けに制作され，提供されるソフトウェアをいう（14 項）。
- 「原価回収基準」とは，履行義務を充足する際に発生する費用のうち，回収することが見込まれる費用の金額で収益を認識する方法をいう（15 項）。

この日本の新収益認識会計基準の用語の定義を IFRS15 と比較すると，以下の点が指摘できる。

1　「契約」「顧客」「履行義務」「取引価格」「独立販売価格」「契約資産」「契約負債」については，ほぼ同様の定義となっている。
2　IFRS では，（広義の）収益（income）と収益（revenue）が定義されている。
3　日本基準では，「顧客との契約から生じた債権」「工事契約」「受注制作のソフトウェア」「原価回収基準」が定義されている。

2　基本となる原則

基本となる収益認識の考え方について，「約束した財又はサービスの顧

客への移転を当該財又はサービスと交換に企業が権利を得ると見込む対価の額で描写するように，収益を認識することである。」（16項）と説明されている。これは，従来の説明，例えば森川（[1988] 104頁）では，伝統的な見解として，「収益の実現のためには，市場取引の存在を前提として，つぎの2つの要件が充足されることが必要である。

(1) 買取意思に裏づけられた給付（財貨又は用役）の引渡しが行われること
(2) その対価として貨幣性資産（現金または現金等価物）が流入すること」

と述べられている。新収益認識会計基準では，後者の点で，伝統的な見解のような分配可能資金の裏づけというようなことまで述べていないが，契約に基づく財又はサービスの引渡しと対価の受領という点で基本的には同じような考え方であるとみることができるが，あくまでも資産・負債の側から説明しようとしていると思われる。

　具体的には，基本となる原則に従って収益を認識するために，次の5つのステップを適用する（17項）。（「⇒」の後の数字は，以下の説明の項番を示す。）

(1)　顧客との契約を識別する。　⇒　3 (1)
(2)　契約における履行義務を識別する。　⇒　3 (2)
(3)　取引価格を算定する。　⇒　4 (1) (2)
(4)　契約における履行義務に取引価格を配分する。　⇒　4 (3)
(5)　履行義務を充足した時に又は充足するにつれて収益を認識する。　⇒　3 (3)

3　収益の認識基準

(1)　契約の識別

　契約を識別するため，(1)当事者が，書面，口頭，取引慣行等により契約を承認し，それぞれの義務の履行を約束していること，(2)移転される財又はサービスに関する各当事者の権利を識別できること，(3)移転される財又はサービスの支払条件を識別できること，(4)契約に経済的実質があること

（すなわち，契約の結果として，企業の将来キャッシュ・フローのリスク，時期又は金額が変動すると見込まれること），(5)顧客に移転する財又はサービスと交換に企業が権利を得ることとなる対価を回収する可能性が高いこと，という5項目のすべてを満たすものを契約として識別する（19項）。

次に，同一の顧客と同時又はほぼ同時に締結した複数の契約について，(1)当該複数の契約が同一の商業的目的を有するものとして交渉されたこと，(2)1つの契約において支払われる対価の額が，他の契約の価格又は履行により影響を受けること，(3)当該複数の契約において約束した財又はサービスが，第32項から第34項（履行義務の識別）に従うと単一の履行義務となること，という3項目のいずれかに該当する場合には，当該複数の契約を結合し，単一の契約とみなして処理する（27項）。

(2) 履行義務の識別

契約における取引開始日に，顧客との契約において約束した財又はサービスを評価し，顧客に移転するそれぞれについて履行義務として識別する（32項）。

この場合，(1)当該財又はサービスから単独で顧客が便益を享受することができること，あるいは，当該財又はサービスと顧客が容易に利用できる他の資源を組み合わせて顧客が便益を享受することができること，(2)当該財又はサービスを顧客に移転する約束が，契約に含まれる他の約束と区分して識別できること，という2つの要件のいずれも満たす場合には，別個のものとする（34項）。

これに対して，(1)一連の別個の財又はサービスのそれぞれが，一定の期間にわたり充足される履行義務の要件を満たすこと，(2)履行義務の充足に係る進捗度の見積りに，同一の方法が使用されること，という2つの要件のいずれも満たす場合には，顧客への移転パターンが同じであるものとする（33項）。

(3) 履行義務の充足による収益の認識

さきに述べたように，企業は約束した財又はサービスを顧客に移転する

ことにより履行義務を充足した時に又は充足するにつれて収益を認識する。資産が移転するのは，顧客が当該資産に対する支配を獲得した時又は獲得するにつれてである（35項），というように，一時点で充足される履行義務と，一定期間にわたり充足される履行義務という2つのパターンがある。ここでいう資産に対する支配とは，当該資産の使用を指図し，当該資産からの残りの便益のほとんどすべてを享受する能力（他の企業が資産の使用を指図して資産から便益を享受することを妨げる能力を含む。）をいう（37項）。

　この2つのパターンの区別について，はじめに，一定期間にわたり充足される履行義務について，(1)企業が顧客との契約における義務を履行するにつれて，顧客が便益を享受すること，(2)企業が顧客との契約における義務を履行することにより，資産が生じる又は資産の価値が増加し，当該資産が生じる又は当該資産の価値が増加するにつれて，顧客が当該資産を支配すること，(3)次の要件のいずれも満たすこと，①企業が顧客との契約における義務を履行することにより，別の用途に転用することができない資産が生じること，②企業が顧客との契約における義務の履行を完了した部分について，対価を収受する強制力のある権利を有していること，という3つの要件のいずれかを満たす場合，一定期間にわたり充足される履行義務であるとしている（38項）。

　一定の期間にわたり充足される履行義務については，履行義務の充足に係る進捗度を見積る必要がある。履行義務の充足に係る進捗度は，各決算日に見直し，当該進捗度の見積りを変更する場合は，会計上の見積りの変更として処理する（43項）。

　また，履行義務の充足に係る進捗度の測定方法として，財又はサービスの性質を考慮して，アウトプット法かインプット法を選択する（適用指針15項）。

　アウトプット法とは，現在までに移転した財又はサービスの顧客にとっての価値を直接的に見積る方法であり，指標として，現在までに履行を完了した部分の調査，達成した成果の評価，達成したマイルストーン，経過

期間，生産単位数，引渡単位数等がある（適用指針 17 項）。インプット法とは，履行義務の充足に使用されたインプットが契約における取引開始日から履行義務を完全に充足するまでに予想されるインプット合計に占める割合に基づき，収益を認識する方法であり，指標として，消費した資源，発生した労働時間，発生したコスト，経過期間，機械使用時間等がある（適用指針 20 項）。

　このように，履行義務の充足に係る進捗度を合理的に見積ることができる場合にのみ，一定の期間にわたり充足される履行義務について収益を認識する（44 項）。しかし，履行義務の充足に係る進捗度を合理的に見積ることができないが，当該履行義務の充足する際に発生する費用を回収することが見込まれる場合には，原価回収基準を用いる。これは，履行義務の充足に係る進捗度を合理的に見積ることができる時まで，かかった費用と同額を収益に計上する方法である（45 項）。

　次に，履行義務が一定の期間にわたり充足されるものでない場合には，一時点で充足される履行義務となる。これは，資産に対する支配を顧客に移転することにより当該履行義務が充足される時に，収益を認識する（39 項）。支配の移転を検討する際には，例えば，(1)企業が顧客に提供した資産に対する対価を収受する現在の権利を有していること，(2)顧客が資産に対する法的所有権を有していること，(3)企業が資産の物理的占有を移転したこと，(4)顧客が資産の所有に伴う重大なリスクを負い，経済価値を享受していること，(5)顧客が資産を検収したこと，というような指標を考慮する（40 項）。

4　収益の額の算定
(1)　取引価格に基づく収益の額の算定

　履行義務を充足した時に又は充足するにつれて，取引価格のうち当該履行義務に配分した額について収益を認識する（46 項）。

(2)　取引価格の算定

取引価格とは，財又はサービスの顧客への移転と交換に企業が権利を得ると見込む対価の額をいい，契約条件や取引慣行等を考慮する（47項）。売上に係る消費税等は，第三者に支払うために顧客から回収する金額に該当することから，取引価格には含まれない（212項）。

取引価格を算定する際には，次のすべての影響を考慮する。

①　変動対価

変動対価とは，顧客と約束した対価のうち変動する可能性のある部分であり，財又はサービスの顧客への移転と交換に企業が権利を得ることとなる対価の額を見積る（50項）。例えば，値引き，リベート，返金，インセンティブ，業績に基づく割増金，ペナルティー等の形態により対価の額が変動する場合や，返品権付きの販売等がある（適用指針23項）。

変動対価の額の見積りには，発生し得ると考えられる対価の額における最も可能性の高い金額（最頻値）を用いる方法と，発生し得ると考えられる対価の額を確率で加重平均した金額（期待値）を用いる方法があり，対価の額をより適切に予測できる方法を用いる（51項）。

また，変動対価の額に関する不確実性が事後的に解消される際に，解消される時点までに計上された収益の著しい減額が発生しない可能性が高い部分に限り取引価格に含める（54項）。顧客から受け取った又は受け取る対価の一部あるいは全部を顧客に返金すると見込む場合，受け取った又は受け取る対価の額のうち，企業が権利を得ると見込まない額について，返金負債を認識する（53項）。

②　契約における重要な金融要素

契約の当事者が明示的又は黙示的に合意した支払時期により，財又はサービスの顧客への移転に係る信用供与についての重要な便益が顧客又は企業に提供される場合，契約において重要な金融要素がある（56項）。金融要素が契約に含まれるかどうか及び金融要素が契約にとって重要であるかどうかを判断するにあたっては，次の(1)約束した対価の額と財又はサービ

スの現金販売価格との差額，(2)約束した財又はサービスを顧客に移転する時点と顧客が支払を行う時点との間の予想される期間の長さ及び関連する市場金利の金融要素に対する影響などの関連するすべての事実及び状況を考慮する（適用指針 27 項）。

　取引価格の算定にあたっては，約束した対価の額に含まれる金利相当分の影響を調整する。収益は，約束した財又はサービスが顧客に移転した時点で（又は移転するにつれて），当該財又はサービスに対して顧客が支払うと見込まれる現金販売価格を反映する金額で認識する（57 項）。

　③　現金以外の対価

　対価として現金以外のものを受け取った場合，時価により取引価格を算定する（59 項）。

　時価を合理的に見積ることができない場合は，当該対価と交換に顧客に約束した財又はサービスの独立販売価格を基礎として算定する（60 項）。

　④　顧客に支払われる対価

　顧客に支払われる対価には，企業が顧客に対して支払う又は支払うと見込まれる現金の額や，顧客が企業に対する債務額に充当できるもの（例えば，クーポン）の額を含む。顧客に支払われる対価は，顧客から受領する別個の財又はサービスと交換に支払われるものである場合を除き，取引価格から減額する（63 項）。

　顧客に支払われる対価を取引価格から減額する場合には，次の(1)関連する財又はサービスの移転に対する収益を認識する時，(2)企業が対価を支払うか又は支払を約束する時（将来の事象を条件とする場合，取引慣行に基づくものも含む。）のいずれか遅い方が発生した時点で（又は発生するにつれて）収益を減額する（64 項）。

(3)　履行義務への取引価格の配分

　それぞれの履行義務に対する取引価格の配分は，財又はサービスの顧客への移転と交換に企業が権利を得ると見込む対価の額を描写するように行う（65 項）。財又はサービスの独立販売価格の比率に基づき，契約におい

て識別したそれぞれの履行義務に取引価格を配分する（66項）。

①　独立販売価格に基づく配分

契約におけるそれぞれの履行義務の基礎となる別個の財又はサービスについて，契約における取引開始日の独立販売価格を算定し，取引価格を当該独立販売価格の比率に基づき配分する（68項）。財又はサービスの独立販売価格を直接観察できない場合には，市場の状況，企業固有の要因，顧客に関する情報等，合理的に入手できるすべての情報を考慮し，観察可能な入力数値を最大限利用して，独立販売価格を見積る（69項）。

財又はサービスの独立販売価格を直接観察できない場合，(1)財又はサービスが販売される市場を評価して，顧客が支払うと見込まれる価格を見積る調整した市場評価アプローチ，(2)履行義務を充足するために発生するコストを見積り，当該財又はサービスの適切な利益相当額を加算する予想コストに利益相当額を加算するアプローチ，(3)契約における取引価格の総額から契約において約束した他の財又はサービスについて観察可能な独立販売価格の合計額を控除して見積る残余アプローチを用いて独立販売価格の見積りを行う。(3)は，①同一の財又はサービスを異なる顧客に同時に又はほぼ同時に幅広い価格帯で販売していること，②当該財又はサービスの価格を企業が未だ設定しておらず，当該財又はサービスを独立して販売したことがないこと，という条件に該当する場合に限り使用できる（適用指針31項）。

②　値引きの配分

契約における約束した財又はサービスの独立販売価格の合計額が当該契約の取引価格を超える場合には，契約における財又はサービスの束について顧客に値引きを行っているものとして，当該値引きについて，契約におけるすべての履行義務に対して比例的に配分する（70項）。

③　変動対価の配分

(1)変動性のある支払の条件が，当該履行義務を充足するための活動や当該別個の財又はサービスを移転するための活動に個別に関連していること，

(2)契約における履行義務及び支払条件のすべてを考慮した場合，変動対価の額のすべてを当該履行義務あるいは当該別個の財又はサービスに配分することが，企業が権利を得ると見込む対価の額を描写すること，という2つの要件のいずれも満たす場合には，変動対価及びその事後的な変動のすべてを，1つの履行義務あるいは単一の履行義務に含まれる1つの別個の財又はサービスに配分する（72項）。

5　契約資産，契約負債及び顧客との契約から生じた債権

　顧客から対価を受け取る前又は対価を受け取る期限が到来する前に，財又はサービスを顧客に移転した場合は，収益を認識し，契約資産又は顧客との契約から生じた債権を貸借対照表に計上する。契約資産か顧客との契約から生じた債権の違いは，法的な請求権であるか否かによる（77項）。

　財又はサービスを顧客に移転する前に顧客から対価を受け取る場合，顧客から対価を受け取った時又は対価を受け取る期限が到来した時のいずれか早い時点で，顧客から受け取る対価について契約負債を貸借対照表に計上する（78項）。

V　特定の状況又は取引における取扱い

　特定の状況又は取引における取扱いについて，次の11の例を挙げている。

1　財又はサービスに対する保証

　約束した財又はサービスに対する保証が，当該財又はサービスが合意された仕様に従っているという保証のみである場合は，企業会計原則注解（注18）に定める引当金として処理する（適用指針34項）。これに加えて顧客にサービスを提供する保証を含む場合は，保証サービスは履行義務であり，取引価格を財又はサービス及び当該保証サービスに配分する（適用指

針35項)。

2　本人と代理人の区分

　顧客との約束が当該財又はサービスを企業が自ら提供する履行義務であると判断され，企業が本人に該当するときは，当該財又はサービスの提供と交換に企業が権利を得ると見込む対価の総額を収益として認識する(適用指針39項)。また，顧客との約束が当該財又はサービスを当該他の当事者によって提供されるように企業が手配する履行義務であると判断され，企業が代理人に該当するときは，他の当事者により提供されるように手配することと交換に企業が権利を得ると見込む報酬又は手数料の金額を収益として認識する(適用指針40項)。

　本人と代理人の区分の判定は，(1)顧客に提供する財又はサービスを識別すること，(2)財又はサービスのそれぞれが顧客に提供される前に，当該財又はサービスを企業が支配しているかどうかを判断することという手順に従って行われる(適用指針42項)。財又はサービスが顧客に提供される前に企業が当該財又はサービスを支配しているときは本人であり，支配していないときは代理人となる(適用指針43項)。

　企業が財に対する法的所有権を顧客に移転する前に獲得したとしても，当該法的所有権が瞬時に顧客に移転される場合には，企業は必ずしも当該財を支配していることにはならない(適用指針45項)。これはデパートや商社にみられる，いわゆる消化仕入といわれるものである。

　支配の判定の例として，(1)企業が当該財又はサービスを提供するという約束の履行に対して主たる責任を有していること，(2)当該財又はサービスが顧客に提供される前，あるいは当該財又はサービスに対する支配が顧客に移転した後において，企業が在庫リスクを有していること，(3)当該財又はサービスの価格の設定において企業が裁量権を有していること，が挙げられる(適用指針47項)。

18

3 追加の財又はサービスを取得するオプションの付与（ポイント制度）

当該オプションが，当該契約を締結しなければ顧客が受け取れない重要な権利を顧客に提供するときにのみ，当該オプションから履行義務が生じる。この場合には，将来の財又はサービスが移転する時，あるいは当該オプションが消滅する時に収益を認識する（適用指針48項）。例として，販売インセンティブ，顧客特典クレジット，ポイント，契約更新オプション，将来の財又はサービスに対するその他の値引き等が挙げられる（適用指針139項）。

履行義務への取引価格の配分は，独立販売価格の比率で行うとされており（66項），追加の財又はサービスを取得するオプションの独立販売価格を直接観察できない場合には，オプションの行使時に顧客が得られるであろう値引きについて，次の(1)顧客がオプションを行使しなくても通常受けられる値引き，(2)オプションが行使される可能性，という2つの要素を反映して，当該オプションの独立販売価格を見積る（適用指針50項）。

4 顧客により行使されない権利（非行使部分）（商品券）

顧客から企業に返金が不要な前払いがなされた場合，将来において企業から財又はサービスを受け取る権利が顧客に付与され，企業は当該財又はサービスを移転するための準備を行う義務を負うが，顧客は当該権利のすべては行使しない場合がある。これを非行使部分という（適用指針53項）。契約負債における非行使部分について，企業が将来において権利を得ると見込む場合は，顧客による権利行使のパターンと比例的に収益を認識し，企業が将来において権利を得ると見込まない場合は，顧客が残りの権利を行使する可能性が極めて低くなった時に収益を認識する（適用指針54項）。

5 返金が不要な契約における取引開始日の顧客からの支払（入会金）

例えば，スポーツクラブ会員契約の入会手数料，電気通信契約の加入手

数料，サービス契約のセットアップ手数料，供給契約の当初手数料等の顧客から取引開始日に入金されたが，返金が不要な支払を課す場合がある（適用指針141項）。この場合，約束した財又はサービスの移転を生じさせるものではない場合は，将来の財又はサービスの移転を生じさせるものとして，当該将来の財又はサービスを提供する時に収益を認識し（適用指針58項），約束した財又はサービスの移転を生じさせるものである場合は，当該財又はサービスの移転を独立した履行義務として処理するどうか判断する（適用指針59項）。

6　ライセンスの供与

　ライセンスの供与の例として，(1)ソフトウェア及び技術，(2)動画，音楽及び他の形態のメディア・エンターテインメント，(3)フランチャイズ，(4)特許権，商標権及び著作権がある（適用指針143項）。顧客との契約における他の財又はサービスを移転する約束と別個のものでない場合は，ライセンスを供与する約束と当該他の財又はサービスを移転する約束の両方を一括して単一の履行義務として処理し，一定期間にわたり充足される履行義務であるか，又は一時点で充足される履行義務であるかを判定する（適用指針61項）。

　別個のものであり，当該約束が独立した履行義務である場合は，ライセンスを顧客に供与する際の企業の約束の性質が，顧客に次のいずれを提供するものであるかを判定する。すなわち，(1)ライセンス期間にわたり存在する企業の知的財産にアクセスする権利である場合は，一定期間にわたり充足される履行義務として処理し，(2)ライセンスが供与される時点で存在する企業の知的財産を使用する権利である場合は，一時点で充足される履行義務として処理し，顧客がライセンスを使用してライセンスからの便益を享受できるようになった時点で収益を認識する（適用指針62項）。

7　買戻契約

①　企業が商品又は製品を買い戻す義務（先渡取引）あるいは企業が商品
又は製品を買い戻す権利（コール・オプション）である場合，顧客は当該商
品又は製品に対する支配を獲得していない。この場合，商品又は製品の買
戻価格が当初の販売価格より低い場合はリース取引として処理し，買戻価
格が販売価格以上の場合は金融取引として処理する。また買戻価格を販売
価格と比較する場合，金利相当分の影響を考慮する（適用指針 69 項）。

　金融取引として処理する場合，商品又は製品を引き続き認識するととも
に，顧客から受け取った対価について金融負債を認識する。顧客から受け
取る対価の額と顧客に支払う対価の額との差額については，金利として認
識する（適用指針 70 項）。オプションが未行使のまま消滅する場合は，負
債の消滅を認識し，収益を認識する（適用指針 71 項）。

②　企業が顧客の要求により商品又は製品を買い戻す義務（プット・オプ
ション）である場合，契約における取引開始日に，顧客が当該プット・オ
プションを行使する重要な経済的インセンティブを有しているどうかを判
定する。重要な経済的インセンティブを有している場合にはリース取引と
して処理し，重要な経済的インセンティブを有していない場合は返品権付
きの販売として処理する。重要な経済的インセンティブを有しているかど
うかを判定するにあたっては，買戻価格と買戻日時点での商品又は製品の
予想される時価との関係やプット・オプションが消滅するまでの期間等を
考慮する（適用指針 72 項）。

　商品又は製品の買戻価格が当初の販売価格以上であり，かつ当該商品又
は製品の予想される時価よりも高い場合は金融取引として処理し，商品又
は製品の買戻価格が当初の販売価格以上で，当該商品又は製品の予想され
る時価以下であり，かつ，顧客がプット・オプションを行使する重要な経
済的インセンティブを有していない場合には，返品権付きの販売として処
理する（適用指針 73 項）。オプションが未行使のまま消滅する場合には，
プット・オプションに関連して認識した負債の消滅を認識し，収益を認識

する（適用指針74項）。

8　委託販売契約

　商品又は製品を最終顧客に販売するために，販売業者等の他の当事者に引き渡す場合には，当該他の当事者がその時点で当該商品又は製品の支配を獲得したかどうかを判定する。支配を獲得していない場合には，委託販売契約であり，他の当事者への商品又は製品の引渡時に収益を認識しない（適用指針75項）。

　契約が委託販売契約であることを示す指標として，例えば，(1)販売業者等が商品又は製品を顧客に販売するまで，あるいは所定の期間が満了するまで，企業が商品又は製品を支配していること，(2)企業が，商品又は製品の返還を要求することあるいは第三者に商品又は製品を販売することができること，(3)販売業者等が，商品又は製品の対価を支払う無条件の義務を有していないこと，が挙げられる（適用指針76項）。

9　請求済未出荷契約

　請求済未出荷契約とは，企業が商品又は製品について顧客に対価を請求したが，将来において顧客に移転するまで企業が当該商品又は製品の物理的占有を保持する契約であり（適用指針77項），顧客が当該商品又は製品の支配をいつ獲得したかを考慮する（適用指針78項）。

　会計基準39項，40項の定めを適用したうえで，(1)請求済未出荷契約を締結した合理的な理由があること（例えば，顧客からの要望による当該契約の締結），(2)当該商品又は製品が，顧客に属するものとして区分して識別されていること，(3)当該商品又は製品について，顧客に対して物理的に移転する準備が整っていること，(4)当該商品又は製品を使用する能力あるいは他の顧客に振り向ける能力を企業が有していないこと，という要件のすべてを満たす場合には，顧客が商品又は製品の支配を獲得する（適用指針79項）。

10 顧客による検収

契約において合意された仕様に従っていることにより財又はサービスに対する支配が顧客に移転されたことを客観的に判断できる場合は，顧客の検収は形式的なものであり，支配の時点に関する判断に影響を与えない。例えば，顧客の検収が所定の大きさや重量を確認するものである場合には，検収前に企業が判断できる（適用指針80項）。顧客の検収前に収益が認識される場合には，他の残存履行義務があるかどうかを判定する（適用指針81項）。

契約において合意された仕様に従っていると客観的に判断することができない場合には，顧客の検収が完了するまで，顧客は当該財又はサービスに対する支配を獲得しない（適用指針82項）。

試用目的で引き渡し，試用期間が終了するまで顧客が対価の支払を約束していない場合は，顧客が商品又は製品を検収するまであるいは試用期間が終了するまで，当該商品又は製品に対する支配は顧客に移転しない（適用指針83項）。

11 返品権付きの販売

返品権付きの販売とは，商品又は製品の支配を顧客に移転するとともに，当該商品又は製品を返品して，(1)顧客が支払った対価の全額又は一部の返金，(2)顧客が企業に対して負う又は負う予定の金額に適用できる値引き，(3)別の商品又は製品への交換，を受ける権利を顧客に付与する場合である（適用指針84項）。

返品権付きの販売をした場合，(1)企業が権利を得ると見込む対価の額（(2)を除く）で収益を認識する，(2)返品されると見込まれる商品又は製品については，収益を認識せず，当該商品又は製品について受け取った又は受け取る対価の額で返金負債を認識する，(3)返金負債の決済時に顧客から商品又は製品を回収する権利について資産を認識する（適用指針85項）。

Ⅵ　IFRS15の定め及び結論の根拠を基礎としたもの 以外の項目

1　工事契約等から損失が見込まれる場合の取扱い

　工事原価総額等（工事原価総額＋販売直接経費見積額）が工事収益総額を超過する可能性が高く，かつ，その金額を合理的に見積ることができる場合には，その超過すると見込まれる額（＝工事損失）のうち，当該工事契約に関して既に計上された損益の額を控除した残額を，工事損失が見込まれた期の損失として処理し，工事損失引当金を計上する（適用指針90項）。

　受注制作のソフトウェアについても，工事契約に準じて適用する（適用指針91項）。

2　重要性等に関する代替的な取扱い

(1)　契約変更

　契約変更については，30項と31項に規定があり，それぞれ独立した契約として処理する場合と独立した契約として処理しない場合を規定しているが，重要性が乏しい場合には，30項，31項の(1)若しくは(2)のいずれの方法も適用することができる（適用指針92項）。

(2)　履行義務の識別

　32項の定めにかかわらず，顧客との契約の観点で重要性が乏しい場合には，約束した財又はサービスが履行義務であるのかについて評価しないことができる（適用指針93項）。

　また，顧客が商品又は製品に対する支配を獲得した後に行う出荷及び配送活動については，商品又は製品を移転する約束を履行するための活動として処理し，履行義務として識別しないことができる（適用指針94項）。

(3)　一定の期間にわたり充足される履行義務

　工事契約について，契約における取引開始日から完全に履行義務を充足

すると見込まれる時点までの期間がごく短い場合には，38 項の定めにかかわらず，一定の期間にわたり収益を認識せず，完全に履行義務を充足した時点で収益を認識することができる（適用指針 95 項）。受注制作のソフトウェアについても同様の定めを適用することができる（適用指針 96 項）。

一定の期間にわたり収益を認識する船舶による運送サービスについて，一航海の船舶が発港地を出発してから帰港地に到着するまでの期間が通常の期間である場合には，41 項の定めにかかわらず，複数の顧客の貨物を積載する船舶の一航海を単一の履行義務としたうえで，当該期間にわたり収益を認識することができる（適用指針 97 項）。

(4)　一時点で充足される履行義務

国内の販売において，出荷時から当該商品又は製品の支配が顧客に移転される時までの期間が通常の期間である場合には，39 項及び 40 項の定めにかかわらず，出荷時から当該商品又は製品の支配が顧客に移転される時までの間の一時点（例えば出荷時や着荷時）に収益を認識することができる（適用指針 98 項）。

(5)　履行義務の充足に係る進捗度

契約の初期段階における原価回収基準の取扱いについて，45 項の定めにかかわらず，一定の期間にわたり充足される履行義務について，契約の初期段階において，履行義務の充足に係る進捗度を合理的に見積ることができない場合には，当該契約の初期段階に収益を認識せず，当該進捗度を合理的に見積ることができる時から収益を認識することができる（適用指針 99 項）。

(6)　履行義務への取引価格の配分

履行義務の基礎となる財又はサービスの独立販売価格を直接観察できない場合で，当該財又はサービスが，契約における他の財又はサービスに付随的なものであり，重要性が乏しいと認められるときには，31 項の定めにかかわらず，当該財又はサービスの独立販売価格の見積方法として，31 項(3) における残余アプローチを使用することができる（適用指針 100 項）。

(7)　契約の結合，履行義務の識別及び独立販売価格に基づく取引価格の配分

　⑴顧客との個々の契約が当事者間で合意された取引の実態を反映する実質的な取引単位であると認められること，⑵顧客との個々の契約における財又はサービスの金額が合理的に定められていることにより，当該金額が独立販売価格と著しく異ならないと認められること，という要件のいずれも満たす場合には，27 項，32 項及び 66 項の定めにかかわらず，複数の契約を結合せず，個々の契約において定められている顧客に移転する財又はサービスの内容を履行義務とみなし，個々の契約において定められている当該財又はサービスの金額に従って収益を認識することができる（適用指針 101 項）。

　工事契約について，当事者間で合意された実質的な取引の単位を反映するように複数の契約を結合した際の収益認識の時期及び金額と当該複数の契約について 27 項及び 32 項の定めに基づく収益認識の時期及び金額との差異に重要性が乏しいと認められる場合には，当該複数の契約を結合し，単一の履行義務として識別することができる（適用指針 102 項）。

　受注制作のソフトウェアについても，前項の定めを適用することができる（適用指針 103 項）。

(8)　その他の個別事情　（有償支給取引）

　企業が，対価と交換に原材料等（支給品）を外部（支給先）に譲渡し，支給先における加工後，当該支給先から当該支給品を購入する場合がある。これを一般に有償支給取引と呼び，この取引に係る会計処理にあたっては，企業が当該支給品を買い戻す義務を負っているか否か判断する必要がある。企業が支給品を買い戻す義務を負っていない場合，企業は当該支給品の消滅を認識することとなるが，当該支給品の譲渡に係る収益は認識しない。これに対して，企業が支給品を買い戻す義務を負っている場合，企業は支給品の譲渡に係る収益を認識せず，当該支給品の消滅も認識しないこととなるが，個別財務諸表においては，支給品の譲渡時に当該支給品の消滅を

認識することができる。なお，その場合であっても，当該支給品の譲渡に係る収益は認識しない（適用指針104項）。

Ⅶ　従来の基準からの主な変更点

1　収益認識時点の変更

　一時点で充足される履行義務の場合，新収益認識会計基準では，具体的には，(1)企業が顧客に提供した資産に関する対価を収受する現在の権利を有していること，(2)顧客が資産に対する法的所有権を有していること，(3)企業が資産の物理的占有を移転したこと，(4)顧客が資産の所有に伴う重大なリスクを負い，経済価値を享受していること，(5)顧客が資産を検収したこと（40項），という5つの指標を考慮することから，所有権の移転時点である検収時点が原則的な収益認識時点になる。従来は，発送時点で認識する販売基準から変更されることになる。ただし，商品又は製品の国内の販売において，出荷時から商品又は製品の支配が顧客に移転される時までの期間が通常の期間である場合には，出荷時から当該商品又は製品の支配が顧客に移転されるまでの間の一時点（例えば，出荷時や着荷時）に収益を認識することができる（適用指針98項）とされているので，従来の出荷時に認識する方法も適用可能であると思われる。

2　割賦販売における回収基準（割賦基準）の廃止

　割賦販売においては，一時点における収益の認識基準を満たすので，商品の販売時に一括して収益を認識する従来の販売基準が適用される（39項）。したがって，現金を回収したときに収益を認識する回収基準（割賦基準）（企業会計原則注解【注6】(4)）は認められない。

3　顧客に支払われる対価（キャッシュ・バック）の取扱い

　従来，特に規定はなかったので，収益から控除されるか，販売費及び一

般管理費として費用計上されていたと思われる。新収益認識会計基準では，売上高から控除する会計処理に一本化される（63項，64項）。

4　契約資産と顧客との契約から生じた債権の区別

従来は，この両者の区別は行われていなかったが，法的な権利があるか否かによって区別される（12項，77項，150項）。

5　消化仕入の取扱い（本人と代理人の区別）

小売業や商品売買を仲介する卸売業における消化仕入に関して，商品を仕入れた当事者でなく，代理人と判断される場合は，手数料のみを計上する（適用指針39項～47項）。従来は，売上と売上原価を計上できたと考えられるので，利益の金額には影響がないが，売上規模の縮小になる。

6　引当金の廃止

収益認識会計基準が設定されたことに伴い，以下の引当金項目が廃止されることになった[4]。

①　返品調整引当金の廃止（適用指針84項～88項）

変動対価の例として挙げられる，返品権付きで商品又は製品を販売した場合，返品されると見込まれる商品又は製品については収益を認識しない。したがって，返品されると見込まれる商品又は製品については，直接売上高から減額し返金負債を計上する（適用指針85項）。従来は，返品権付きの販売の場合も売上高に計上し，返品されると見込まれる分については返品調整引当金を計上すると説明されてきたが，このような引当金は計上できなくなった。

②　売上割戻引当金の廃止

これも変動対価の例であるが，一定期間内に一定額以上の商品を購入し

---

(4)　収益認識会計基準の設定にかかわる引当金の処理の具体的設例に関して倉田［2021］参照。

てくれた顧客に割引を行う売上割戻と呼ばれる商慣行がある。顧客から受け取ったあるいは受け取る対価の一部あるいは全部を顧客に返金すると見込む場合，企業が権利を得ると見込まない額について，返金負債を認識する（53項，適用指針23項）。したがって，売上割戻が見込まれる場合も，売上高から減額し返金負債を計上する。従来条件を満たしていない場合（減額が確定していない場合）は，全額売上高に計上し，決算時に売上割戻引当金を設定していたが，このような処理はできなくなった。

③　ポイント引当金の廃止

通常カスタマー・ロイヤルティ・プログラムと呼ばれる，商品販売の際に次回以降に使えるポイントを付与することがある。これも取引価格の算定にあたり，考慮しなければならない。このようにポイントを付与した場合，顧客が将来ポイントを使用し，何らかの財又はサービスを提供しなければいけない場合，売上高から減額し契約負債を計上する（48項，適用指針139項）。従来，販売時に全額売上高を計上し，顧客がポイントとして使用する分についてはポイント引当金を設定するという処理は認められないことになる。

④　製品保証引当金（新たな履行義務と認識される場合）

履行義務の識別にあたり，別個の財又はサービスの提供である場合，当該財又はサービスが別個のものとなる可能性があり，当該財又はサービスを顧客に移転する約束が契約の観点において別個のものとなる，という2つの要件のいずれも満たす場合には，別個のものとしなければならない（第34項）。したがって，保証書を付けて製品を販売した際に，その保証が新たな保証の提供であると判断される場合には，販売した金額を商品の販売に係る部分は売上に計上するが，新たな保証とみられる部分は契約負債として認識する。ただし，合意された仕様に従っているという保証のみである場合には，従来どおり製品保証引当金を計上できる（適用指針34項）。

Ⅷ　おわりに

　本章では，収益認識会計基準の開発の経緯，概念フレームワークにおける収益の定義と認識，収益認識会計基準の概要，特定の状況又は取引における取扱い，IFRS15 の定め及び結論の根拠を基礎としたもの以外の項目，従来の基準からの主な変更点について検討してきた。

　これまでみてきたように，概念フレームワークの相違により，基準の具体的運用において違いが生じる可能性があること，基本的に IFRS 基準の考え方を取り入れたといっても，第Ⅵ節でみたように，日本の会計慣行等を考慮して，工事契約から損失が見込まれる場合の取扱いや重要性等に関する取扱いについて，IFRS15 の規定とは異なる処理を認めていること，また第Ⅶ節でみたように，これまでの収益認識の処理とかなり相違があること，特に売上を認識して，回収不能となる可能性のある場合の引当金処理は認められず，早い段階で売上の額を減額し，負債として認識するなどの点で違いが生じることになることに注意する必要がある。

【参考文献】

企業会計基準第 29 号「収益認識に関する会計基準」企業会計基準委員会，2020 年 3 月
　　31 日。

企業会計基準適用指針第 30 号「収益認識に関する会計基準の適用指針」企業会計基準
　　委員会，2020 年 3 月 31 日。

倉田［2021］：倉田幸路稿「第 12 章新収益認識会計基準と引当金会計」佐藤信彦編著
　　『引当金・準備金制度論―会計制度と税法の各国比較と主要論点の考察』中央経済社，
　　2021 年 5 月所収。

森川［1988］：森川八洲男著『財務会計論』税務経理協会，1988 年 2 月。

*International Financial Reporting Standards No. 15; Revenue from Contracts with
　　Customers.* 2014.（IFRS 財団編，企業会計基準委員会，財務会計基準機構監訳
　　『IFRS 基準〈注釈付き〉2021 年 1 月 1 日現在で公表されている基準』Part A, Part
　　C，中央経済社，2021 年 9 月。）

第2章　法人税法22条2項, 22条の2の規定の意義と検討

京都大学教授　岡村　忠生

ところが, 私はただちに次のことに気づいたのだった。すなわち,「狂気」という対象の統一性は, 諸言表の一つの集合を個別化してそれらの諸言表のあいだに記述可能かつ恒常的な一つの関係を打ち立てることを可能にしてはくれないということだ*。

ミシェル・フーコー『知の考古学』

I　法人税法の実定性

平成30年度税制改正は,「一般に公正妥当と認められる会計処理の基準」(以下「公正処理基準」という。)に従って収益および原価, 費用, 損失を計算することを規定した法人税法22条4項に,「別段の定めがあるものを除き,」の文言を加えた。この文言により, 別段の定めを設けることで, 公正処理基準に従わずに収益などを計算することが可能となった。しかし,「別段の定めがあるものを除き,」は, 現在の法人税法が制定された1965年から, 益金および損金を規定する同条2・3項には存在している。法人税の課税標準である「各事業年度の所得の金額」(法法21条) は, 各事業年

＊ミシェル・フーコー著・慎改康之訳『知の考古学』(河出書房新社, 2012年) 65頁。

度の益金の額から損金の額を控除した金額であって（同条 1 項），収益から原価，費用，損失を控除した金額ではない。公正処理基準に従って計算するものと規定されているのは，収益および原価，費用，損失であって，益金の額や損金の額そのものではない。したがって，改正企業会計基準第 29 号[1]（以下「収益認識基準」または「基準」という。）の開発により公正処理基準の内容が変化し，公正処理基準に従って計算される収益の金額が変化しても，同条 2 項の益金についての（そして，おそらく 3 項の損金についても）「別段の定め」に必要な修正を加えれば，それで足りる（公正処理基準の変化がもたらす課税標準への影響は規律できる）はずである。にもかかわらず，同条 4 項が改正されたのは，なぜだろうか。

22 条 4 項を改正した目的は，法人税法上の収益の概念を法人税法固有のものとして規定することにあったと考えられる。平成 30 年度改正前，法人税法上の収益は，公正処理基準に従って計算されるものであり，これを上書きする規定が設けられることはなかった。これに対して，改正後は，収益のうち同条 4 項に規定された別段の定めの対象となるものについては，公正処理基準ではなく，その別段の定めに従って計算されることになる。22 条の 2 はその別段の定めであり，1 項に括弧書「（前条第 4 項を除く。）」を挿入することにより，法人税法上の収益がもはや公正処理基準の規律を受けることはないと宣言している[2]。同条 4 項の改正は，このような法人税法上の収益を定立するためのものだったのである。なお，原価，費用，損失についても，同様の措置は考えられる。

しかしながら，このように法人税法上の収益の理解を改めることは，形式論理としては正しいとしても，そのような収益が，果たして法的な事実，法的な状態（実態）として存在するのだろうか。つまり，収益という概念が，法人税法固有のものとして，別段の定めである 22 条の 2 により定立

---

(1)　企業会計基準委員会「改正企業会計基準第 29 号「収益認識に関する会計基準」等の公表」（2020 年 3 月 31 日）により公表された「改正企業会計基準第 29 号「収益認識に関する会計基準」」をいう。

されているのだろうか。できるのだろうか。もし収益が法人税法に固有の
ものであるのなら，なぜ，同条に「一般に公正妥当と認められる会計処理
の基準に従って」（同条2・3項）の言表が繰り返し現れ，同条の委任を受
けた施行令（法令18条の2第1項）にも反響し，収益の計算を公正処理基
準に回収させているのだろうか。そもそも，収益を法人税法が定立すると
いう言説は，どれだけの，そして，どのような実定性，すなわち，収益の
有効な意味やその枠組みを明らかにし，経済社会に通用させる力を持つの
だろうか。それとも，持ち得ないのだろうか。

　本稿は，このような実定性の視点から22条2項および22条の2の意義
を問い直し，収益の計算に関する法人税法のあるべき姿を討究する。この
作業に当たっては，収益認識基準とその原型であるIFRS15[3]の開発に至

---

(2)　22条の2第1・2項が「…収益の額は，…の日の属する事業年度の所得の金額の
　　計算上，益金の額に算入する。」と規定して，（収益の額の）益金算入のタイミン
　　グを規律していること，および，同条4項が「…益金の額に算入する金額は，」と
　　規定して収益の金額ではなく益金の金額を規律していることからは，これらの規
　　定が直接規律しているのは，「益金」であるといえるのかもしれない。もしそう
　　だとすると，これらは，22条2項に規定された「別段の定め」に該当するので公
　　正処理基準の規律を受けないこととなり，そうすると，22条4項の「別段の定め
　　があるものを除き，」は不要だった，という立論が考えられる。しかし，22条の
　　2第1・2項は，「…収益の額は，」と規定しているし，22条の2第6項は，「…
　　収益の額は，…収益の額を含むものとする。」と収益について規定しており，こ
　　こには益金という文言は登場していない。6項の規定する現物分配に関するルー
　　ルは，株主法人間取引を規律する法人税法の根幹的部分（固有の意味での法人税
　　法）として極めて重要であることも考慮すると，同条全体が，収益についての別
　　段の定めに該当し，したがって，22条4項の改正が必要だったと見るべきではな
　　いだろうか。ちなみに，同条3項は申告調整の許容，同条5項は4項の特則，同
　　条7項は政令委任を定めた規定に過ぎない。なお，以上とは異なる角度からであ
　　るが，22条4項の改正の必要性を問うものとして，坂本雅士・東条美和・髙橋絵
　　梨花「新たな収益認識基準と法人税法—解釈論上の課題を中心に—」立教経済學
　　研究72巻3号167頁，175-176頁（2019年）がある。逆に，22条4項に「別段
　　の定めがあるものを除き」の文言がないことを，立法当初に問題視していたもの
　　として，中川一郎「法人税法22条4項に関する問題点」税法学199号41頁，43
　　頁（1967年）がある。

(3)　IASB, International Financial Reporting Standard 15, Revenue from Contracts
　　with Customers（2014）.

る方法論が，資産負債アプローチ（Asset and Liability View），すなわち，
契約資産・契約負債の計測によって収益を認識する方法にあることから，
このアプローチを示すIASB（International Accounting Standards Board）の
公表資料の中から，2008年の「ディスカッション・ペーパー」[4]（以下
「DP」という。）や「公開草案」[5]（以下「ED」という。）およびその改定[6]（以
下「R-ED」という。）と，DPに至るいくつかの議事資料[7]（Agenda Paper,
以下「AP」という。）のうち特に現在出口価値（current exit price）モデルに

---

(4) IASB, Discussion Paper Preliminary Views on Revenue Recognition in Contracts with Customers (IASCF, 2008).
https://www.ifrs.org/content/dam/ifrs/project/revenue-from-contracts-with-customers/discussion-paper/published-documents/dp-revenue-recognition.pdf （最終確認：2022年5月8日）
日本語訳として，ASBJ/FASF「ディスカッション・ペーパー 顧客との契約における収益認識についての予備的見解」（2008年）
https://www.ifrs.org/content/dam/ifrs/project/revenue-from-contracts-with-customers/discussion-paper/published-documents/dp-revenue-recognition-jp.pdf （最終確認：2022年5月8日）がある。

(5) IASB, Revenue from Contracts with Customers, Exposure Draft (2010).
https://www.ifrs.org/content/dam/ifrs/project/revenue-from-contracts-with-customers/exposure-draft/published-documents/ed-revenue-recognition.pdf （最終確認：2022年5月8日）
日本語訳として，ASBJ/FASF「公開草案 顧客との契約から生じる収益」（2010年）
https://www.ifrs.org/content/dam/ifrs/project/revenue-from-contracts-with-customers/exposure-draft/published-documents/ed-revenue-recognition-jp.pdf （最終確認：2022年5月8日）がある。

(6) IASB, Revenue from Contracts with Customers, Exposure Draft, A revision of ED/2010/6 Revenue from Contracts with Customers (2011).
https://www.ifrs.org/content/dam/ifrs/project/revenue-from-contracts-with-customers/revised-exposure-draft/published-documents/revised-ed-revenue-contracts-customers.pdf （最終確認：2022年5月8日）
日本語訳として，ASBJ/FASF「公開草案 顧客との契約から生じる収益 ED/2010/06「顧客との契約から生じる収益」の改訂」（2011年）
https://www.ifrs.org/content/dam/ifrs/project/revenue-from-contracts-with-customers/revised-exposure-draft/published-documents/revised-ed-revenue-contracts-customers-jp.pdf （最終確認：2022年5月8日）がある。

よる公正価値評価を取り上げる。

　本稿の構成は, Ⅱで収益の概念が企業会計, 課税処分権限, 民事法の錯綜する領域にあることを示し, Ⅲでは法人税法が収益概念を自ら定立できない原因を実現主義に求める。Ⅳでは, 法人税法が収益認識基準を遮断しようとする原因とその成否を分析する。Ⅴは, 上記の資料に基づき, 資産負債アプローチの原型とその変化を, 法人税法の眼から検討する。Ⅵは, 22 条 2 項, 22 条の 2 の意義についての簡単な結論である。

　本稿は, 法人税法が, 収益認識の方法論という領域の存在を承認し, 資産負債の公正価値評価に基づく収益認識を直視することにより, 収益に対する規律の実定性を獲得し, 課税の公平性を高めるべきだと主張する。

---

(7)　現在出口価値モデルを論じた原資料の主なものとして, IASB, Measurement model summary（Agenda paper 5B）22 October 2007（以下「AP5B」という。）がある。
https://www.ifrs.org/content/dam/ifrs/meetings/2007/october/jointiasbfasb/revenue-recognition/ap5b-measurement-model-summary.pdf（最終確認：2022 年 5 月 8 日）
また, IASB, Measurement model - Part 3: reporting changes in the exit price of the contract asset or liability in profit or loss（Agenda paper 7B）12 December 2007 は, 契約資産・契約負債を現在出口価値で評価する場合に生じる損益の扱いについて, 検討を加えている。
https://www.ifrs.org/content/dam/ifrs/meetings/2007/december/iasb/revenue-recognition/ap7b-measurement-model-part-3.pdf（最終確認：2022 年 5 月 8 日）
これに対して, DP 公表前に公表された顧客対価モデルを検討する主な原資料として,
IASB, Customer consideration model – Measurement（Agenda paper 2B）January 2008
https://www.ifrs.org/content/dam/ifrs/meetings/2008/january/iasb/revenue-recognition/ap2b-measurement.pdf（最終確認：2022 年 5 月 8 日）
IASB, Customer consideration model – performance obligations（Agenda paper 2C）January 2008
https://www.ifrs.org/content/dam/ifrs/meetings/2008/january/iasb/revenue-recognition/ap2c-performance-obligations.pdf（最終確認：2022 年 5 月 8 日）
などがある。

II　収益への介入

　法人税法上の収益を計算するとき，公正処理基準は，実際のところ，どのような役割を果たしてきたのだろうか。法人税法自体は規律して来なかった収益を，具体的な場面で誰がどのように介入して判断するかは，困難な問題である。それには，3つの要素が指摘できる[8]。いずれも，この判断の属性とその強度に関するものであり，相反するものではない。第1は，私法上の権利義務に基づいた判断である。最高裁は，1965年度改正前所得税法10条1項（現行所得税法36条1項）の「収入すべき」の文言から権利確定主義（基準）を導き[9]，後に公正処理基準を媒介に権利確定主義を実現主義と同視している[10]。収益を巡る租税事件も民事裁判所において判断されるから，私法上の権利義務の要素は，そのような判断の場に馴染むものである。第2は，公法上の処分権限を背景とする課税当局の判断である。上記改正当時の国税庁は，通達の形式で，現在から見れば詳細といえる収益の計算ルールを示していた。当局の判断は，（国税庁内部でしか法的

---

(8)　これら3者以外に，収益という言表自体の持つ意味も重要である。たとえば株式配当や2項みなし配当課税（平成13年法律第6号による改正前法人税法24条2項による株主段階課税）の是非論では，単なる資産の値上がり益のような未実現利益は，収益ではない（認識できない）という前提があった。この前提は，企業会計原則の実現主義を持ち出すまでもなく，収益という言葉の意味から導かれていた（むしろ企業会計や通達がこの前提を受け入れていた）と考えられる。定義なしに「収益」という語を法人税法が用いたことは，未実現利益の排除のような一定の判断があったことを意味する。この判断は，収益という法文言の基本的意味に関するものであり，収益認識基準や平成30年度法人税法改正の影響を受けるものではないと思われる。
　　なお，本稿の介入という視点とは異なるが，一高龍司「収益認識における会計基準と税法の相違」會計197巻4号406頁，410-415頁（2020年）は，「法的アプローチの対象となる範囲」「オーソリティの厚み」「公平な所得計算の要請」といった観点から，この問題を取り上げている。
(9)　最判昭和40年9月8日刑集19巻6号630頁など。
(10)　最判平成5年11月25日民集47巻9号5278頁。

拘束力を持たない）通達の発遣に止まらず，課税処分を行う法的権限を背景とした統一的な収益概念の規律に向かう。第 3 は，企業（経営者）が会計慣行によって行う判断である。この判断は，1967 年度改正により導入された公正処理基準により認知されたが，それ以前から，たとえば，1952 年 6 月に経済安定本部企業会計基準審議会（大蔵省企業会計審議会の前身）が公表した「税法と企業会計原則との調整に関する意見書（小委員会中間報告）」や 1966 年 10 月に大蔵省企業会計審議会が公表した「税法と企業会計との調整に関する意見書」に見られる適正な企業経理の尊重，自主的経理の容認の主張に現れていた[11]。22 条 4 項がなかった時代も，確定決算主義の下で，「確定した決算に基づき」（法法 74 条 1 項）の要件を充足するため，「公正ナル会計慣行ヲ斟酌」（平成 15 年法律第 138 号による改正前商法 32 条 2 項）して収益が計算され，法律上は，別段の定めがない限り，（総）益金とされていた（通達や慫慂に基づく申告調整はあり得たが）。このような中で導入された公正処理基準は，確定決算主義と本質的に区別されるものではなく[12]，会計慣行による判断を認知したものとみるべきであろう。このことは，大竹貿易事件最高裁判決における「権利の確定時期に関する会計処理を，法律上どの時点で権利の行使が可能となるかという基準を唯一の基準としてしなければならないとするのは相当でなく」[13]との判決理由にも現れている。

　以上の 3 者は，今日のトライアングル体制（会社法・企業会計・租税法）

---

(11)　武田昌輔「一般に公正妥当と認められる会計処理の基準」税大論叢 3 号 110 頁，115 頁など（1970 年），武田昌輔他「座談会　通達の簡素化をめぐって」税経通信 22 巻 3 号 131 頁（1967 年），新井益太郎他「座談会　期間損益をめぐる税務の取扱い」税経通信 22 巻 14 号 145 頁（1967 年）参照。また，谷口勢津夫「公正処理基準の法的意義—税法における恣意の排除と民主的正統性の確保—」近畿大学法学 65 巻 3・4 号 213 頁，218-229 頁（2018 年）も参照。

(12)　税制調査会「法人課税小委員会報告」23 頁（2006 年 11 月）参照。また，最判平成 5 年 11 月 25 日民集 47 巻 9 号 5278 頁（大竹貿易事件）の味村反対意見も，「同項（22 条 4 項，筆者注）は，同法 74 条 1 項と統一的に理解すべきもの」と述べていた。

(13)　民集 47 巻 9 号 5281 頁。

を想起させるが，それが組織再編税制の導入によって姿を現した法人税法の独立性を浮き立たせたのに対して，これら３者は，租税法による直接規律がない領域で作用している。そして，むしろ逆に，３色の絡み合うミサンガのように見える。私法上の権利関係，公法上の処分権限，会計慣行の３者の相互関係は，私法上の拘束力のある取決め（収益認識基準５項が「契約」と定義したもの[14]）を出発点として収益認識基準が開発され，その開発が法人税基本通達の改正をもたらしたことに見られる[15]。収益という基底概念を，これら３者のいずれかが単独で規律することはあり得ないだろう。

　３者の関係を，収益認識基準適用指針設例14「顧客に支払われる対価」に見よう[16]。

> 消費者向け製品Ｘを製造しているＡ社は，X1年１月に，小売チェーンＢ社（顧客）に製品Ｘを１年間販売する契約を締結した。契約では，Ｂ社が１年間に少なくとも15,000千円分の製品Ｘを購入することおよびＡ社が取引開始日にＢ社に対して返金が不要な1,500千円の支払いを行うことが定められている。この1,500千円の支払いは，Ｂ社がＡ社の製品Ｘを収容するために棚に変更を加えることについての補償である。
> Ａ社は，X1年１月に製品Ｘを2,000千円販売した。

設例は，Ａ社のＢ社への150万円の支払いを，支払時には前払金とし，販売時にはＸの販売対価（取引価格）を按分的に（150万円／1,500万円＝10％）減額するものと扱うとしている。しかし，この処理は，この契約によってＡ社とＢ社に生じる法的権利義務を描写していると言い難い。この支払いが文字通り返金不要であれば，Ａ社がＢ社に対して何かを前払いし

---

(14)　米国における契約の定義に整合するものである。DP para. 2.13.
(15)　平30課法2-8による法人税基本通達2-1-1〜2-1-17の改正，追加，削除。
(16)　原文を簡略化している。IFRS15 Illustrative Examples, Example 32-Consideration payable to customer とほとんど同じである。

た，つまり，何かの権利を得たわけではない。返金不要の厳密な法的意味
は明らかにされていないが，1,500万円以上の製品Ｘを購入するＢ社の義
務（権利でもある）の履行（行使）とは直接の関係はないし，また，Ｂ社は
150万円をかけて棚を変更する義務を誰かに対して負うわけでもない[17]。
Ａ社がＢ社に製品Ｘを販売したとき，Ａ社はＢ社に対して契約上の販売代
価である金額の請求権を確定した権利として取得する。150万円分が売買
対価から按分的に減額されるという事実は存在しない。前払金の計上と按
分的なその取崩しは，会計上のロジックに基づく仮想上の処理であり，後
に収益の額を減額するための便宜的な勘定科目の使用にすぎない。このよ
うな処理が行われるのは，収益認識基準の基本となる原則が「企業が権利
を得ると見込む対価の額で描写する」（収益認識基準16項）ためである。描
写するのは，権利を得た対価の額ではない。その見込みである。これは，
権利の確定という考え方とは明らかに異なる。

　しかし，平成30年度改正に対応して発遣された通達（法基通2-1-1の
16）は，この設例の処理を基本的に認めている。すなわち，収益認識基準
の適用対象となる取引を対象に[18]，このような顧客への支払いは，損金不
算入費用等に該当しない場合に限って，関連する資産の販売等が行われた

---

(17)　この点，IFRS15のExample 32では，前払金という勘定科目は登場せず，販売時
　　　点で取引価格から10％（CU1.5 million／CU15 million）を減額することが示され
　　　ているに過ぎない（IFRS15 para. IE162）。その理由は，資産負債アプローチの下
　　　で，ここでの前払金（deferred debit）が資産の定義を満足するかの吟味が必要
　　　だからだと思われる。See AP4B, infra note 45, para. 10-11, 15-16. そして，こ
　　　の点からは，収益認識基準が自動的に前払金を計上させていることは，適切では
　　　ないことになる。収益認識基準の資産負債アプローチからの距離は，IFRS15よ
　　　りも遠いのかもしれない。
(18)　法人税基本通達第2章第1節の「資産の販売若しくは譲渡又は役務の提供」に関
　　　する平成30年度通達改正（平30課法2-8によるもの）は，一部を除いて，収益
　　　認識基準の適用対象となる取引に限られている。法基通2-1-1括弧書。しかし，
　　　ある会計基準がその会計基準の定めるところに従って適用されるか否かにより，
　　　税負担が異なる結果となるのは，公平負担原則から見て，正しいのだろうか。も
　　　しそうなら，大企業または中小企業は，大企業または中小企業だけに適用される
　　　税負担が有利になる会計基準を開発しようとするのではないだろうか。

日（法法 22 条の 2 に規定された日）の属する事業年度の収益の額を減額するとしている。そして，ここでの「関連する」の理解から，上記設例のような按分的処理（事業年度を越えることがある）を行うことになると考えられる。

　通達は，国税庁内部の規範ではあっても，法令や判例（確立した最高裁判決）の規律は受ける。したがって，通達は，22 条の 2 が（収益認識基準が適用される場合に限って）大竹貿易事件最高裁判決[19]の判示した権利確定主義を破る異なる収益計上のあり方を規定したと理解しているのかもしれない。ただし，この処理は，顧客への対価の費用計上を遅らせる作用をしていることから，税収を減少させることにはならない（いわゆる課税上の弊害はない）ことは考慮されているであろう。なお，相手方の顧客の処理については，収益認識基準も通達も沈黙している[20]。平仄を合わせるとすれば，仕入れの金額を減少させることになる。しかし，返金不要で受け取った金銭を収益としないことは，権利確定主義からはあり得ない。課税繰延べが生じることにもなる。かといって，販売者と顧客とに異なる処理を求めることは，条理に反するようにも思われる。収益認識基準の適用を受ける納税者と受けない納税者とが公平に扱われているのか，という問いも生じる。こうした問いは，22 条の 2 が収益という概念を法人税法固有のものとして定立できたのか，できるのか，という実定性の問いに還元されて行くことになろう。

　さらに問題となるのは，この会計処理が契約解釈（当事者達の合意内容をどう理解するか）に与える影響である。当事者達が，当初支払われる棚の改修のための金銭は後に販売価格に含まれる形を取って払い戻される（真正な販売価格はその分小さい）と了解した上でこの契約を締結しており，前払金や前受金としての会計処理は，この理解の「真実な報告を提供するも

---

(19)　最判平成 5 年 11 月 25 日民集 47 巻 9 号 5278 頁。
(20)　DP は,「顧客の正味のポジションについての会計処理はこのプロジェクトの範囲外」と述べていた。DP para. 2.23 n. 4.

の」（企業会計原則第一　一般原則　一）であるとしよう。この契約は，契約書に記載された「返金不要」の条項と異なり，当事者の真正な意思を示すこの会計処理に従って解釈すべきだろうか。たとえば，B社が1,500千円分の製品Xを購入した後，Xに欠陥が見つかって契約が解除された場合，A社はいくらを返金すべきだろうか。ここには，法的不安定さが残る。当事者達は，おそらく，このような場合を予測して，あらかじめ契約に違約金等の定めを置くであろう。このことは，収益認識基準の示す処理が，契約を変えてゆく可能性を示している。

　しかし，法人税法に対して問われるのは，なぜこのような介入の領域が存在するのか，なぜ収益を法律で一義的に規律しないのかである。収益は，法人税法の所得計算の出発点となる最も重要な課税要件であるから，租税法律主義からは明確に法定すべきはずである[21]。その欠如は，公正処理基準導入時，既に論者から指摘されたが[22]，にもかかわらず，当時からの主な議論は，法令による規定が（でき）ない領域を誰がどのように規律するかにあったと思われる。このようなことが生じたのは，法人税法が収益認識の方法論の存在に目を閉ざし，法人税法が必要とする方法論の検討をしていなかったからではないだろうか。

---

(21)　中里実『法人税の研究』（有斐閣，2021年）227-229頁（初出1983年）は，租税法律主義（課税要件法定主義，課税要件明確主義）に関する問題があることを認めた上で，収益を企業会計からの借用概念として位置づけることを述べている。この立場は十分にあり得るが，収益認識基準によって借用元の概念が資産負債アプローチへと変更された場合，借用し続けるかどうかの判断が必要であり，その際には，借用元の概念を法人税法の立場から精査する必要があると思われる。平成30年度改正による対応は，この精査を欠いているというのが，本稿の主張である。

(22)　中川一郎「法人税法22条4項に関する問題点の整理」税法学202号33頁（1967年），清永敬次「法人税法22条4項の規定について」税法学202号27頁（1967年）参照。また，須貝脩一「法人税法22条4項」法学論叢82巻6号1頁（1978）は，22条4項の立法により「いままでは，税法の空白とされていたものが，今後は税法の立入り禁止区域とされることになった。」（25頁）と述べている。この見方からすると，平成30年度改正は，「シーザーのものはシーザーに」（同頁）を目的とするものといえるだろうか。

42

Ⅲ　実現主義の多義性

　法定され（でき）ない判断の領域が生じた原因として，法令による規律
密度の限界（だけ）ではなく，収益の概念そのものやその認識の方法に問
題はなかったのだろうか。もし，収益の概念が法令によって規定できるも
のであれば，規定していたはずだからである。法人税法の全文改正が行わ
れ，公正処理基準が導入された当時，会計上の収益は，今日の用語でいえ
ば，収益費用アプローチ（Revenue and Expense View）を基礎とする実
現・稼得過程モデルによって認識されると考えられていた。収益費用アプ
ローチの「最大の特徴は，日々の「取引」や「事象」の発生を手がかりに，
価値の流れ（フロー）を収益あるいは費用として認識していく点にあ」[23]り，
収益は，「企業の収益稼得過程（営業循環過程）における価値の流れに着目
し，一定の要件が整った時点で」[24]認識される。このような収益観は，企
業会計原則が，「全て納税義務費用及び収益は，その支出及び収入に基づ
いて計上し，（中略）未実現収益は，原則として，当期の損益計算に計上し
てはならない。」（損益計算書原則一Ａ）と規定していたことに明らかである。
22条2項の「取引」の文言にも，このような収益観が窺われる。企業の収
益稼得過程は，通常，複数の段階から構成されている。棚卸資産の販売で
あれば，広告宣伝，商品仕入れ，商品加工（小分け，組合せ，包装など），陳
列，売買契約，引渡し（発送，着荷，検収），代価支払期日到来，対価回収
といった一連の過程がある。これらのいずれの時点で（どれだけの）収益
を認識すべきだろうか。そもそも，これらの一つだけを決定的事象
（critical event）として収益の全部を認識すべきなのか，それとも，稼得活
動の進行に応じて連続的に認識すべきなのか[25]。これらの問いに対する

---

(23)　松本敏史「収益認識」平松一夫・辻山栄子編『体系現代会計学第4巻 会計基準
　　のコンバージェンス』（中央経済社，2014年）238頁。
(24)　松本前掲注23，241頁。

ひとつの普遍的な解答（一般化・抽象化された要件事実としての言表）は，稼得過程をいくら精密に観察しても，導出できないであろう。まさにこのことが，法人税法が収益を法定できないこと，そして，それに止まらず，収益の認識方法という方法論の領域の存在を承認していないことの理由だと思われる。

　もっとも，実現主義は，realize の語が含意するように，対価として現金等が流入することを，収益認識の必要条件としている。このことは，経済安定本部企業会計基準審議会「税法と企業会計原則との調整に関する意見書」（1962年）が「収益は，財貨または役務の移転に対する現金または現金等価物（手形，売掛債権等）その他の資産の取得による対価の成立によって立証されたときにのみ実現する。」（総論第1，二）と述べていたことに明らかである[26]。企業会計における実現主義とは，①一定の稼得過程（通常は引渡し）を踏み，かつ，②現金または現金等価物による対価を獲得した時に，はじめて収益を認識する基準なのである。

　ただし，対価に売掛債権（対価の請求権）が現金等価物として含まれる（この点で現金主義とは異なる）ことは，②の作用を狭く限定する。なぜなら，たとえば特定物の売買では，特約がない限り，売買契約（当事者の一方がある財産権を相手方に移転することを約し，相手方がこれに対してその代金を支払うことを約すること。民法555条）が成立した時点で，目的物の所有権は買主に移転し，売主には対価の請求権が生じるからである。この点で，②は①（契約の成立という稼得過程）に従属するものである。もちろん，実務

---

(25)　決定的事象アプローチ（Critical event approaches）と進行アプローチ（Continuous approaches）は，EFRAG, The PAAinE Discussion Paper 3. Revenue Recognition, A European Contribution (2007) の第3-5章で議論されている。辻山栄子「収益の認識をめぐる欧州モデル」會計172巻5号1頁，12-16頁（2007年）参照。

(26)　松本前掲注23, 249-250頁は，さらに，黒澤清『解説企業会計原則』（中央経済社，1982年）131頁その他の文献を引用し，「二つの経済事象（財もしくはサービスの流出と現金等による対価の獲得，筆者注）の成立を実現の要件とする思考は，わが国の通説といえよう。」（269頁）と述べている。

では，目的物の引渡時点で所有権が移転することを契約で定める場合が多く，対価の請求もその時点までできないが（民法533条），そうであっても，②が①に従属することに変わりはない。②が意味を持つのは，契約の時点，または，契約で定めた所有権移転の時点よりも早い収益認識を認めないことに限られる。

　しかしながら，②が，以上の認識時点に関して（だけ）でなく，収益の測定に関して（も）主張されるのであれば，法人税法から見て，独自の大きな意味を持つことになる。測定される収益が，現実に授受された対価に限られるからである。当時からの法人税法の主要な関心事は，親子法人などの関連者間の取引が無償や非正常な対価で行われた場合に，益金をどのように算出するかにあった。このことは，1965年の全文改正で加えられた22条2項の「無償による」の文言に現れている[27]。同項が規定するように無償取引から収益が生じることは，②からはあり得ない。しかし，もし，相手方から現実に獲得した現金等の対価だけを収益の額とするのであれば，関連者間の市場を通じない取引で対価を操作する方法を使って，税負担を軽減または排除することができることになる。この操作をしても，関連者達の課税前損益の合算額（グループとしての経済的成果）は変化しない。移転価格税制は，こうした取引によるわが国の課税権侵害を防止する税制である。さらに，南西通商事件最高裁判決は[28]，22条2項に規定された「有償」による資産の譲渡についても，収益の額は，現実の対価ではなく，引

---

[27]　収益という言表の通常の意味から，少なくとも当時の大多数の納税者は，資産を贈与すれば贈与者に収益が生じるとは考えなかったであろう。したがって，「無償による」は，そのような社会的認識との関係では創設的に収益の範囲を拡張したといえる。無償取引に対する22条2項の適用の意味について，清永敬次「無償取引と寄付金の認定」税経通信33巻13号2頁（1978年），金子宏「無償取引と法人税—法人税法22条2項を中心として」『所得課税の法と政策』（1996年，有斐閣）318頁（初出1984年），岡村忠生「無利息貸付課税に関する一考察」法学論叢121巻3号23頁，5号1頁，122巻1号1頁，2号1頁，3号32頁（1987年），増井良啓『結合企業課税の理論』（東京大学出版会，2002年）などを参照。
[28]　最判平成7年12月19日民集49巻10号3121頁。

き渡す資産の価額（公正価値，時価）によると判示した。法人税法にとって，課税の公平の点から，②がとうてい容認できないことは明らかである。なお，②は，収益費用アプローチの稼得過程モデルにおいてではなく，資産負債アプローチの顧客対価モデルにおいて主張されることも考えられるが，その場合も，法人税法は，同様の理由から，②を拒絶するに違いない。しかし，では，法人税法は，どのように収益を認識する（計算する）のか，どのようなアプローチ，いかなるモデルを用いるのだろうか[29]。

Ⅳ　価額・通常得べき対価の額

22条4項の平成30年度改正は，前述Ⅰのように，形式としては公正処理基準を排除した。その主な対象が収益認識基準であったことは，立法の時期や財務省解説から見て疑う余地がない。つまり，この改正は，収益認識基準が（平成30年4月の時点で会計慣行となっていたとは言い難いが，）公正処理基準に該当することを前提に[30]，収益認識基準が法人税法上の収益に介入することを遮断するものであった[31]。財務省解説によると，遮断しなければならなかった理由は，同基準の収益認識の方法が対価の額を基礎とすることにあったとされる[32]。前述の理由から，法人税法上の収益の

---

(29)　「アプローチ」と「モデル」の使い分けは，辻山栄子「新収益認識基準と会計基準国際化の功罪」企業会計72巻4号17頁（2020年），辻山栄子「収益認識をめぐる実現・稼得過程の現代的意義」會計177巻4号1頁，10頁（2010年）に従った。

(30)　財務省「平成30年度税制改正の解説」270頁。しかし，様々に存在する会計基準のうち，何が22条4項の意味で「公正」であるかは，法人税法のあり方を考慮して，納税者，課税当局，最終的には課税処分を審査する裁判所が判断をするのであるから，たとえば，通達で収益認識基準は公正処理基準には該当しない旨を述べておき，後は裁判所の判断に委ねることにすれば，それでよかった（30年度改正は不要だった）といえるのかもしれない。

(31)　吉村政穂「税制改正大綱を評価する―法人課税―」税研199号48頁，51頁（2018年）は，「この改正は，（中略）新たな収益認識に関する会計基準による影響を遮断する規定ぶりとなった。」と評価する。

(32)　財務省前掲注30，270頁。

測定として，現実に支払われた対価をそのまま用いることはできない[33]。収益認識基準への対応として，平成30年度改正が最もはっきりさせたかったことは，法人税法上の収益とは譲渡資産の価額（引渡時の資産の時価）だという点にあったと考えられる[34]。

　もっとも，この見方からすれば，収益の金額が対価ではなく価額であることを言明したはずの22条の2第4項の言表は，妙である。「提供をした役務につき通常得べき対価の額に相当する金額」と規定しているからである。対価でなく価額だと言いたいのなら，「提供をした役務の価額」と書くはずである。にもかかわらず，役務について「価額」を避けたのは，なぜだろうか。それは，現在の法人税法にある方法論では，役務の提供という概念を適正に規定できず，役務についての価額（時価）を観念できないからだと考えられる。このことは，商品の販売を考えてみれば分かる。販売による収益は引渡しによって認識するという言説において，鍵となるのは引渡しという行為であるが，それは役務の提供ではないのだろうか。売主が商品を引き渡す行為は，運送業者が配送品を引き渡す行為と，同じではないのだろうか。もしそう考えられるのであれば，資産の譲渡は役務の提供に含まれるひとつの形態になり，「価額」は「通常得べき対価の額」に含まれることになるはずである。にもかかわらず，両者を別のものとして並置するのは，資産の譲渡については，譲渡所得に関して最高裁が述べた

---

(33)　正確には，法人税法上の益金を対価の額そのものとすることはできないというべきである。しかし，収益を対価によって測定しながら，益金は違うとするのであれば，収益と益金とを切断する（収益を用いずに益金を算定する）こととなり，法人税法の構造を完全に変えてしまうことになる。

(34)　財務省前掲注30，270頁は，「判例でも，法人税法第22条第2項について，「この規定は，法人が資産を他に譲渡する場合には，その譲渡が代金の受入れその他資産の増加を来すべき反対給付を伴わないものであっても，譲渡時における資産の適正な価額に相当する収益があると認識すべきものであることを明らかにしたものと解される」（最高裁平成7年12月19日第三小法廷判決）と述べられています。この考え方からすると，法人税法においては，収益認識に関する会計基準のように対価の額を基礎として益金の額を計算することは，方法として採用できません。」（下線筆者）と述べている。

清算課税説が応用できるからであろう。資産という対象物があれば，その属性としての価額が稼得過程の進行につれて増加してゆく状況が自然にイメージできる。そして，譲渡を契機として，そのように生じた増加益（現実に生じている実体的利益である。）を，取引の対価とは無関係に，課税の対象とすることは，課税の論理として何ら不自然ではない。しかし，法人税法の方法論は，ここまでである。増加益を，資産がないところに観念することはできない。22 条 2 項は，役務を資産とは考えていない。たとえば，金銭の貸付けは，収益を認識する側，貸付けをする側で判断をされて役務の提供に分類される。たとえ貸付けを受けた側で支払利子が資産化されるとしても，資産の譲渡にはならない[35]。

　しかし，このような法人税法であっても，次のように問うことはできる。資産の販売による収益を，売買契約により発生した商品の引渡義務（私法上の確定した債務である。）と，引渡しの履行によるその消滅として認識することは，22 条 2 項の文言には何ら反しないのではないか。この引渡義務を，価額（たとえば現在出口価値[36]）によって測定することも，同じではないのか。そして，これらが可能なら，役務の提供についても，その履行義務[37]を同様に評価し，義務の履行による消滅によって収益を認識することが，22 条 2 項の下においてもできるのではないか。このように捉えられた収益は，資産の増加益と同様の実体的利益である[38]。決して擬制された利益ではない。

　にもかかわらず，これまで，無償による役務の提供に対して，このような立論は行われてこなかった。その理由は，法人税法が，資産負債の変化によって収益を認識するというアプローチを知らず，稼得過程（価値創造

---

[35]　このことは，収益認識基準が，役務の提供を被提供者側で観察し，資産化されない場合にも，いったん資産とした上で瞬時に消費されると見ているのとは異なる（収益認識基準 134 項）。

[36]　「財務諸表日において独立した第三者に対して履行義務を移転するとした場合に企業が支払を求められる金額」（DP para. 5.15）である。

[37]　「顧客に対する資産の流出となる契約上の約束」（DP para. 5.4）である。

48

過程）を実現主義（対価に対する権利確定）に基づいて観察する方法論を漫然と吟味することなく用いてきたからであろう[39]。

　ちなみに，財務省解説は，価額とは「結局のところ」[40]第三者間で取引される場合の対価だと述べている。役務に関して 22 条の 2 第 4 項が規定する「通常得べき対価」とは，個別具体的な実際の取引対価ではなく，公正市場価値や独立企業間価格（措法 66 条の 4 第 2 項）と同じ意味であろう。これは，企業が市場において独立した第三者に役務提供の義務を移転するとした場合に支払いを求められる金額，すなわち，現在出口価値とそれほど異なるものではない。資産に関して同項に規定された「価額」も，同様である。22 条の 2 第 4 項を現在出口価値によって収益を測定する規定と理解することはできるだろうか。そうすることで，法人税法が資産負債アプローチに基づく公正価値評価に接近し，非正常取引に対する課税の対象を，擬制された利益ではなく実体的利益とすることができれば，法人税法の目的とする課税の公平に結びつくのではないだろうか。

---

(38)　22 条 2 項に規定された無償取引からの収益も，擬制されたものではなく実体的利益である（そうでなければならない）とする考え方を，清永前掲注 27 は「実体的利益存在説」とした。これとは異なる角度から，金子前掲注 27 は「適正所得算出説」を主張した。もっとも，渕圭吾「適正所得算出説を読む」金子宏編『租税法の発展』（有斐閣，2010 年）209 頁，223 頁は，適正所得算出説を，未実現のキャピタル・ゲインや帰属所得（実体的利益）に対する課税として整理しようとしている。金子善行「法人税法における益金の意義―無償譲渡を手がかりとして―」會計 196 巻 5 号 494 頁（2019 年）も参照。
(39)　ただし，法人税法全文改正当時，財産法と損益法を議論した長穰「法人税法における財産法の影響について」税大論叢 1 号 81 頁（1968 年）は，「最近特に，損益法への傾斜が著しくなっている」（89 頁）としつつ，「日本法人税法における課税所得計算に関する基本原則は財産法である。」（同頁）との仮説を立て，その検証を試みている。
(40)　財務省前掲注 30，270 頁は，「「価額」すなわち時価とは，一般的には第三者間で取引されたとした場合に通常付される価額とされており，これは結局のところ対価の額となります。」と述べている。

V　資産負債アプローチ

1　契約資産・契約負債

　資産負債アプローチを，法人税法の眼から検討しよう。資産負債アプローチは，エンロン事件やワールドコム事件などに見られた不正会計への対処のために制定された SOX 法[41]に基づく改革の中で，SEC が公表した報告書[42]とこれに対する FASB の応答[43]が基礎とした目的指向の基準 (Objectives-Oriented Standards)[44]と原則主義（Principles-Based Approach）に適合するとされた方法である。概念フレームワーク（以下「CF」という。）は，次のように述べている[45]。

　　「当審議会や他の基準設定者が長い年月にわたって見出し続けてきたことは，最初に資産と負債を定義し，これらの変動として収益

---

[41]　Public Company Accounting Reform and Investor Protection Act of 2002. PL 107-204, 116 Stat. 745.

[42]　SEC, Study Pursuant to Section 108 (d) of the Sarbanes-Oxley Act of 2002 on the Adoption by the U.S. Financial Reporting System of a Principles-Based Accounting System, July 2003, at III.B.　この報告書は，SOX 法に基づき，連邦議会が SEC に要求したものである。

[43]　FASB Response to SEC Study on the Adoption of a Principles-Based Accounting System, at 7 (2004).

[44]　SEC は，この基準の設定を FASB に要求している。SEC, supra note 42, at III.A など；FASB, supra note 43, at 1.

[45]　IFRS, Conceptual Framework for Financial Reporting (2018).　なお，日本語訳として，IFRS 財団編・企業会計基準委員会・財務会計基準機構監訳『IFRS 基準〈注釈つき〉』（中央経済社，2021 年）があるが，本文の訳は，これとは若干異なる。
　なお，資産負債アプローチと実現・稼得過程アプローチを比較し，前者の優位性を述べるものとして，IASB, An asset and liability approach (Agenda paper 4B), 14 November 2007
https://www.ifrs.org/content/dam/ifrs/meetings/2007/november/iasb/revenue-recognition/ap4c-measurement-model.pdf（最終確認：2022 年 5 月 8 日）がある。徳賀芳弘「資産負債中心観における収益認識」企業会計 55 巻 11 号 35 頁（2003 年）も参照。

（income）と費用を定義する方が，最初に収益と費用を定義し，これら
を認識した副産物として資産と負債を定義しようとするよりも，効果
的かつ効率的で厳格だということである。」（CF para. BC4.94（c））
なお，ここでの「収益」（公式訳）の原語が "income" であることは，
IFRS15 と共通しており[46]，収益が純額概念であることを示している。
　資産負債アプローチの特徴が明確に現れるのは，現在出口価値モデル
（資産負債・公正価値モデル）と組み合わされたときである。これを示す
AP5B[47]は，冒頭で次のように述べている。
　「このモデルでは，収益（revenue）は，特定された資産の増加および
　特定された負債の減少を認識し，明示的に計測することから生じる。
　一定の期間に，どれだけの履行（performance）がなされたかを，個別
　に評価することから生じるのではない。言い換えれば，認識されるべ
　き収益の額は，一定の期間に資産と負債にどれだけの変化があったか
　を熟慮することによって決定される。このモデルは，資産と負債の明
　示的な測定に依拠するものであるから，測定モデル（the measurement
　model）[48]という。」（AP5B para. 1）
ここでいう特定された資産と負債とは，顧客との間で締結された強制力あ
る契約によって直接生じるものである。契約は，未行使の権利（remaining
unperformed rights）が，未履行の義務（remaining unperformed obligations）
を超えるときは資産（契約資産）であり，その逆であれば負債（契約負債）
である（AP5B para. 2）。契約資産と契約負債は，未行使の権利から未履行
の義務を差し引いた純額であり，1 つの契約について両者が同時に生じる

---

(46)　IFRS15 Appendix A Defined terms.
(47)　なお，AP5B の収益認識の方法を最も明確に示すのは，次の言説である。
　　　「収益とは，（a）顧客に財とサービスを提供すべき強制可能な契約を締結すること，
　　　および，（b）そのような財とサービスを顧客に提供すること，からもたらされる
　　　契約資産の増加または契約負債の減少である。」（AP5B para. 7）
(48)　この名称が，その後「現在出口価値モデル」に改称された。辻山前掲注29（2020
　　　年），18頁。

ことはない。また，収益は未行使の権利と未履行の義務の差額の変化として算定されるから，認識の対象は，これら権利と義務（それらの純額である資産または負債）である。収益（または損失）は，①契約締結時点で生じる契約資産（または契約負債）（AP5B para. 32），および，②契約で定めた義務を履行することによる契約資産の増加または契約負債の減少（AP5B para. 36）を，現在出口価値で測定することにより認識される。したがって，ここには，DP 以後見られるような，ひとつの契約から複数の履行義務を識別し，（契約上の債務の価値や顧客対価など）何らかの数値を人為的に配分するといった発想はない。現在出口価値モデルは DP で斥けられたが（DP para. 5.15-5.24），このような公正価値による収益の測定は，課税の公平を重視する法人税法の立場と整合的である。

2　純額による収益認識

　資産または負債による収益の認識は，収益を純額として捉えることを意味する。純額による収益認識は，IFRS15 に認められ，収益認識基準にも引き継がれたと見てよいであろう[49]。これらの設例では，返品権付きの販売について，顧客から受け取る対価を変動対価とし，返品を受けない期待値を売上高（収益）とするとともに，見込まれる返品の額を返金負債として計上する処理が示されている[50]。この処理は，いったん得られた対価のうちに返品により事後的に失われることが見込まれる部分が含まれているという構成に基づき，収益をこれを差し引いた純額として認識している。

---

(49)　この本文の記述は，次のことに明らかである。すなわち，収益認識基準は，対象となる契約を行った時点で，契約資産（企業が顧客に移転した財又はサービスと交換に受け取る対価に対する企業の権利）（基準 10 項）と契約負債（財又はサービスを顧客に移転する企業の義務に対して，企業が顧客から対価を受け取ったもの又は対価を受け取る期限が到来しているもの）（基準 11 項）を認識させ，個々の契約については，両者の差額を純額として契約資産または契約負債のいずれかとして表示するとしている。同基準結論の背景 150-2 項参照。桜井久勝「収益認識会計基準案にみる売上高の純額測定」企業会計 70 巻 1 号 11 頁（2018 年）も参照。

　しかし，法人税法では，明文の規定はないものの，総額主義に基づいて
諸規定が設けられている[51]。収益認識基準のような純額の売上高は想定
されておらず，見込まれる返品の額は引当金として処理することを前提に，
債務確定要件（法法 22 条 3 項 2 号括弧書）により，別段の定めを設けない
限り，引当金を認めないこととしている。この法人税法の仕組みからは，
純額による売上高の認識は，債務確定要件を回避するかのように映るであ
ろう。平成 30 年度改正は，これを防止する措置を置いた。22 条の 2 第 5
項 2 号である。貸倒れに関する同項 1 号も，同様に考えられる。同項は，
形式的には同条 4 項の特則のように記述されているが，その機能は純額主
義による収益認識を防止するものである。この点で同条 4 項とは異なる。
　もっとも，22 条の 2 第 5 項が規律しているのは，変動対価（顧客と約束
した対価のうち変動する可能性のある部分）（基準 50 項）（法基通 2-1-1 の 11 も
ほぼ同じ）を生じさせる要素の全てではない。貸倒れと買戻しだけである。
これ以外の要素による変動対価については，収益に含めない処理を否認す

---

(50)　収益認識基準適用指針設例 11 返品権付きの販売，および，IFRS15 Illustrative
　　　Examples, Example 22-Right of return。収益認識基準適用指針の設例 11 は，取
　　　引慣行により顧客に販売後 30 日以内の返品と全額返金が認められている場合に
　　　おいて，製品 X（販売単価 100 千円，原価 60 千円）を 100 個販売すれば 97 個が
　　　返品されないと見込まれるとき，取引対価の総額 10,000 千円のうちの返品を受
　　　けない期待値である 9,700 千円を収益として認識するとし，
　　　　収益の計上として，
　　　　（借）現金預金　　　　10,000　　　（貸）売上高　　　　　9,700
　　　　　　　　　　　　　　　　　　　　　　　　返金負債　　　　　300
　　　　原価の計上として，
　　　　（借）売上原価　　　　 5,820　　　（貸）棚卸資産　　　　6,000
　　　　　　　返品資産　　　　　 180
　　　の仕訳を示している。売上原価は費用項目であるから，その計上は資産負債アプ
　　　ローチに沿わないように思われる。これに対して，IFRS15 の設例は，9,700 の収
　　　益，300 の返金負債，180 の資産を認識するとのみ述べ，上記のような仕訳は示
　　　していない（para. IE120）。
(51)　おそらく，現行法人税法が制定された 1965 年や公正処理基準が導入された 1967
　　　年当時から企業会計原則が示していた総額主義を，法人税法は当然の前提として
　　　いたと考えられる。企業会計原則　第二　損益計算書原則　一 B。

る明文の規定はない。それでも，法人税法はこれを否認できるだろうか。そのことを，まず，収益認識基準適用指針設例12-1[52]に基づいて検討しよう。

> A社は，X1年12月1日に，B社（顧客）に製品Xを1個100千円で1,000個販売する契約を締結し（契約上の対価は100,000千円），製品Xに対する支配も，同日，B社に移転した。A社は，製品Xの流通促進のために価格の引下げを行うことを見込んでいるので，この取引を変動対価とし，期待値による方法（基準51項）により，取引価格を80,000千円と見込んだ。

設例の示す処理は，X1年12月1日（契約の効力が生じる日）に収益を80,000千円で認識するとしている。契約上の強制可能な売掛債権の金額100,000千円ではない。契約により生じた売掛債権を100,000千円で認識するのかどうか，そのように認識するのであれば，相手方勘定科目をどうするのかは，示されていない。しかし，法人税法上問題となるのは，まさにこの点である。これまでの法人税法の考え方では，売掛債権100,000千円は，契約日に私法上の権利確定があり，かつ，製品の引渡し（支配の移転）も完了しているから，その全額を認識しなければならない。そうすると，収益を80,000千円と計算するには，20,000千円の負債項目が必要になる。しかし，実際に値引きを行う（いったん成立した売掛債権の一部を放棄する）までは，その債務確定はないから，この処理は認められない。そうすると，契約日に収益を100,000千円とすべきこととなる[53]。つまり，売掛債権を100,000千円で計上すると，法人税法上は，収益も100,000千円とせざるを得ないことになる。

---

(52)　原文を簡略化している。IFRS15 Illustrative Examples, Example 23-Price concessions Case A と同じである。

(53)　この考え方からは，法基通2-1-1の11（1）が，「内部的に決定されていること」によって変動対価を収益に含めない処理を認めていることは，22条3項2号（債務確定要件）との関係で違法とされる可能性がある。

54

次に，設例 28^(54) を見よう。

> A社は，製品をB社（顧客）に1個当たり150千円で販売する契約を
> B社と締結する。契約上，B社が一定の期間内に30個超の製品を購
> 入した場合には，単価を1個当たり125千円に遡及的に減額すること
> が定められている。製品に対する支配がB社に移転する時に，B社に
> 支払義務が発生する。A社は，契約における取引開始日にB社が一定
> の期間内に30個超の製品を購入するであろうと見込み，したがって，
> 取引価格は1個当たり125千円であると見積もる。

設例は，製品6個の移転時，次の仕訳を示している。

| （借）売掛金 | 900 | （貸）売上高 | 750 |
| | | 返金負債 | 150 |

この仕訳は，設例 12-1 について述べた考え方と同じ認識を，納税者自ら
が示すものであり，法人税法上，直ちに否認されるであろう。返金負債に
は，この時点では債務確定がないからである^(55)。このように考えると，22
条の2第5項の対象外となる変動対価についても，少なくとも，売掛金な
どの対価を権利が確定している金額，言い換えれば売掛債権の額面により
測定し計上し，返金負債のような契約負債を認識し計上する処理をすれば，
法人税法上は債務確定要件により否認しなければならないはずである。

　しかし，ここでの売掛金の額面は，法人税法上の価額や会計上の公正価
値^(56)ではない。この売掛債権（製品6個の対価）は，契約で遡及的に減額さ
れうることが規定されているので，これを市場で取得する独立した第三者
は，減額の可能性を勘案した金額を支払うからである。もし，22条の2第

---

(54)　原文を簡略化している。IFRS15 Illustrative Examples, Example 40-Recievable recognized for the entity's performance と同じである。

(55)　この場合も，法基通 2-1-1 の 11 は，値引きが契約上明らかであることから，このような収益計上と返金負債を否認しないものと思われるが，注53と同様の問題がある。

(56)　CF para. 6.12-6.16.

4項がこのような場面でも適用されるのであれば，売掛金はその価額，つまり，販売量の見積りが適正であれば，売上高（収益）と同額で計上されるべきことになる。そして，この処理を認めることは，あくまでも適正な見積りを条件としてではあるが，法人税法の実現しようとする課税の公平性といささかも矛盾するものではない。通達も，上記2つの設例の場合の収益認識を，一定の条件の下で認めている（法基通2-1-1の11）。このことは，法人税法が，公正価値モデルに接近できることを示している。

　以上に関連して，次の3点を指摘する。第1に，22条の2第4項に従って収益を「価額」や「通常得べき対価の額」（独立企業間価格，現在出口価値）によって測定する場合，同条5項の対象となる貸倒れと返品（買戻し）の要素を切り分けることは，実際上困難である。この2つの要素を収益計算に織り込むことを認めない（実質的な引当金を禁止する）理由は，これらの要素の見積りにおける納税者の恣意性にあると思われるが，少なくとも論理的には，「価額」や「通常得べき対価の額」の測定でこれらの要素を除外するときにも，同じ見積りが必要であり，恣意性が現れるのではないだろうか。

　第2に，公正処理基準において，収益は（少なくとも収益認識基準の適用を受ける法人については）純額概念とされているとすると，22条の2第5項だけでは，法人税法は総額計算の姿を維持する（債務確定要件を貫徹する）ことはできない。通達は，この規定の対象とならない変動対価について，実質的に純額処理を認めている（法基通2-1-1の11）。さらに，22条2項に規定されたまま，22条の2の対象とならずに残されている収益（無償による資産の譲受けによる収益など）は，引き続き，公正処理基準の対象である。22条の2第2項に規定された収益の額も，公正処理基準に従って経理されることが必要である。収益の純額認識も公正処理基準に含まれるとすると，これらに規定された収益は，純額化すると考えざるを得ない（課税実務は，そうではないと思われるが）。なお，役務も，受給者側でいったん（一瞬）は資産とされる処理となる（基準134項）。従来，無利息貸付を受け

るなどは無償による役務の受給であり，22条2項にこれを捉える文言が
ないため，収益（益金）は生じないとする考え方もあった。しかし，収益
認識基準が適用される取引であれば，受給者側で収益が生じることとなり，
受給役務が資産化される場合は，課税所得が生じることになる[57]。

　第3に，収益の純額化は，原価や費用の捉え方にも変更を迫ることにな
る。AP5Bは，「棚卸資産のような資産について，いつ認識を中止するのか
を具体的に示すガイダンスが必要になる。」（AP5B para. 17）と述べている。
資産の認識中止は，費用収益対応に基づく原価配分（収益へのマッチン
グ[58]）としてではなく，履行義務の充足（支配の喪失[59]）に連動して行わ
れる。法人税法は，原価と費用のほぼ全部について別段の定めで損金算入
を規制していることから，認識中止に対応するための原価・費用に関する
規定（22条の2に相当するもの）は置かれなかったと思われる。あるいは，
収益認識基準が棚卸資産などの認識中止についての議論をしていないこと
も，このような規定が置かれなかった理由かもしれない。ただし，上記の
ように返金負債の計上を認める場合，損益法（収益費用アプローチ）を貫く
と，上記仕訳のように，1つの取引から資産と負債とを同時に発生させる
のは不自然であり，返金負債を発生させる損益取引（仕訳）とそのための
借方項目（たとえば，返金負債引当て）が必要となると思われる。通達が一
定の要件の下でこれら設例の結論を認めていることは，その限りで財産法
（資産負債アプローチ）的な処理を許容したと考えられる。法人税法が，さ
らに資産負債アプローチに接近するのであれば，契約資産の減少または契
約負債の増加は，収益（益金）の負値として処理することが適切であろう。
損金項目とした場合，純額で把握される収益を，それが正値を取るか負値
を取るかで異なる規定の対象とすることになって不自然であるし，原価，

---

(57)　この結論は，一定の受贈益の益金不算入を規定する25条の2の適用における通
　　　達の考え方と整合する（法基通4-2-6）。
(58)　CF para. 5.5参照。
(59)　CF para. 5.26.

費用，損失とは根本的に性質の異なる項目を損金とすることになり，コスト（広義の費用）としての損金の性質が不明確になるからである。また，法人税法は，CF における認識中止の概念を検討し，受け入れるか排除するかの態度を決定すべきであろう。

3　約束と履行義務

　資産負債アプローチに対して法的観点から注目されるのは，未履行の権利義務が，「約束（promises）」という概念を用いて認識されることである。すなわち，

> 「企業が強制力ある契約を顧客との間で締結する時，企業は，顧客との間で約束を交わす。これらの約束が，（財やサービスの形で）経済的資源を顧客に移転すべき義務を課し，引き換えに顧客から対価を受け取る権利をもたらす。」（AP5B para. 10）。

ここには，契約→約束→未行使の権利と未履行の義務，という関係が認められる。これは，契約が直ちに権利と義務を生じさせるという法的枠組みとは異なる。なぜ「約束」を介在させるのだろうか。その理由として，AP5B が述べているのは，収益認識のためには契約から生じる一切の義務に着目しなければならないことから，契約には明示されていないが，なお強制可能な義務が存在することを捉えるために，約束という概念が用いられたことがあげられる（AP5B para. 18）。AP5B は，取引慣行に含まれ裁判所が強制するであろう義務，たとえば，契約では明示されていない顧客からの返品を認める義務も，収益認識のためには含めねばならないとする（id.）。このような義務は測定の対象に含まれる法的義務であり，約束の概念は，測定される範囲（契約資産・契約負債に包含される範囲）を画するものとして使われたのである。

　しかし，約束の作用はここまでであり，収益の認識は，あくまでも契約資産・契約負債の測定によって行われる。AP5B の現在出口価値モデルにおいて収益が認識される時点は，契約資産・契約負債の変化が測定される

時点である。約束が果たされる時点ではない。いうまでもなく，実現の時点や何らかの稼得過程が充足される時点ではない。このことを，AP5B は次のように確認していた。

> 「最終的に顧客に移転される資産を作り出すこと（たとえば，商品を製造すること）は，契約上の権利義務を変化させない。それゆえ，契約資産または契約負債の変化をもたらすことはない。契約資産または契約負債が変化するのは，基礎となる権利義務が変化した時だけである。」（AP5B para. 15）

もちろん，顧客との契約には，販売をする商品の製造についての約束を明示的に含んでいる場合があるし，そうでなくとも，製造しなければ販売できない場合，製造することは黙示の約束といえる。しかし，企業が顧客に契約通りに製品を移転することができないとき，負うことになる債務不履行の責任は，その製品がどこまで製造されていたかに関係がない。製造をするという約束が製品の販売契約の中に含まれていたとしても，製造の約束だけを取り出して，単独で法的強制の対象とすることはできない。稼得過程のひとつひとつは，ほとんどの場合，単独では法的請求の対象とはならない。法人税法の視点から見ると，現在出口価値モデルは，稼得過程を観察の対象とする必要がない点では，簡素である[60]。

AP5B の約束は契約に明示のない法的義務を捉える道具であったが，DP では変質する。約束が，契約上のひとつの義務の中から複数の履行義

---

(60) 藤井秀樹「収益認識会計基準に関する一考察」會計 198 巻 1 号 1 頁，3 頁（2020年）は，「認識」と「測定」との関係について，「『認識』とは，費用・収益をいつの会計期間に属するものとみるか，という期間帰属の決定のことを指し，『測定』とは，その『認識』の結果を受けて，当該期間に帰属する費用・収益の額をいくらとするか，という金額の決定のことを指す」（新井清光『新版財務会計論』（中央経済社，1982年）175 頁）とする見解を通説的理解として引用し，収益の慣習的認識基準（実現主義）の下では，「収益の期間帰属決定（認識）と金額決定（測定）は基本的には販売取引の時点で一体的かつ同時的に行われるために，両者をあえて区別する積極的意義は少ないと考えられてきたのであった。」（4 頁）と述べている。おもしろいことに，認識と測定の一体化は，対極にある現在出口価値モデルでも生じる。

務を識別するために用いられるようになったからである。DP は，履行義務を，「資産（財又はサービスのような）を顧客に移転するという契約における顧客との約束」（DP para. 3.2）と定義した。原文で確認すると，「移転するという」の被修飾語は，「契約」である。「約束」ではない。履行義務には，既存の定義はないとされている（id.）。履行義務は，DP が考案し，その後に引き継がれてゆく概念である。DP は，このような履行義務概念の導入とセットとして，現在出口価値による評価モデルを斥け，顧客対価モデルを採用した。こうして，履行義務の識別（ステップ 2），取引対価の算定（ステップ 3），取引対価の履行義務への配分（ステップ 4）という IFRS15 と収益認識基準の骨格が形成された。このような収益認識は，実現・稼得過程モデルと，どう違うのだろうか。履行義務は，稼得過程の各段階とは，異なるものなのだろうか。そして，法人税法が注視するのは，履行義務の各々を，企業が恣意的に（この言い方が悪ければ，自由に，あるいは，自主的に）設定できるのではないかという点である。ここには，実現・稼得過程モデルにおいて，稼得過程の各段階のいずれで収益を認識するのか，に類似した問題，法人税法から実定性を奪う罠があるのではないか。

　繰り返しになるが，履行義務は，DP が決めた概念であるから，当然，法的定義はない。したがって，契約上の義務から履行義務を個別に取り出して法的に強制できるか，不履行の責任を問えるかも，明らかではない。DP は，履行義務を，約束によって裏打ちされたものと位置づけ（DP para. 3.4），履行義務には，契約における明示的なもの（id.），法令によるもの（DP para. 3.5），慣習に基づくもの（DP para. 3.6）があり，「契約締結の結果として企業が顧客に資産を移転するように義務づける強制可能な約束は，その企業の履行義務である。」（DP para. 3.7）としている。もちろん，契約が強制可能なものである以上，そこに含まれた行為義務が強制可能なものの一部であることは疑う余地がない。しかし，上記のように，法人税法の関心事は，このように約束に法的強制可能性を結びつけたとしても，

それが客観的に履行義務を規律できるかにある。稼得過程をどのように切り分けたとしても，それらは，全体として（ひとつの契約として）強制可能だからである。

4　移転と支配

　DP が提示し，IFRS15 や収益認識基準に（変化しつつ）引き継がれてゆく履行義務の要件には，もうひとつある。それは，資産を移転する行為が必要とされることである。資産には，財とサービスが含まれる。サービスも，受領されたときに資産に該当する（DP para. 3.13）。DP における履行義務は，「資産を顧客に移転したときにのみ」（DP para. 3.18）充足される。したがって，契約から履行義務として取り出すことができるのは，顧客への移転によって消滅する義務（約束）に限られることになる。これは，履行義務の識別の恣意性をある程度制限する基準といえる。なぜなら，稼得過程を段階的に区切って履行義務とその消滅を引き出すようなことはできないからである。移転の義務は，「顧客が約束された資産を有し，企業がもはやそれを有さないとき」（id.）に履行されたものとなる。そして，「有する」かどうかは，「支配」によって決められる（DP para. 3.19）。「顧客が約束した資産の基礎にある資源（the resource underlying the promised asset）を支配しているとき，顧客は約束された資産を有している」（DP para. 3.20）とされる。支配は，財に対するものは，通常は，物理的に占有したときに生じる（DP para. 4.5）。

　DP での移転は，連続的なものではない（IFRS15 や収益認識基準での一定期間にわたる移転[61]を考えていない）点で，売買契約における財産権の移転（民法 555 条）に近似する。売買契約とは，財産権という抽象的な権利を移転させる（帰属主体を替える）ことについての当事者の合意である[62]。そ

---

(61)　基準 38 項，IFRS15 para. 35-37.
(62)　物の引渡しなどを要する契約は要物契約とされるが，2020 年 4 月に施行された債権法関係民法改正により，その範囲は著しく制限された。

こでの移転は，物体が空間を移動すること（引渡しなど）ではない。引渡し
などは，契約によって生じた義務（契約を履行すべき義務）を消滅される行
為や事実であって，権利の移転とは次元が異なる。財産権という権利の持
つ排他性から，共有などとしない限り，それが同時に複数の主体に帰属す
ることはない。このため，連続的な移転（財産権が半分だけ相手方に移転し
て帰属している状態など）はあり得ない。合意があれば，移転は瞬時に生じ
る。このような法的移転は，民事法上の法律関係を基礎とする課税要件規
定については，前提となる。

　しかし，DPにおいては，約束が移転させる対象は，権利ではない。資
産（財とサービス）であり，事実の次元にある物体である。この点で，DP
のいう約束は，直接法律関係を変化させるのではなく，事実関係を変化さ
せるものである（もちろん，その結果として，法律関係も変化する。）。したが
って，この角度からは，約束は契約（当事者の合意）自体の一部とはいえな
いことになる。約束とは，契約の一部ではなく，契約を履行すべき義務
（人が事実に作用すべき義務）を具体化し細分化したものである[63]。そうす
ると，約束については，履行義務をどこまで果たしたか，という程度の概
念を持ち込むことも可能になる。法的に捉えた履行については，リンゴ1
個の売買契約の下でリンゴを半分だけ引き渡しても，債務不履行の責任が
半分になることはないが，しかし，代金を半分支払ったとき，請求される
のは残り半分である。両者に共通するのは，法的請求の対象は完全な履行
であり，それによってはじめて義務が消滅することである。これに対して，
DPのいう約束についての履行義務は，事実の世界での作用であるから，

---

(63)　DPの示す例として，コンピュータを製造販売する企業が，単独で販売されうる
　　複数のパーツ（計算ユニット，モニター，キーボード，マウスなど）から構成さ
　　れるコンピュータを顧客に販売する場合，顧客がパーツを別々の時期に受け取る
　　ときには，契約を各パーツを引き渡す約束に分割する必要があるとされる
　　（para. 3.24）。しかし，どのパーツが欠けてもコンピュータとしての機能は発揮
　　できないので，この企業がパーツのいずれかを納品できなければ，法的には，企
　　業は対価を請求できないであろう。

62

論理的には（稼得段階によって恣意的に区切った）不完全な履行を含むこともできる。しかし，というより，だから，DP は，顧客への移転を要求し，これを「支配」によって規律することで，こうした恣意性を防止しようとしたと考えられる。支配の概念は，CF では排他性を含む[64]。このような恣意性の防止は，法人税法が着目すべき重要なポイントである。

　ただし，DP は，2 つの場面で資産の連続的（continuous）移転に言及している。ひとつは，サービスの提供全般である。「サービスは通常，一定の期間にわたって行われる顧客に対する連続的な資産の移転である。」（DP para. 4.38）とされる。ここには，履行義務とその充足を操作する特段の可能性はないと思われる。もうひとつは，建設などの工事契約である。DP は，工事契約で約束している資産ごとに別個の履行義務を認識することで，「顧客に資産を連続的に移転する契約は事実上，連続した一連の履行義務を構成する。」（DP para. 6.34）としている[65]。敷衍すると，ひとつの履行義務が稼得過程の進捗度に従って（IFRS15 や収益認識基準がいう「義務を履行するにつれて[66]（as[67]）」）充足されてゆくとするのではなく，ひとつの契約が複数の時点で連続して充足されるような複数の履行義務から構成されているとしているのである。したがって，支配によって規律された資産の移転がない限り，義務の充足はない。この要件を満たさない工事進行基準は，用いることができない。この点も，法人税法からは重要なポイントである。

　DP における支配の概念，資産の移転を売買契約での財産権の移転と同

---

(64)　CF para. 4.20 は，「ある者が経済的資源を支配している場合には，他の者は当該資源を支配していないことになる。」と述べ，同「結論の根拠」para. BC4.40 脚注19 は，この項が，IFRS15 para. 33（と IFRS10（連結財務諸表）para. 5-7）を基礎とすると述べている。IFRS15 para. 33 は，「支配には，他の企業が資産の使用を指図して資産から便益を得ること妨げる能力が含まれる。」と述べている。
(65)　設例 5 と 6。ただし，所有権は，連続的に移転しないことも確認されている（para. 6.21）。
(66)　基準 35 項，38 項 (1)。
(67)　IFRS15 para. 31, 35.

様に一時点で生じさせる支配の概念は，EDで拡散する。すなわち，支配は，DPが示していた（c）物理的占有だけでなく，（a）顧客の無条件の支払義務，（b）法的所有権，さらに，（d）デザインまたは機能が顧客に固有のものであることを，指標として判断されるからである（ED para. 30）。これらのうち，（b）が売買契約では，特約がない限り契約日になることについては，既に述べた。（d）は，企業が，他の顧客に販売できないことを理由に，顧客に対して，製造の進行に従い，当該資産の支配を獲得することを要求する可能性が高いから，とされているが，そのような支配は，DPでの複数の履行義務の充足時点の連続性とは異なり，ひとつの履行義務の充足過程に従った連続性を持つことになる。また，（a）〜（d）は「次のものが含まれる。」として例示されているので，支配は，これらのいずれを取るか，他の要素も考慮するか，といった判断や解釈によって決まることになる。特に問題となるのは，（d）のような連続的移転である。ここでの連続を，数学における関数の連続性と観念してよいのであれば，支配は一定の速度で一方から他方に移動してゆくので，時間等による比例計算をすればよく，判断の余地はほとんどなくなる。しかし，そうではないであろう。むしろ，不連続な階段状の関数のように，稼得過程の段階に区切った移転を見ていると思われる。そうすると，稼得過程をどのように区切り，それぞれの段階にどれだけの移転を配分するかは，判断の問題となる。これは，実現主義の多義性を想起させるものであり，支配の多義性ということができる。（d）のような連続的移転は，EDでは，即時的移転の後に例外的に記述されていたが（ED para. 25-33），R-EDでは，それが逆転し（para. 31-37），進捗度の測定についての記述が増強された（R-ED para. 38-48）。これは，判断の比重が増したことを意味する[68]。このような連続的移転の位置づけは，IFRS15と収益認識基準に引き継がれ[69]，建設工事に

---

[68]　辻山前掲注29（2020）は，これを「支配モデルの骨抜き」（22頁）と評し，支配モデルの特質を「履行義務の充足時点を可能な限り客観的に特定しようとした」（同頁）ところに見出している。

64

ついても，創出された資産の転用可能性がなく，履行済み部分に対する対価の権利が生じれば，稼得過程の進行に従った移転が認められることとなった（基準38項（3），IFRS15 para. 35（c））。

　以上のような移転と支配を巡る議論を受け止める法人税法上の概念は，「目的物の引渡し又は役務の提供」（法法22条の2第1項）（以下「引渡し」という。）である。「契約の効力が生ずる」（同条2項）の概念も，その日（売買契約では，原則として，当事者の合意の日＝財産権が移転の効力が生じる日）が引渡しの日に近接し，公正処理基準に従ったものであれば，同様の作用をするが，やはり，引渡しが基準となっている。では，法人税法上の引渡しとは何か。それを誰がどのように決めるのだろうか。その際，収益認識基準などにいう支配を，（どこまで）参照できるのだろうか。法人税法の実定性の問題が，ここで表出する。

　22条4項の改正により，公正処理基準への依拠が，一応，閉ざされているとすると（しかし，それなら，22条の2第2項の公正処理基準への依拠は背理であるが），私法上の権利確定か，課税当局（の通達や処分を判断する判決）になる。契約法も引渡しには言及しているが，収益認識基準などに匹敵する議論はない。通達も，平成30年度改正時に拡充されたが，その適用は，収益認識基準が適用される法人に限られるものが多いし，1967年の公正処理基準の導入時に簡素化された収益認識に関する通達を元に戻すようなものではない。そうすると，形式的に見る限り，真空地帯が生じていることになる。何よりも問題なのは，法人税法で収益が定義されていない以上，借用概念とまでいわないにしても，その言葉の一般的な意味に従って理解することになること，そして，このとき，収益の意味が，収益認識基準やIFRS15と無縁でいられないことである。もちろん，法人税法に収

---

(69)　基準35-45項，IFRS15 para. 31-45. なお，連続的移転については，EFRAG, supra note 25の影響が大きいとされる。IFRSの開発に関してIASBに事前の働きかけを行うことは，会計基準にEndorsementを与えることとともに，EFRAG（欧州財務報告諮問グループ）の目的のひとつである。

益に関する規定を設けることが不要または不可能と判断されることになるかもしれない。しかし，そうであっても，会計上の方法論，少なくとも，今世紀における資産負債アプローチと公正価値モデルへの大きな流れを，法人税法はどう受け止めるべきかの議論は不可欠である。現在の法人税法は，収益という所得計算の出発点において，実定性を欠いている。公正価値モデルへの方向性は，執行上の問題は考えられるが，本質的には，法人税法が実現すべき課税の公平に結びつくと思われる。

5　測　定

　資産負債アプローチの根幹は，測定にある。AP5B の測定モデルは，契約のポジション（契約により生じた権利義務で未行使未履行のもの）を現在出口価値により測定することで収益が認識されると明言していた（AP5B para.7-8, 21）。DP では，正味の契約ポジションを測定すること（DP para.5.3），約束から生じる現在債務を描写すること（DP para.5.8）は維持されているが，前述のように現在出口価値による契約資産または契約負債の測定を斥けた。その理由は，①収益認識のパターン，すなわち，契約当初，まだ履行義務が果たされていない時点で収益が認識されること，②複雑さ，すなわち，観察可能な出口価値はほとんど存在せず，その未履行義務の価値を契約当初に推定することは複雑であり，検証困難であること，③誤謬の危険，すなわち，契約当初において履行義務を特定することに失敗すれば，収益が生じてしまうことにあった（DP para.5.15-5.24）。そして，当初取引価格，すなわち，契約時に顧客が約束した対価を用いることとされた。AP5B が現在出口価値によって測定していたのは，契約によって生じる権利と義務の両者であったから，論理的には，DP は，両者に対してそれぞれどのように顧客対価による測定を行うのかを示さなければならなかったはずである。しかし，DP は，権利については，「まだ予備的見解を表明していない。しかし，権利の測定は約束した対価（すなわち，取引価格）の金額を基礎とすることとなるだろう。」（DP para.5.3）と述べるに止

め，「履行債務の測定に焦点を当てる」とした（DP para. 5.5）。収益の認識は，「企業が，契約における義務を充足することにより，履行をする（perform）時に生じる。」（DP para. S16）との要約（言い換えれば，AP5B のように契約時点で収益認識をすることはないこと（DP para. 2.33, 5.20））や，権利の測定は対価によることができるので比較的容易であるが，義務は非貨幣性の資産の流出であることから困難である（DP para. 5.4-5.5）との記述をも合わせ読むと，DP の顧客対価モデルは，次のように理解される。すなわち，契約時点で，まず権利を原則として顧客対価によって測定し，それと同額で義務をも測定した上で，この金額を履行義務に配分し，その消滅によって収益を認識するというモデルである。したがって，DP の顧客対価モデルは配分モデルと不可分である。この方法は，IFRS15 と収益認識基準のステップ 3 と 4 になっている。

　法人税法の立場から，3 点指摘する。第 1 に，このような顧客対価モデルには，税負担回避に関する 2 つの脆弱性がある。ひとつは，上記Ⅳで議論をした非正常な対価である。法人税法にとって，適正所得の算出，適正な対価による取引を行った者とそうでない者との間の課税の公平のための価額（時価）に基づく収益計算は譲り難い一線であるが，顧客対価モデルの指向は，その肯定や否定にはない。価額か対価かの論点は，現在出口価値か顧客対価かの議論とは，次元が異なる。顧客対価モデルにとっては，非正常な対価は射程外であり，顧客対価であれば，いかなる価格であってもそれによって履行義務を測定するということにはならないと思われる。恣意的に操作された顧客対価は，CF においては，「実質のない契約条件は無視される」（CF para. 4.61）の対象であろうし，目的適合性（CF para. 2.6, 5.12）や忠実な表現（CF para. 2.12-2.19, 5.18）の要件を充足できないと考えられる。したがって，そうした場合は，残された選択肢である現在出口価値を用いることも考えられよう。それができれば，22 条の 2 第 4 項との齟齬は，測定値としては，ほぼ解消される。もうひとつの脆弱性については，後述する。

　第2に，しかし，収益認識を履行義務の現在出口価値に基づいて行うことは，法人税法の指向する実現（権利確定，引渡し）時点における譲渡資産や提供役務の価額を求める方法とは異なる。22条の2第4項を履行義務の測定のために使うことは，その文言からは無理がある。したがって，「資産の販売等」（22条の2第1項）で対価が非正常なものについては，企業が収益認識基準の適用を受けているとしても，実現・稼得過程アプローチにより，同条4項を適用することとなろう。これに対して，「資産の販売等」に該当せず，22条2項が適用される取引で対価が非正常なもの（もしあれば）については，履行義務の現在出口価値に基づいて収益の計算を行う可能性はあると思われる。法的根拠は，南西通商事件最高裁判決[70]が示した22条2項の解釈になろう。逆に，顧客との契約から生じる収益で「資産の販売等」に該当しないもの，たとえば，企業が顧客から取引の円滑な継続を目的とする贈与で書面で約されたものを受けた場合，企業の受贈は顧客との強制力のある契約から生じているが，22条の2の対象ではない。収益認識基準の対象となるか否かは，「権利及び義務を生じさせる」（基準5項）が一方当事者についての記述なのか（同基準のいう契約は双務契約に限られるのか），それとも，複数当事者を合わせて満たされればよいのかによって決まると思われる。いずれにしても，課税は，22条2項により行われる。

　第3に，前述の脆弱性のもうひとつとして，履行義務の識別とそれらへの対価の配分が恣意的に行われる場合があげられる。すなわち，たとえば課税を繰り延べるために，恣意的に，事業年度を越えるように履行義務を識別したり，翌事業年度以降の履行義務に過大な顧客対価を配分したりすることが考えられる。法人税法には，これを是正する明文の規定はない。もちろん，法人税法が収益認識基準を一切遮断しているのなら，そして，収益認識はすべて22条の2第1項に規定された「目的物の引渡し又は役

(70)　前掲注28。

務の提供」によって行うのであれば，このような操作は功を奏さない。収益認識基準の要請する各ステップは，法人税法上は意味を持たない。しかし，同条2項の「一般に公正妥当と認められる会計処理の基準に従って……その他の前項に規定する日に近接する日の属する事業年度の確定した決算において収益として経理した場合には」の「その他の」という文言（「その他」ではない。）[71]からは，前項に規定する日（引渡日）に収益として経理することは公正処理基準に従うものであることが前提となっていると解される。そして，資産負債アプローチに基づく収益認識においては，配分モデルであっても，履行義務として識別されるのは，引渡しだけではないはずである。そうすると，同条1項を収益認識基準に引き寄せて，引渡しだけを履行義務として識別させ，（同条4項の適用がない場合に）顧客対価の全部をこれに配分させる規定だと解釈するにしても，それが収益認識基準に適合するとは必ずしもいえないことになる。同条2項による公正処理基準への回収が，「近接する日」の縛りはあるにしても（しかし，事業年度を越えてはならないとは書かれていない。），履行義務の識別と対価の配分の恣意性を許容することにならないか，懸念される。

VI　実現主義から公正価値モデルへ

　22条2項，22条の2の意義を，どこに求めるべきだろうか。形式的に公正処理基準を遮断したことは，引き続き実現主義・引渡基準に留まることを意味するのだろうか。それなら，かつて公正処理基準の導入によって凌ごうとした多義性の罠を，立法によって自ら解決するのだろうか。それとも，公正処理基準導入前の通達を[72]，もう一度復活させるのだろうか。あるいは，収益認識基準前の会計慣行を，凍結しようとするのだろうか。

---

(71)　「その他の」は，この言葉で結びつけられている用語が全体と部分の関係にある場合，「その他」は，別個独立の関係にある場合に用いられる。田島信威『最新法令用語の基礎知識（三訂版）』（ぎょうせい，2005年）29-33頁。

否，そのどれもができないから，公正処理基準への回収（22 条の 2 第 2 項）が規定されたのだ。対価に基づく方法論を拒絶した趣旨が非正常取引の規律にあったにもかかわらず，（対価を要求しない）実現主義では，無償による役務提供の実体的利益を捉えられない。この方法論をどれだけ探っても，「収益」という対象についての記述可能かつ恒常的なひとつの関係を打ち立てること，実定性を獲得することはできないであろう。

　これまで，法人税法は収益認識の方法論に無関心であり，自らが費用収益アプローチ・実現・稼得過程モデルの中に閉ざされていること，世界は資産負債アプローチ・公正価値モデルの方向に動いていることを，自覚していなかったと思われる。しかし，あと半年（2023 年度税制改正）で，IFRS15 などの国際会計基準に基づく財務諸表利益を課税ベースとして，国際ミニマム課税（Pillar 2）[73] の規定が設けられようとしている。各国は課税ベースをある程度調整できるが，わが国が何をすべきかを判断するためには，国際会計基準の方法論を検討することになるはずである。これは，法人税法にとって好機である。

　本稿が現在出口価値モデルを取り上げた理由は，それが純粋な公正価値モデルだからである。このモデルは，会計の世界では却下されているが，公平な課税という法人税法の目的に整合的であることは疑いない。測定される収益の額は，これまでの無償取引課税における価額や通常得べき対価の額（22 条の 2 第 4 項）によるものとほとんど変わらないであろう。大切なことは，公正価値による契約資産・契約負債の測定から収益を算出する方法では，実現・稼得アプローチのような決め手のない稼得過程の選択肢

(72)　公正処理基準のもたらした最大のものは，通達の簡素化にあったと考えられる。武田前掲注 11（1970 年），120 頁，武田昌輔『法人税回顧六〇年〜企業会計との関係を検証する〜』（TKC 出版，2009 年）142 頁を参照。

(73)　OECD（2022），Tax Challenges Arising from the Digitalisation of the Economy - Commentary to the Global Anti- Base Erosion Model Rules (Pillar Two)，OECD, Paris, https://www.oecd.org/tax/beps/tax-challenges-arising-from-the-digitalisation-of-the-economy-global-anti-base-erosion-model-rules-pillar-two-commentary.pdf（最終確認：2022 年 5 月 8 日）

は存在しないこと，認識のタイミングは測定（評価）と一体化されて問題
とならないこと，非正常な対価とは無関係に収益が算出されること，そし
て，これまで明らかにできなかった無償による役務提供から生じる収益を
実体的利益として捉えられることである。現在出口価値モデルの難点は，
現在出口価値を直接参照できない場合があることにあるが，その困難は移
転価格税制と同程度であり，執行不能なものではないと考えられる。複数
の測定方法からの選択は生じると思われるが，測定方法や選択のあり方は，
移転価格税制のように法令によって規律されることになろう。また，簡便
な方法としては，契約時点で，契約によって生じた権利を（対価が非正常
と思われる場合に限って）独立企業間価格の対価によって再測定し，履行義
務も同額で測定した後，各事業年度末の時点で，履行義務の充足の度合い
（稼得過程の段階ではなく，連続した数値で捉えられたもの）によって収益を
計算することも考えられる。

　22条2項，22条の2の意義は，IFRS15や収益認識基準が公正価値モデ
ルから変質した点，すなわち，公正価値ではなく対価の額を基礎とした点，
および，未履行の義務の計測に稼得過程を持ち込んだ点を，法人税法が上
書きしていることに見出されるべきである。22条の2第2項は，「契約の
効力が生ずる日」だけでなく，「その他の」の文言によって同条1項の「引
渡し又は役務の提供」を巻き込みながら，公正処理基準への回収を規定し
ている。それゆえ，上記の意義を実質化するために，同条2項の公正処理
基準の理解では，資産負債アプローチに基づく公正価値モデルが参照され
るべきである。22条2項に残された収益は同条4項の規律を受けるので，
同項の公正処理基準も同様に理解すべきである。また，22条の2第4項の
規定する金額は，公正価値と解すべきである。その文言上の対象は譲渡を
した資産または提供をした役務ではあるが，稼得過程としての譲渡や提供
にはとらわれず，企業の契約ポジションの変化を適正に反映する金額と解
すべきである。

第3章　収益認識に関する会計基準における契約の概念と租税裁判実務における契約の認定

弁護士[*]　佐藤　修二

弁護士[*]　佐藤　修二

序　本稿の趣旨と構成

　本稿は，本論集執筆者の中で唯一，実務家からの参加者であり，民商法実務および民事訴訟・租税訴訟の経験を有する租税弁護士[1]の立場から，企業会計基準委員会企業会計基準第29号「収益認識に関する会計基準」（以下「収益認識に関する会計基準」という。）における鍵概念の一つである「契約」の概念について検討することを課題とする。その際，筆者の法曹実務家としての経験を活かし，租税訴訟において契約が問題となった具体的裁判例の検討を中心として論ずることとしたい[2]。

　その前に，やや前提問題に属することであるが，そもそも，法人税法との関係で（企業会計基準委員会という公共性の強い団体が制定したものとはいえ，法令そのものではない）収益認識に関する会計基準を論ずる意味について，現状，租税法学界・実務界において確立した理解があるわけではない

　＊　肩書きは執筆当時。2022年10月〜北海道大学大学院法学研究科教授。
　(1)　租税弁護士とは，金子宏『租税法〔第24版〕』（弘文堂，2021）139頁において，英米における「タックスロイヤー」に対応する日本語として用いられているものである。

72

ようである。正直なところ，筆者自身も，本論集の編纂に当たって行われた研究会の末席でさまざまにご教示いただくまでは，この点について十分な理解を持ち得ていなかった。幸いにして研究会に参加を許され，諸先生方からご教示をいただくことによって，この点について筆者なりの理解が得られたように思われる。そこで，収益認識に関する会計基準と法人税法との関係については，本格的には本論集において岡村忠生教授ならびに渡辺徹也教授によって論じられることと承知しながらも，筆者が研究会の構成員のうち，両教授と同様，数少ない法律家であることも考慮し，筆者なりの理解を簡単にまとめておきたい（後記 I）。

その上で，収益認識に関する会計基準における契約の概念について，収益認識に関する会計基準自体が述べるところや民法学における議論を参照しつつ基本的なところを確認し（後記 II），さらに具体的に租税訴訟で契約の概念が問題となった事例を検討していくこととする（後記 III）。

I　収益認識に関する会計基準と法人税法との関係

収益認識に関する会計基準の制定に伴って，平成 30 年度税制改正により，益金の認識に関するルールとして，法人税法 22 条の 2 が新設された。渡辺徹也教授は，本条につき，「収益認識に関する法人税法の扱いを大きく変更するというより，むしろ判例や通達などで示されてきたこれまでの扱

---

(2)　収益認識に関する会計基準における契約の概念について検討した著作としては，会計と法の双方の領域に跨る問題の性質上，弁護士資格と公認会計士資格を併せ持つ実務家によるものが多い。例えば，片山智裕『収益認識の契約法務―契約法と会計基準の解釈・適用』（中央経済社，2017），同『ケーススタディでおさえる収益認識会計基準―すぐわかる契約・税務のポイント』（第一法規，2019），横張清威＝伊勢田篤史＝和田雄太『改正民法と新収益認識基準に基づく契約書作成・見直しの実務』（日本法令，2018）等がそれである。本稿も，これら諸著作に学びつつ，租税弁護士としての筆者の租税裁判実務の経験を活かし，（これらの著作では必ずしも触れられていない）租税裁判例の検討や，研究会でのご教示を踏まえて考えたこと等を盛り込みつつ構成した。

いを明確にしたという性格を持つ規定」であるとし，本条新設の理由とし
て，本条がなければ，仮に収益認識に関する会計基準が公正処理基準であ
るとされた場合，法人税法 22 条 4 項を経由してこれまでの法人税法にお
ける収益認識基準が変更されてしまうから，そのような変更を防ぐために
設けられた規定と捉え得るものと指摘する[3]。

　そうだとすると，法人税の世界では，収益認識の在り方についてはあく
まで法人税法 22 条の 2 を見ていれば足り，（企業会計の世界とは異なり）収
益認識に関する会計基準を検討する必要すらもない，ということになりそ
うである。この説明は，明晰で論理的なものであり，筆者も特に疑問を抱
かずにいた。しかしながら，不肖，本論集のための研究会にお招きいただ
き，収益認識に関する会計基準を法人税法との関係で研究することになっ
たことを契機に，そもそも渡辺教授の説明によれば，法人税法との関係で
収益認識に関する会計基準について論ずる意味自体がないように思われた
ため，少々の戸惑いがあったのである。

　その後，研究会でご教示をいただくうちに（研究会構成員の間で一致した
理解があるかはともかくとして）筆者なりに理解したのは，法人税法 22 条
の 2 には（益金の認識に関する原則的ルールを定める）第 1 項の他に第 2 項
以下があり，とりわけその第 2 項が，収益認識に関する会計基準が法人税
法との関係で持ち得る意味を示唆しているということである。すなわち，
法人税法 22 条の 2 第 2 項は，納税者が公正処理基準に従って収益として
経理した場合には，第 1 項の原則的ルールとは異なる考え方によることを
一定の限度で認めている。そして，収益認識に関する会計基準は，ここで
いう公正処理基準に該当する可能性がある。実際に収益認識に関する会計
基準が公正処理基準に該当するか否かの最終的判断は，日本の憲法構造上，
司法権の属する裁判所が決定するということになるものの，さしあたり，
財務省主税局の立案担当者は，収益認識に関する会計基準が公正処理基準

---

(3)　渡辺徹也『スタンダード法人税法〔第 2 版〕』（弘文堂，2019）115 頁。

74

に該当し得ると考えられると指摘している[4]。金子宏名誉教授も，このような2項の規定の他3項以下の規定も併せ考慮して，「本条は，1項だけを見ると，厳格な引渡基準を採用しているように見えるが，2項以下および上述の政令の規定と合わせて見ると，全体としては会計基準の線に沿い，会計基準との調和を図っていると考えてよいと思われる」としているところである[5]。

　以上を踏まえ，本稿では，さしあたり，収益認識に関する会計基準が，公正処理基準として法人税法22条の2第2項を通じ，法人税法の世界でもルールとして通用することがあり得るという理解に立った上で，以下，収益認識に関する会計基準における契約の概念についてまずはその定義的な部分を検討していくこととしたい。

II　収益認識に関する会計基準における契約の概念

　「契約」の概念は，収益認識に関する会計基準自体の中で定義されており，そこでは，「『契約』とは，法的な強制力のある権利及び義務を生じさせる複数の当事者間における取決めをいう」とされている（収益認識に関する会計基準第5項）。

　翻って，契約についての一般私法である民法学の体系書における説明を見ると，「対立する二個以上の意思表示が合致して成立するもの」[6]，「約束の中でも，その履行につき法律，具体的には裁判所が協力するもの」[7]，「自由な意思に基づいて取り決められた債権発生原因の1つたる合意」[8]，「合意であって，債権の発生を目的とするもの」[9]などとされている。

（4）　財務省『平成30年度税制改正の解説』270頁。（4）　財務省『平成30年度税制改正の解説』270頁。
（5）　金子・前掲注（1）364-365頁。
（6）　我妻榮『新訂　民法総則（民法講義I）』（岩波書店，1965）244頁。
（7）　星野英一『民法概論IV（契約）』（良書普及会，1986）3頁。
（8）　平井宜雄『債権各論I（上）—契約総論』（弘文堂，2008）27-28頁。
（9）　中田裕康『契約法〔新版〕』（有斐閣，2021）19頁。

　上記のように，民法学では，（裁判所が協力する，という点を挙げる例もあるものの）基本的には，当事者間の合意という点を契約概念のエッセンスとするものであり，上記の収益認識に関する会計基準のように「法的な強制力」という言葉を用いることは一般的ではないようである。収益認識に関する会計基準が「法的な強制力」という言葉を使っているのは，それが国際会計基準をベースとしたという経緯から，英米法における契約概念，すなわち，契約の成立のためには，合意だけではなく対価的な要素である「約因」（consideration）の存在を要求し，約因の存する合意のみが契約として裁判所で救済を受けられる，とする契約の概念が影響している可能性がある[10]。

　日本の民法は，ヨーロッパ大陸法（フランス法やドイツ法）を母法としているため，英米法とは法系が異なっており，契約について約因は要求されない。そのような民法を有する日本で，（直接的には約因を要求するわけではないものの，「法的強制力」という概念を有する点において）英米法の影響を受けたものとも見られる契約概念が収益認識に関する会計基準によって導入されたことは，収益認識に関する会計基準に関わる法律問題が日本の裁判所に立ち現れた場合にハレーションを起こすことがないか（すなわち，収益認識に関する会計基準における契約概念を，日本の民法をベースとする日本も民事裁判実務でどのように位置づけるべきかという困難な問題を惹き起こさないか）が若干気になるところではある。

　しかし，収益認識に関する会計基準においても「約因」の概念まで用いられてはおらず，「法的強制力」という用語が存するにとどまること，そして，「法的強制力」という言葉は，日本の裁判所において救済を受け得

---

(10)　英米法の影響の可能性については，研究会において岡村忠生教授よりご示唆をいただいた。関連して岡村教授にその存在をご教示いただいた藤井秀樹「収益認識会計基準に関する一考察」會計198巻1号（2020）12頁文末脚注（9）でも，「約因」の語が挙げられている。なお，英米法における契約概念の概説としては，中田・前掲注（9）21-22頁およびそこで引用されている樋口範雄『アメリカ契約法〔第2版〕』（弘文堂，2008）16頁以下を参照。

76

る力，という意味にも理解できると思われることからすると，収益認識に
関する会計基準における契約概念も，日本の民事裁判実務で通用している
契約概念を指すと解することも可能であろう。日本の弁護士資格と公認会
計士資格を併せ持つ実務家も，契約が成立するか否かの判定は，現実に各
国で運用されている具体的な法律制度を前提とする法律上の判断である，
と指摘しており[11]，上記と同趣旨と思われる。

　そこで，本稿では，収益認識に関する会計基準における契約の概念につ
いて，抽象的には，日本の民事裁判実務で通用している契約概念を指すも
のと理解することにしたい。その上で，そうした契約概念の実相を見るた
めに，収益認識に関する会計基準における契約概念が裁判で争われるとす
れば租税訴訟の形態を取ることが予想されることにかんがみ，民事裁判実
務の中でも特に租税裁判実務（裁判所では，行政事件も民事事件の一部と
して位置づけられ，行政事件の一類型である租税事件もまた，民事事件として扱わ
れる）において，契約の概念が問題とされた過去の裁判例を取り上げて検
討することとしたい。

Ⅲ　租税裁判実務における契約の認定

　収益認識に関する会計基準では，「契約の識別」という作業段階が想定
され，そのためのルールが設けられている（収益認識に関する会計基準第19
項）。他方，租税裁判実務においては，契約の識別に相当するものとして，
「契約の認定」というべき作業が存在するように思われる。上記Ⅱで述べ
たとおり，収益認識に関する会計基準における契約の概念が民事裁判実務
におけるそれを指すものとすれば，収益認識に関する会計基準において契

---

(11)　片山・前掲注(2) 73頁は，（直接的には，収益認識に関する会計基準それ自体で
　　はなく，その元となった IFRS 第15号における契約の概念についてであるが）契
　　約が成立するか否かの判定は，現実に各国で運用されている具体的な法律制度
　　（例えば，わが国では日本の裁判制度）を前提とする法律上の判断である，とす
　　る。

約の識別を行うに当たっての前提事項として，租税裁判実務（民事裁判実務の中でも，会計実務の延長上にある租税実務に関わるものとして，収益認識に関する会計基準に特に密接に関連すると考えられる分野）における契約の認定に当たっての基本的な考え方を押さえておくことが有用と考えられる。そして，租税裁判実務においては，整備された契約書が存在する場合と，そうでない場合とで，契約の認定の在り方が分かれているように思われる。

　そこで，以下では，整備された契約書が存在したケース 2 件と[12]，そうでなかったケース 2 件とを取り上げて，租税裁判実務における契約の認定の実相について基本的なところを概観し，さらに，本稿の趣旨にかんがみ，（契約の認定の問題を少し離れ，抽象度を上げて）会計と法との関係が問題になった裁判事例も 2 件，検討してみることとする。取り上げる事例そのものは租税専門家に周知のものも多いが，裁判実務における契約の認定の在り方や会計と法との関係という観点から改めて整理してみることに一定の意義もあろうかと思われる。

1　整備された契約書が存在する場合

(1)　航空機リース事件（名古屋地判平成 16 年 10 月 28 日裁判所ウェブサイト）[13]

　整備された契約書が存在する場合において，契約の認定が争点とされたケースとして，いわゆる航空機リース事件がある。末尾に記すように，本判決は納税者勝訴の結論が確定しているが，本稿では，契約の認定の在り

---

(12)　後述の個々のケースの検討に当たって示すように，2 件いずれもが租税回避が問題とされたという点でやや特殊なケースという面もあるものの（この点は研究会において渡辺徹也教授にご示唆いただいた），租税回避の場面に限らず租税裁判実務における契約の認定の在り方を示す事例であると思われることから，特殊性に留意しつつ取り上げるものである。

(13)　本件については，訴訟代理人の手になる，増田晋「航空機リースと租税回避行為―平成 16 年 10 月 28 日名古屋地裁判決の検討」中里実＝神田秀樹編著『ビジネス・タックス―企業税制の理論と実務』（有斐閣，2005）373 頁以下が有益であり，本稿も多くをこれに負う。

方について判示した第一審判決について少し詳細に見ていくことにする。

　本件は，端的にいえば，減価償却による節税効果を伴う航空機リース取引について，課税当局がその節税効果の否認を試みたものである。納税者らは，民法上の組合契約を締結し，これにより組成された民法上の組合が航空機を購入して所有した上でこれを航空会社にリースする。組合は課税上透明であるから，組合の所有する航空機のリースに係る所得は，不動産所得としての性質を有するまま納税者らにパス・スルーされるところ，不動産所得の算出過程では，航空機所有による減価償却費等の多額の必要経費が計上される。こうして算出された不動産所得の金額が納税者らの有する事業所得等の他の所得と損益通算されることにより，所得が圧縮される節税効果が生じていた。

　これに対して，課税当局は，契約の実態にかんがみれば，納税者らの間に締結されているのは組合契約ではなく，「利益配当契約」であり，かかる利益配当契約から生じる現金分配は雑所得を構成するから，損益通算を行うことはできないとして課税処分を行った。かかる課税処分の取消しを求めて争われたのが，本件の訴訟である。

　以下，少し長くなるが，本判決は，租税裁判実務における契約の認定に当たっての重要な考え方を示したものであるので，判決文を逐次引用しつつ見ていくことにしたい。

　「我が国の憲法84条は，『あらたに租税を課し，又は現行の租税を変更するには，法律又は法律の定める条件によることを必要とする。』と規定し，他の近代憲法と同様，国民は法律の根拠に基づくことなく租税を賦課されることはないとの租税法律主義の原則を宣明しているが，その重要な機能は，国民に対して経済活動における法的安定性と予測可能性を与えることにあることはいうまでもない。その観点からすれば，租税賦課の根拠となるべき法令すなわち租税法は，国法秩序の一部を構成するものであるから，そこで用いられている概念は，基本的には他の国法のそれと整合する意味内容が与えられるべきであり，租税法における目的論的解釈の名の下に，

一般法の概念と矛盾・抵触するものであってはならないというべきである。そうすると，租税法は国民の私的経済活動ないし経済現象を課税対象とするものであるが，これらについては，第一次的に私法によって規律されているから，その意味内容も，まず私法によって解釈されなければならない」。

　上記では，まず大原則として，憲法の定める租税法律主義の観点から，私的経済活動ないし経済現象も，これを第一次的に規律する私法（民商法）によって解釈すべき旨を宣明している。

　「ところで，国民が一定の経済的目的を達成しようとする場合，私法上は複数の手段，形式が考えられる場合があるが，私的自治の原則ないし契約自由の原則が存在する以上，当該国民は，どのような法的手段，法的形式を用いるかについて，選択の自由を有するというべきである。このことは，他の法的手段，形式を選択すれば税負担を求められるのに，選択の結果，これを免れる場合であっても基本的には同様というべきである。もっとも，特段の合理的理由がないのに，通常は用いられることのない法的手段，形式を選択することによって，所期の経済的効果を達成しつつ，通常用いられる法律行為に対応する課税要件の充足を免れ，税負担を減少させあるいは排除する場合には，租税回避行為としてその有効性が問題となり得るが，前記の租税法律主義の観点からは，このような場合であっても，当該法的手段，形式が私法上は有効であることを前提としつつ，租税法上はこれを有効と扱わず，同一の経済目的を達成するために通常用いられる法的手段，形式に対応する課税要件が充足したものとして扱うためには，これを許容する法律上の根拠を要すると解すべきである。」

　ここでは，異常な法形式を利用することによる租税回避が問題となるケースについての配慮が示されつつも，そのような場合であっても，否認を行うには法律上の根拠が必要であることが述べられている。

　「以上の理は，原告ら及び被告らの双方共，格別異論を唱えるものではないと考えられるが，本件において問題となるのは，①当事者の締結した

契約解釈の在り方，②契約書等の外形的資料から離れた『真意』の認定の可否などである。一般論としては，法律行為の解釈とは当事者の合理的意思の所在を探求するものであるから，通常は用いられることのない契約類型の内容を把握するに当たっては，契約条項を個々的に検討するだけでなく，他の条項と関連づけて検討しなければ，契約全体としての意味を正確に理解することができない場合が稀ではなく，そのような場合には，明示的な文言にもかかわらず，これを制限的に解釈し，あるいは逆に条項と条項の『行間』に明示されていない合意内容を読み込む必要が生ずることもあり得るというべきである。また，契約書等の外形的資料は，それらが唯一絶対的な判断材料というわけではないから，隠された当事者の合意内容がどのようなものであるか（この場合，契約書は処分証書としての性格を有しないことになる。），あるいは表示行為から推測される効果意思と真の内心的効果意思との異同を明らかにする必要を生ずる場合もあり得るというべきである。以上のような作業は，被告らの主張するとおり，当事者の真意の所在を明らかにするという事実認定の問題であり，これに即して課税要件の充足を検討するものであるから，租税法律主義に反するものでないことは明らかである。しかしながら，このことは，動機，意図などの主観的事情によって，通常は用いられることのない契約類型であるか否かを判断することを相当とするものではなく，まして，税負担を伴わないあるいは税負担が軽減されること（本件各組合契約がこのような場合に該当するかについては，後に検討するとおりである。）を根拠に，直ちに通常は用いられることのない契約類型と判断した上，税負担を伴うあるいは税負担が重い契約類型こそが当事者の真意であると認定することを許すものでもない。なぜなら，現代社会における合理的経済人にとって，税負担を考慮することなく法的手段，形式を選択することこそ経済原則に反するものであり，何らかの意味で税負担を考慮するのがむしろ通常であると考えられるから，このような検討結果を経て選択した契約類型が真意に反するものと認定されるのであれば，それは事実認定の名の下に，法的根拠のない法律行為の

否認を行うのと異ならないとの非難を免れ難いというべきである。したがって，選択された契約類型における『当事者の真意の探求』は，当該契約類型や契約内容自体に着目し，それが当事者が達成しようとした法的・経済的目的を達成する上で，社会通念上著しく複雑，迂遠なものであって，到底その合理性を肯認できないものであるか否かの客観的な見地から判断した上で，行われるべきものである。」〔下線は筆者による，以下，裁判例の引用箇所について同じ〕

　上記は，契約の認定の在り方について述べた，本稿のテーマとの関係で重要な部分である。そこで述べられているのは，契約の認定に当たっては，一般論としては，必ずしも契約書の外形的な記載に常に縛られるわけではない，ということである。しかしながら，（本件で問題とされたような）節税の意図，目的等の存在をもって直ちに異常な法形式が採用されたとの結論に結び付け，そのことを根拠として，当事者の内心の意思を探求する等と称して契約書の記載を離れた契約の認定を行うことは，実質的には，法律上の根拠なしに租税回避の否認を行うに等しく，許されないものと戒めている。

　この判決は，（後で述べるような契約書が十分に整備されていないケースとは異なり）一定の整備された契約書が存在するケースでは，原則として，契約書の記載に従って契約の認定が行われるべきことを示した典型例として位置づけることができると思われる。

　このことは，租税裁判に限らない民事訴訟実務の一般則としての「処分証書」の位置づけから説明することができる。処分証書とは，法律上の行為がその書面によってなされたものをいい[14]，契約書は処分証書の典型である。処分証書については，その真正が証明されれば，この証書によって作成者が記載内容の法律行為をした事実が直接に証明されることとなる[15]。すなわち，契約書に即していえば，契約書の真正が（署名捺印等に

(14)　新堂幸司『新民事訴訟法〔第6版〕』（弘文堂，2019）652頁。
(15)　新堂・前掲注（14）655頁。

よって）証明されれば，契約書に記載されたとおりの契約が成立したこと
が，訴訟上証明されるわけである。航空機リース事件名古屋地裁判決は，
いわば，「処分証書の法理」が租税裁判においても原則であることを（租税
回避の疑われる場面においてその例外が許容される余地を慎重に認めつつ）高
らかに宣言した判決といえよう。本判決は，上記のような立論を前提とし
た上で，本件の航空機リースにおいては，節税目的のみならず取引自体と
しての経済合理性が認められ，契約書と異なる契約の認定を行うべき事情
はないなどとして，課税当局側の主張を否定して納税者勝訴の結論を導い
た。その後，名古屋高判も本判決を踏襲し（名古屋高判平成 17 年 10 月 27 日
裁判所ウェブサイト），課税当局側の上告断念により納税者勝訴判決が確定
した。

(2)　日本ガイダント事件（東京高判平成 19 年 6 月 28 日判例タイムズ 1266 号 185 頁）[16]

　本件では，米国ガイダント社が，グループ内のオランダ法人を介在させ，
オランダ法人（匿名組合員）からの匿名組合契約に基づく出資の形で，日
本法人（営業者）への出資を行ったものである。当時の日蘭租税条約上，
匿名組合契約に基づく分配金の支払いは，「その他の所得」として，日本
で源泉徴収がなされないこととなっており，これによる節税メリットを得
ることを追求したものである。これに対して，課税当局は，契約書は「匿
名組合契約書」となっているものの，契約の実態は「組合契約」であると
主張した。そして，仮に課税当局の主張するとおり組合契約であれば，日
本法人がオランダ法人の恒久的施設（Permanent Establishment, "PE"）とな
るから，オランダ法人は，日本で PE に帰属する所得について納税義務を
負うと主張したのである。

---

(16)　本件については，訴訟代理人によるものとして，藤田耕司「判批」山田二郎＝大
　　塚一郎編『租税法判例実務解説』（信山社，2011）127 頁および仲谷栄一郎＝藤田
　　耕司「海外事業体の課税上の扱い」金子宏編『租税法の発展』（有斐閣，2010）
　　648-656 頁があるほか，錦織康高「居住地国課税と源泉地国課税―日本ガイダン
　　ト事件を考える―」フィナンシャル・レビュー 94 号（2009）35 頁が有益である。

　しかしながら，裁判所は，課税当局の主張を認めず，契約書の記載どおり，匿名組合契約の存在を認定した。本稿のテーマとの関係で，原判決である東京地裁判決（東京地判平成17年9月30日判例時報1985号40頁）から，契約書の作成過程に関する部分を見てみよう。この判示内容は控訴審判決でも踏襲されている。

　「①日蘭租税条約が適用される場合，非居住者である匿名組合員は，当該匿名組合員が日本国内に恒久的施設を有し，かつ当該匿名組合員に分配される利益が当該恒久的施設に関連のあるものでない限り，日本の法人税の課税対象にはならないから，日本の課税当局にとって，日本の商法に基づいて締結された匿名組合契約の存在を無視し，またはこれを否定することは困難であると考えられること，②しかし，日本ガイダントが匿名組合契約の合理性を説明することができない場合には，日本の課税当局が日本ガイダントの調査を行い，GBVに分配した利益について損金不算入の寄附金または配当の支払と認定する可能性があること，③また，日本の課税当局が，GBVが日本ガイダントの唯一の株主であって，日本ガイダントを実質的に支配し，管理することができる者であるという点に着目して，日本ガイダントをGBVの代理人であると認定し，GBVを日本に恒久的施設を有するものとみなした場合には，匿名組合契約によって得た利益が日本に源泉のある所得に当たるものとして日本の法人税の課税対象とされる可能性があることなどが検討されたこと，（8）上記②及び③の可能性をおもんぱかって，日本の課税当局の細部にわたる精査を受けたとしても，万が一にも匿名組合契約が否定されることがないようにするために，匿名組合契約の内容について更に検討を重ね，平成7年1月ころには最終案が完成したこと〔中略〕を認めることができる。」

　かかる裁判所の判示によれば，本件で，納税者は，匿名組合契約の存在が万が一にも否定されないよう，慎重に契約書の内容を検討していたことが窺われる。裁判所は，このような事実を認定した上で，当事者間には匿名組合契約を締結する意思が存在していたとして，課税当局の主張を否定

84

している。換言すれば，節税の目的があるからこそ，契約当事者は，匿名組合契約を締結する意思であったことを認定する方向に働いたわけである。課税当局は，節税目的の存在を理由として，匿名組合契約の存在を否認しようとしたが，この点について裁判所は次のように述べている。

「6　本件契約書の作成者が租税回避を目的として本件契約書及び修正後の本件契約書を作成した点について

上記のように，当事者間に匿名組合契約を締結するという真の合意がある場合には，それにもかかわらず，匿名組合契約を締結する主な目的が税負担を回避することにあるという理由により当該匿名組合契約の成立を否定するには，その旨の明文の規定が必要であるところ，法人税を課するに当たってそのような措置を認めた規定は存しない。したがって，当事者間に匿名組合契約を締結するという真の合意がある場合には，税負担を回避するという目的が併存することから，直ちに当該匿名組合契約の成立を否定することはできない。

もっとも，契約書上匿名組合契約を締結するとの記載があり，あるいは外観上匿名組合が存在する場合でも，実際の当事者間の法律関係，事業状況，経営実態等が契約書の記載の外観と異なるのであれば，匿名組合ではないという認定判断をする余地があることは当然である。

しかしながら，本件の全証拠を精査しても，GBV と日本ガイダントとの間における真の合意が，GBV と日本ガイダントとの間において匿名組合を組成するという方法以外の方法によって本件資金を日本ガイダントに提供することであるとか，GBV 又は原告と日本ガイダントとの法律関係や事業状況等が本件契約書に定められたものとは異なるものであるという事実を認めるに足りる証拠はない。

そうすると，本件においては，GBV と日本ガイダントとの間における合意は，前示のとおり，GBV と日本ガイダントとの間において匿名組合を組成するという方法によって本件資金を日本ガイダントに提供することであったと認める他ない。

　なお，本件資金を日本ガイダントに提供するに当たって，GBVと日本ガイダントとの間においてどのような方法を採用するかは，両当事者間の自由な選択に任されている。税負担を回避するという目的それ自体は是認し得ないときもあろうが，<u>税負担を回避するという目的から，本件資金を日本ガイダントに提供する方法としてGBVと日本ガイダントとの間において匿名組合を組成するという方法を採用することが許されないとすべき法的根拠はないといわざるを得ない。</u>」

　上記の判示の趣旨は，上記（1）の航空機リース事件の判決と同様である。すなわち，一般論としては，仮に契約書があったとしても，真実の当事者の意図は契約書とは異なるところにあったというケースであれば，真実の意図に即した契約の成立が認められることは肯定されている。しかしながら，租税回避目的があることのみをもって，契約書の記載に基づく契約の認定を安易に否認することはできない，ということが強調されているのである。前述のように，「租税回避目的があるからこそ」むしろ契約書が精緻に策定されており，結果として契約書どおりの契約の存在が認定されている。この点は，課税当局からすれば皮肉なことであるとは思われるものの，当事者間の合意が何であったのかを探求し，これに基づき契約の認定を行うという，民事裁判実務の正道を示していることは間違いないものと思われる。

2　契約書が必ずしも整っていない場合

　上記（1）で述べたのとは異なり，契約書が必ずしも整っていない場合も，企業取引においてすら，ままある。以下では，そのようなケースにおける裁判所による契約の認定の手法について，2件の裁判例を元に概観する。予め要点をいえば，契約書の記載が契約の内容を認定するには不十分な場合，周辺の諸事情を総合考慮して判断するというのが裁判実務の傾向である。

(1) 岡本倶楽部事件（東京地判平成 26 年 2 月 18 日裁判所ウェブサイト）[17]

本件は，会員制リゾートクラブである「岡本倶楽部」を主宰していた破産会社の破産管財人が原告となった事件であり，第一審東京地裁で原告が勝訴し，そのまま判決が確定している。

事案は，課税庁が，岡本倶楽部が，会員から入会時に収受した金員の一部（同金員のうち，預託金として返還することとされている部分を除いた残りの部分。以下「本件金員」という。）が課税資産の譲渡等の対価に当たるとして更正処分をしたところ，原告が，処分取消しを求めて提訴したというものである。

争点は，本件金員の収受は，消費税法 2 条 1 項 8 号所定の「資産の譲渡等」に当たるかであり，より具体的にいうと，本件金員は何に対する対価であったか，であった。（本判決も「付言」において述べているが）会員制組織に入会する際に支払われる「入会金」は，特段の事情がない限り，当該組織の会員資格に伴う種々の利益の供与を受けることを目的として支払われるものであるから，入会金の収受は，消費税法 4 条 1 項の定める「資産の譲渡等」に該当するものと解されており（消費税法基本通達 5-5-5），このこと自体には特に異論はないと思われる。問題は，本件金員が「入会金」であるのか否か，であった。争点を判断するに当たり，まず裁判所は，一般論として，次のように述べた。

「課税の対象である経済活動ないし経済現象は，第一次的には私法によって規律されているところ，課税は，租税法律主義の目的である法的安定性を確保するという観点から，原則として私法上の法律関係に即して行われるべきである。」

これは，租税法学における通説の表現[18]を，そのまま踏襲したものであ

---

(17) 本件の評釈として，例えば，西山由美「判批」税研 208 号・最新租税基本判例 70（2019）221 頁を参照。

(18) 金子・前掲注（1）129 頁。

る。「租税法と私法の関係」は，租税法学における重要テーマの一つであり，上記のとおり，租税法律主義の目的である法的安定性の観点から，課税は原則として私法上の法律関係に依拠して行うべきものと解されている。

　私法上の法律関係といった場合，その典型例は，本稿のテーマでもある「契約」である。判決も，次のように述べている。

　「本件金員は，Ａの会員になろうとする者が，本件入会契約に基づき，本件破産会社に対して支払うものであるから，本件金員が何に対する対価であるかについては，本件各会員及び本件破産会社の両者を規律している本件入会契約の解釈によって定まるというべきである。」

　上記では，本件金員は，入会時に締結された入会契約に基づいて授受されているから，それが何に対する対価であるかについては，入会契約の解釈によって定まるものとしている。上記のとおり，「契約」は私法上の法律関係の典型であるから，契約に基づく法的な要素（ここでは，本件金員）の性質を理解するに当たって契約に依拠すべきことは，租税法学説および裁判例の共通理解であるといえよう。

　問題は，本件にあっては，「契約書」の記載が必ずしも十分ではなく，契約書を読むだけでは，本件金員が何に対する対価であるのかが判然としない，ということであった。上記1の（1）航空機リース事件と（2）日本ガイダント事件で見たように，整備された契約書が存在すれば，その契約書の記載どおりの法律関係が認定される，というのが民事（租税）裁判実務上の大原則である（処分証書の法理）。しかし，実務上は，契約書が整備されていないケースは，稀ではない。個人間の取引や中小企業間の取引などは特にその傾向があるが，大企業が当事者となる取引であっても，例えば企業グループ内の取引は，グループ内の気安さから契約書が存在すらしない場合もある。そこで，契約書が十分整備されていないにもかかわらず，なお契約の解釈を行う必要が生じた場合にどのように考えるかが問題となる。この点について，裁判所は，次のとおり述べた。

　「さらに，本件破産会社及び本件各会員が，本件入会契約について，本

件契約書を作成していることに鑑みれば，本件入会契約の解釈は，原則として，本件契約書の解釈を通じて行われるべきものであるが，その際，本件入会契約の前提とされていた了解事項（共通認識）や本件破産会社による勧誘時の説明内容といった，本件入会契約の締結に至る経緯等の事情をも総合的に考慮して判断する必要があるというべきである。」

ここでは，契約の解釈に当たっては契約書が出発点となるものの，契約書の締結に当たっての両当事者の共通認識その他の契約の締結に至る諸事情を総合勘案すべきである，という考え方が示されている。このような考え方は，裁判官・弁護士（法曹実務家）の共通理解になっていると思われる。

かかる考え方に従い，裁判所は，契約書およびその締結に至る経緯を総合的に検討し，結論として，本件金員は，会員資格に伴う種々の利益の対価としての「入会金」ではなく，会社が発行していた1ポイント当たり1円の価値を持つ「宿泊ポイント」の対価であると認定した。そして，この宿泊ポイントは，消費税法別表第1第4号ハの「物品切手等」の対価であり，消費税の課税されない取引であると判断したのである[19]。

契約書の記載が不十分である場合，契約締結に至る経緯等の諸事情を総合勘案する，という考え方は，司法判断における常識に属することである。したがって，このような考え方を押さえておくことは，収益認識に関する会計基準における契約の概念を具体的な実務の場面で考えていく上でも重要なことであろう。

(2) 親子会社間寄附金事件（東京地判平成26年1月24日判例時報2247号7頁）[20]

本件は，親子会社間での期末の売上値引きが寄附金課税を受け，その課

---

(19) 物品切手等とは，「物品切手（商品券その他名称のいかんを問わず，物品の給付請求権を表彰する証書をいい，郵便切手類に該当するものを除く。）その他これに類するものとして政令で定めるもの」をいう（消費税法別表第1第4号ハ）。

(20) 本件の評釈として，例えば，岸田貞夫「判批」ジュリスト1487号（2015）102頁を参照。

税処分の適否が争われた事案である。すなわち，原告である子会社が親会社に対して行った製品の売上値引きによる売上げの減額が法人税法 37 条に規定する寄附金に該当するとして課税庁が課税処分を行ったのに対し，原告が，上記の売上値引きは，期初に設定された暫定取引価格と期末に決定される確定価格との差額を調整するものであって，寄附金には該当しないと主張して，処分の取消しを求めたものである。

　本件の原告である納税者は，親会社が住宅用外壁の製造部門を分社化して設立したものであり，親会社に対して，その製造する住宅用外壁を継続して販売していた。

　問題となったのは，期末における売上値引きの意味である。課税庁は，期初に設定された価格こそが「真の販売価格」であって，期末の売上値引きは，子会社から親会社に対し無償で行われるものであり，寄附金であるとした。これに対し，原告である子会社は，期初の価格はあくまで暫定的な価格であり，期末において決定される価格こそが，真の販売価格であるから，売上値引きは，真の販売価格と暫定価格との差額を調整するものであって寄附金ではないと主張した。

　裁判所は，親会社が子会社に発出している書面の題名は「購入価格暫定通知」などというものであること，親会社は，子会社に対し，当初取引価格とは異なる購入単価の設定を促していること，子会社においては，これを受けて当初取引価格とは異なる暫定価格を設定していることなどの当事者間のやり取りを詳細に事実認定した上で，合意された真の販売価格は，期末に決定される価格であると認定した。その結果，期末における売上値引きは，経済的にみて贈与と同視し得る資産の譲渡又は利益の供与ではないから寄附金に該当しないとして，課税処分を取り消した[(21)]。

---

(21)　なお，本件では，子会社は親会社に専属的に販売を行い，他に販路を持たなかった。それゆえ，機械設備の減価償却費や人件費などの製造コストは固定でありながら，売上収益は親会社の製品販売数量に依存するという構造にあり，その年の販売実績等を考慮した上での価格調整が合理的であったという事情も，寄附金課税を否定する事情として働いている。

　本判決でも，上記（1）の岡本倶楽部事件東京地裁判決と同様，当事者の合意した販売価格が何であったかについて，契約書のみならず，当事者間のやり取りなどの種々の事情を総合考慮して，契約の認定がなされている。こうした，諸事情の総合勘案による契約の認定は，法曹実務家のいわば「お家芸」であるといえよう。

　なお，上記（1）の岡本倶楽部事件判決と本判決のいずれも，国側が控訴をしなかったため，第一審判決がそのまま確定している。両判決ともに，事実認定上の問題について，およそ想定され得る限りの多くの間接事実や証拠に基づく丁寧な判示をしているため，これを争うに足る新たな材料を課税庁側が見出し得なかったためであろうと推察される。

3　租税裁判実務における会計処理に対する私法上の構成の優越

　これまで，租税裁判実務における契約の認定の実際について，整備された契約書が存在する場合と，必ずしもそうでない場合に二分して裁判例を見てきた。ここで，会計と法の関係をもう少し広い視野から見るために，視点を変え，租税裁判実務において，当事者の会計処理がどのように位置づけられているかを，裁判例を元に見てみたい。結論を予めいえば，裁判所は，会計処理よりも，私法上の構成を重視しているといえよう。

(1)　レポ取引事件（東京高判平成20年3月12日金融・商事判例1290号32頁）[22]

　本件は，英米の標準契約書式を利用して行われたレポ取引（国際金融市場において一般的に行われる国債などの債券の売買・再売買取引）について，課税庁が，決済時にやり取りされる金銭（レポ差額）は貸付金の利子に該当するものとして，源泉徴収漏れを指摘して納税告知処分をし，納税者がその取消しを求めて争ったものである。

　裁判所は，結論的に，当事者が利用した標準契約書式において，債券の

---

(22)　レポ取引については，その歴史的な発展の経緯を含めて，宮崎裕子「いわゆるレポ取引の進化と課税」中里＝神田編著・前掲注（13）282頁を参照。

売買・再売買という私法上の形式が採用されていることを重視し、課税庁の主張を否定した。契約書の重視という点では、上記1（1）の航空機リース事件や、同（2）の日本ガイダント事件の系譜に属するものともいえるだろう。

　ここで注目したいのは、課税庁側は、本件におけるレポ取引は企業会計においては金融取引として処理することが一般であり、実際に納税者の会計処理においても金融取引としての処理がなされていたと主張したことである。課税庁は、この点を、レポ差額が利子であるとする主張の一つの論拠とした。しかしながら、裁判所は、次のように述べて課税庁の主張を否定した。

　「控訴人らは、MRAやGMRAに基づくレポ取引が、売買及び再売買という法形式を採りながらも、経済的には信用供与を伴う金融取引としての性格を有していることは、企業会計上の取扱い等からも明らかである上、銀行経理の実務もこれに従っており、さらに、被控訴人も本件各レポ取引を金融取引として経理処理しているとも主張するが、そもそも会計上当該取引をどのような勘定項目で計上するかという問題は、専ら会計基準により定まる問題であって、会計基準においては会社法（本件各レポ取引当時においては商法）等の法律上の概念が考慮されてはいるものの、同一ではなく、別次元のものであって、企業会計上の取扱い等を根拠に、法律上の概念についての法的性質を決定することは相当とはいえないから、控訴人らの上記主張も理由がない。」

　往々にして、税務上の判断は、会計処理（仕訳）に依拠して考える傾向が、課税当局および税務専門家の間では根強い。それは、当局者を含む税務専門家の多くが法律というよりは会計の専門家であることに由来するのであろう。しかし、課税上の問題がひとたび裁判所の判断に委ねられるとき、裁判実務を支配しているのは会計的思考ではなく、民商法を中心とした私法的な思考である。本件の判断に当たっても、標準契約書式における私法上の法律構成が重視され、上記のように、会計基準や納税者の会計処

理は判断に影響を及ぼさないことが明示された。このことは，収益認識に関する会計基準に関わる問題が仮に租税訴訟で争われ，とりわけ「契約」の問題が焦点となった場合には，会計学的な議論が参照はされるであろうものの，最後に決め手となるのは私法上の法律構成であろうことを予感させるものである。

(2) ビックカメラ事件（東京高判平成 25 年 7 月 19 日訟務月報 60 巻 5 号 1138 頁）[23]

本件は，ビックカメラが，池袋本店建物等の流動化取引につき，会計上および税務上売却取引として処理していたところ，金融庁の行政指導を受けてこれを金融取引としての処理に自主訂正し，税務上は，売却取引としての処理に比べ税額が減少するものと判断して課税庁に対しその趣旨の更正の請求を行ったところ，課税庁が，更正をすべき理由がない旨の通知処分をしたことから，かかる処分の取消しを求めたものである。

ところで，本題の租税訴訟と離れるが，ビックカメラは，上記の自主訂正に関連し，金融庁から課徴金納付命令を受けており，そのことについて，取締役らの善管注意義務があったとして株主代表訴訟が提起されていた。当該株主代表訴訟で，原告の株主は，不動産流動化の会計処理については，日本公認会計士協会・会計制度委員会報告第 15 号「特別目的会社を活用した不動産の流動化に係る譲渡人の会計処理に関する実務指針」（以下「不動産流動化実務指針」という。）が存在し，それにもかかわらず本件を売却取引として処理したことは，不動産流動化実務指針に違反するものと主張した。しかし，裁判所は，不動産流動化実務指針が唯一の公正な会計慣行に該当するか否かに関わりなく，本件でビックカメラが採用した売却取引としての会計処理は不動産流動化実務指針には違反せず，違法であるとはいえないとして，原告の主張を斥けた（東京高判平成 26 年 4 月 24 日金判 1451 号 8 頁）。そして，ビックカメラが本件につき有価証券報告書の自主

---

(23) ビックカメラ事件については，渡辺・前掲注（3）45-47 頁が詳しい。

訂正を行い，金融庁から課徴金納付命令を受けたことについては，かかる行動は，上場廃止を回避し，本件決算訂正をめぐる問題を収束させるために経営上の判断として行われたものであり，ビックカメラが法律上の判断としても当初の会計処理の違法性を認めたものとはいえず，またそもそも会計処理の適法性は，最終的には，本件流動化の内容，仕組み等から客観的に判断されるべきものであって，ビックカメラが違法性を認める行動を取っていたか否かによって判断が左右されるものでもないものとした。

　他方で，本題の租税訴訟では，裁判所は，本件の不動産流動化について，法人税法上は売却取引としての処理が求められる旨判示し，ビックカメラ側の請求を棄却した（東京高判平成25年7月19日訟月60巻5号1089頁）。

　裁判所は，法人税法22条4項は，現に法人のした収益等の額の計算が，適正な課税および納税義務の履行の確保を目的とする同法の公平な所得計算という要請に反するものでない限り，法人税の課税標準である所得の金額の計算上もこれを是認するのが相当であるとの見地から定められたものと解され，法人が収益等の額の計算に当たって採った会計処理の基準が，法人税法上の「一般に公正妥当と認められる会計処理の基準」に該当するといえるか否かについては，上記目的を有する同法固有の観点から判断されるものであって，企業会計上の公正妥当な会計処理の基準とされるものと常に一致するものではないとした。

　その上で，法人税法は，上記のとおり適正な課税及び納税義務の履行を確保することを目的とし，資産又は事業から生ずる収益に係る法律関係を基礎に，それが実質的には他の法人等がその収益として享受するものであると認められる場合を除き，基本的に収入の原因となった法律関係に従って，各事業年度の収益として実現した金額を当該事業年度の益金の額に算入するなどし，当該事業年度の所得の金額を計算すべきものとしていると解されるところ，当該事業年度の収益等の額の計算に当たり，本件におけるように，信託受益権が契約により法的に譲渡され，当該契約に定められた対価を現に収入した場合において，それが実質的には他の法人等がその

収益として享受するものであると認められる場合ではなくても，また，同法において他の法人との関係を考慮することができると定められたときにも当たらないにもかかわらず，なお，他の法人との関係をも考慮し，当該収入の原因となった法律関係を離れて，当該譲渡を有償による信託に係る受益権の譲渡とは認識せず，専ら譲渡人について，当該譲渡に係る収益の実現があったとしないものとする取扱いを定めた不動産流動化実務指針については，法人税法の公平な所得計算という要請とは別の観点に立って定められたものとして，法人税法上の一般に公正妥当な会計処理の基準に該当するものとは解し難いとしたのである。

　本件では，金融庁は，金融取引（すなわち，売却はされていないとする処理）が正しい会計処理であって，当初ビックカメラの行った売却取引としての会計処理は誤りであるとしたのに対して，株主代表訴訟ではかかる処理も少なくとも誤りではなかったとされ，更に租税訴訟では，むしろ売却取引こそが正しい処理であるとされた。このように場面に応じて判断が区々となったことは，興味深い。

　本稿のテーマである「契約」という観点に照らして注目すべきは，本判決が，私法上，信託受益権が譲渡されているという点を非常に重視し，これに反していわば「譲渡をしていない」とする処理を認める不動産流動化実務指針について，公正処理基準への該当性を否定している点である。すなわち，租税訴訟における裁判所の判断において，私法上の構成が，会計処理に優越していると考えられるのである。

　もっとも，納税者の予測可能性という観点からは，本判決には疑問もないではない。すなわち，従前，税務会計は，基本的には企業会計をベースとし（法人税法22条4項），企業会計と異なる処理が行われるのは，法人税法に「別段の定め」（法人税法22条2項および3項）がある場合に限られるというのが，一般的な理解であったように思われる。しかしながら，裁判所は，かかる「別段の定め」がない場合であっても，税務会計において，企業会計とは異なる処理が要請される場合があることを示した。別段の定

めがないにもかかわらず，企業会計において一般的に認められる処理が税務上は否定される，ということになると，納税者の立場は不安定になることが懸念される。

　ともあれ，本稿のテーマとの関係では，裁判所が，日本公認会計士協会という会計専門家団体の定めた明文の実務指針よりも，私法上は信託受益権の売却がされていると見ざるを得ないという点をもって判断の中軸とした点に，租税裁判実務における会計処理に対する私法上の構成の優越という事象が見出されるように思われるのである。

IV　結びに代えて―会計と法の複眼的視点の必要性

　以上述べてきたとおり，租税裁判実務においては，契約の認定について，相応の蓄積がある。大企業間の契約を念頭に置けば，一定程度に精緻な契約書が存在することが多いから，収益認識に関する会計基準との関係でも，契約書の規定に基づいて契約の識別を行うことになるのであろう。他方で，企業取引であっても，例えば企業グループ内では十分な契約書が存在しないことも多い。そのようなケースでは，契約書以外の各種書面等のやり取りも斟酌されることになると思われる。

　問題は，収益認識に関する会計基準の運用に当たる専門家（企業の経理部門や監査法人等の，いわゆる会計畑の専門家）は，（少なくとも法曹資格を有しないという意味で）法律の専門家ではないことが通常であるにもかかわらず，収益認識に関する会計基準における契約の概念は，あくまで法的なもの（より具体的には，裁判実務を念頭に置いたもの）であるという点にある。

　エピソードめいた話となるが，筆者は，次のような話を聞いた。対象の取引は，大企業が協力会社に原材料を提供し，加工品の製造を委託した上で，成果物は，大企業が買い取るというものである。この取引については，整備された契約書が存在したところ，契約書上，大企業側に成果物の「買取義務」は規定されていなかった。しかしながら，監査法人からは，「取引

の実態として買取義務がある」として買戻契約（企業会計基準適用指針第30号・収益認識に関する会計基準の適用指針69項以下）としての処理が必要であるという指摘を受けたというのである。本稿で述べてきたとおり，明確な契約書が存在する場合には，「処分証書の法理」からして，その契約書の規定するとおりに契約内容を認定するのが租税裁判実務である。そうすると，このケースでも，契約書に買取義務の記載がない以上は，買取義務はない，と判断せざるを得ないように思われ，監査法人側で，収益認識に関する会計基準における契約の概念の理解が十分ではなかったことを窺わせるのである。

このように，収益認識に関する会計基準を適正に運用するに当たっては，会計と法の複眼的視点が必要となる。会計専門家は，法的な契約の概念の少なくとも概要は理解しておく必要があるだろうし，疑問があるときは，弁護士に助言を求めるべき場合もあろう。実際，筆者の知人の公認会計士資格も併有する弁護士からは，収益認識に関する会計基準に関連して，監査法人から相談を受けるケースも増えていると聞いた。一人の人間が会計と法の双方の視点を持つことは（公認会計士と弁護士の資格を併有する専門家が以前よりは増えているとはいえ）一般的には期待しにくい。重要なのは，会計専門家と法曹実務家によるコラボレーションであろう。そのような協働が進むことを期待したい。

第4章　法人税法と収益認識会計基準

早稲田大学法学学術院教授　渡辺　徹也

Ⅰ　はじめに（本稿の目的および条文の概観）

　平成30年3月に公表された「収益認識に関する会計基準（企業会計基準29号）」および「収益認識に関する会計基準の適用指針（企業会計基準適用指針30号）」を受けて，法人税法（以下，たんに「法」という）では平成30年度改正で22条の2が創設された。本論集の統一テーマは，「収益課税の論点」であるが，筆者に割り当てられた個別テーマは，「企業会計と法人税務の差異」であった。

　本稿はこのテーマについて，法人税法側の視点から検討を行った結果である。特に法22条の2の趣旨等を明らかにする際には，立案担当者や国税庁の見解を参照して，それらの分析を中心に行うことにした。そこでは，収益認識会計基準に関する通達の整備についても言及する。なお，検討の結果，タイトルを若干変更して「法人税法と収益認識会計基準」としたことを予めお断りする。

II　法22条の2等の概要

　最初に法22条の2の条文構造を概観しておく。同条は，全部で7項から構成される。そのうち，1項〜3項が収益の計上時期，4項と5項が収益の計上額，6項が現物配当，7項が政令委任にそれぞれ関する規定である。収益認識会計基準との関係で特に重要なのは収益の計上時期と計上額であろう。

　計上時期について，資産の販売もしくは譲渡または役務の提供（以下，「資産の販売等」という）に係る収益の計上時期は，原則として目的物の引渡しまたは役務の提供の日の属する事業年度となる（法22条の2第1項）。ただし，公正処理基準に従って，引渡し等の日に近接する日の属する事業年度の確定決算で収益として経理（収益経理）することも認められる（同条2項）。また，収益の額を近接する日の属する事業年度において申告調整することも認められる（同条3項）。

　収益の計上額について，同条1項および2項により益金とされる金額とは，販売もしくは譲渡をした資産の引渡しの時における価額またはその提供をした役務につき通常得べき対価の額に相当する金額であり，一般的には第三者間で通常付される価額（いわゆる時価）をいう（同条4項）。そして，上記「引渡しの時における価額または通常得べき対価の額」は，たとえ貸倒れや買戻しの可能性がある場合でも，その可能性がないとした場合における価額である（同条5項）。

　収益の計上時期と計上額については，法人税法施行令（以下，たんに「令」という）18条の2にも規定がある。計上時期については，まず引渡し等事業年度後の事業年度の確定した決算において，公正処理基準に従って収益の「修正の経理」を行った場合，当初益金算入額に加減算した後の金額が（法22条の2第4項にいう）法人税法上の時価であるならば，当該修正の経理による増減額は，（引渡し等事業年度ではなく）修正の経理をした

事業年度の益金または損金に算入されることになる（令18条の2第1項）。また、引渡し等事業年度後の申告調整による修正もここでいう「修正の経理」とみなされる（令18条の2第2項）。

　次に、引渡し等事業年度の確定した決算において収益として経理した金額が、法22条の2第1項または2項により当該引渡し等事業年度の益金の額に算入された場合で、引渡し等事業年度終了の日後に生じた事情によりその資産の販売等に係る法人税法上の時価が変動したときは、その変動により増加または減少した当該時価部分は、その変動することが確定した事業年度の所得の金額の計算上、益金または損金に算入することになる（ただし、令18条の2第1項、2項の適用がある場合を除く）（令18条の2第3項）。

　そして、収益の計上額については、資産の販売等の対価として受け取ることとなる金額のうち、法22条の2第5項に掲げる事実が生ずる可能性があることにより売掛金その他の金銭債権に係る勘定としていない金額（金銭債権計上差額）がある場合、その対価の額に係る金銭債権の帳簿価額は、当該金銭債権計上差額を加算した金額とされている（令18条の2第4項）。

Ⅲ　法22条の2の位置づけと2つの側面

1　最初の別段の定め

　法22条の2は、資産の販売等に係る益金算入時期および算入額に関する別段の定めである。同条は以下の理由から、法人税法における多くの別段の定めのうち、条文上は最初の規定として位置づけてよいと思われる。

　まず、22条2項および同条3項に「別段の定め」という文言があるから、これに同条4項が該当するなら、同項が法人税法における最初の別段の定めということも可能となる。しかし、法22条2項、3項にいう「別段の定め」に、4項は含まれないという理解が一般的である[(1)]（例えば、法22条2

項が規定する無償取引に対する課税上の扱いを，同条4項が別段の定めとして上書きすることは想定されていない）。なお，法22条4項にも「別段の定め」という文言があるが，これに同項自身が含まれないことは文理上明らかであろう[2]。

　次に，法22条の2第1項，2項，4項は，その括弧書きにおいて22条4項を別段の定めから除いているから，仮に同項が別段の定めに該当する可能性があったとしても，法22条の2各項の適用においては，当該括弧書きにより排除されることになる（次に法人税法において「別段の定め」という文言が登場するのは法142条である）。したがって，少なくとも，法22条の2は，法人税法の条文において最初に機能する別段の定めということになる。本稿では，このような意味で，同条が法人税法における最初の別段の定めとして扱うことにする。

　では，なぜ立法者は，わざわざ法22条「の2」として，あえて法23条の前に持ってきたのだろうか。法22条4項を機能させない内容だから，同項の近くに置いたのだろうか[3]。しかし，法22条の2は益金に関する新しい別段の定めであるから，法22条4項だけでなく同条2項に関する別段の定めでもある。損金に関する最初の別段の定めが法29条であり，その直前の法28条がちょうど削除されているから，そこに新28条として組み込むという方法もあったはずである。

　そうしなかったのは，法22条の2が益金に関する一般規定である法22条2項を上書きし，公正処理基準に関する同条4項の適用を排除する重要な規定だからだと考えられる。すなわち，条文の位置づけからして，法22

---

(1)　法22条2項に関する別段の定めは法22条の2から法27条まで，法22条3項の別段の定めは，法29条から法61条の11まで（法63条から法65条は両者に関する別段の定め）という理解が一般的である。武田昌輔編著『コンメンタール法人税法Digital（平成3年度版）』2巻1105頁以下参照。

(2)　法22条4項における「別段の定め」という文言は平成30年度改正によって追加された。ここでいう「別段の定め」は主として法22条の2のことである。

(3)　金子宏『租税法［第24版］』363頁（弘文堂・2021年）では，法22条の2は法22条4項の別段の定めと考えられている。

条の2には，資産の販売等に係る益金算入時期および算入額に関する一般的なルールとしての重要な役割が与えられていると理解できよう。

2　法人税法における収益認識会計基準と別段の定めとしての法 22 条の2

　法人税法との関係において収益認識会計基準をどう考えるかについては，大きく分けて2つの可能性がある。

　1つは，収益認識会計基準が全体として法人税法と親和性のある会計処理の基準であるという考え方（以下，「(a) の考え方」という）であり，もう1つは，収益認識会計基準は全体として法人税法とは相容れない会計処理の基準であるという考え方（以下，「(b) の考え方」という）である。

　仮に (a) の考え方を突き詰めるならば，そもそも法22条の2を創設する必要はないことになる。法22条4項を通じて，収益認識会計基準の内容をそのまま法人税法に取り込めばよいからである。しかしそうなると，収益認識会計基準による処理方法が法人税法上は認め難い場合であっても，それを受け入れざるを得なくなる。この結果を防ぐために現行法は，法22条の2を別段の規定として置き，当該規定において法人税法として容認できない部分（さらには，容認できるかどうか不明な部分）を示した上で，法人税法としての扱いを明記するという方法を採用したと考えることができる。

　他方で，(b) の考え方を突き詰めるならば，法22条4項に括弧書き等を追加して「収益認識会計基準が公正妥当な処理基準に該当しない」旨を明記すればよいことになる。そうすれば，収益認識会計基準の法人税法への影響は完全に遮断される[4]。しかしそうなると，収益認識会計基準と同様の処理は，法人税法において一切認められないことになる。それを防ぐ

---

(4)　「遮断」という表現は，吉村政穂「税制改正大綱を評価する―法人課税―」税研199号51頁（2018年）を参考にした。そこでは，「この改正は，収益の額に関する法人税法の基本的な考え方を法文によって明らかにするとともに，22条4項に『別段の定めがあるものを除き』という文言を追加し，新たな収益認識に関する会計基準による影響を遮断する規定ぶりとなった」とある。

ためには，収益認識会計基準に基づく処理のうち法人税法上認められるものを明記した規定をつくらなければならないが，それには多大なコストがかかる。したがって，現行法はそうすることはせずに，収益認識会計基準を法22条4項における公正処理基準と認めた上で，収益を認識するタイミングと金額に関するルール（法22条の2）を別段の定めとして置くという方法を選択したのではないだろうか。

　(b)の考え方について少し敷衍する。まず，法22条の2のない世界を想定してみよう。収益認識会計基準が，法22条4項にいう一般に公正妥当と認められる会計処理の基準に該当しうるという前提をとる限り，当該基準の公表によって，それ以前の同項の内容は，実質的には変更を受けることになる。もし，収益認識会計基準に従った計算のうち，法人税法として認めるべきでない部分が生じるのであれば，立法論としては何らかの対処が必要となる。少なくとも収益計上額について，立案担当者はそのような必要性を認識していた[5]。

　そして，平成30年度改正において法22条の2が創設される。法22条の2第1項，2項，4項には，「別段の定め（前条第四項を除く。）」という文言があるから，収益の計上額（4項）だけでなく，計上時期（1項，2項）に関しても，法22条の2が法22条4項に優先されることになる[6]。平成30年度改正では，法22条4項にも「別段の定め」という文言が挿入され

---

(5)　寺﨑寛之ほか『改正税法のすべて　平成30年版』270頁（大蔵財務協会・2018年）には，「どのような会計原則・会計基準・会計慣行のどの取扱いに基づく会計処理が『一般に公正妥当と認められる会計処理の基準』に従った計算に該当するかという点については，様々な判例で断片的に述べられている状況ですが，その状況を考慮すれば，収益認識に関する会計基準に基づく会計処理も，『一般に公正妥当と認められる会計処理の基準』に従った計算に該当し得ると考えられます。したがって，収益認識に関する会計基準に従った収益の額の計算のうち，法人税の所得の金額の計算として認めるべきでない部分があれば，その部分を明示する必要が生ずることとなります」とある。

(6)　ここでいう「別段の定め」は，具体的には，法61条，61条の2，62条から62条の5まで，63条，64条等とされている。寺﨑ほか・前掲注(5)273，275頁参照。

た。法22条の2は別段の定めであるから，ここからも法22条の2が優先されることがわかる[7]。

　以上のように考えることができるとすれば，法22条の2が創設された主要な目的の1つは，法22条4項を経由して，これまでの法人税法が行ってきた収益認識の方法が実質的に変更されることを防ぐためということになる。

　ただし，そのように防ぐ必要があるのは，収益認識会計基準に基づく処理が法人税法の観点から認め難い場合であって，そうでない場合は，収益認識会計基準による処理を法人税法が受け入れても構わないことになる。それは，収益認識会計基準に基づく処理が，これまでの法人税法上の扱いと同じである場合だけとは限らない[8]。つまり，上記（a）の考え方が排斥されるわけではない。このように現行法人税法は，収益認識会計基準について（a）と（b）のどちらか一方の考え方を突き詰めるわけではなく，その中間の立場で法22条の2を規定したように思われる。

3　法22条の2における2つの側面

　法人税法における法22条の2の位置づけをどう捉えるかということについても，（a）の考え方に基づいて，収益認識会計基準を法人税法に取り込む規定という側面（以下，「（α）の側面」という）と，（b）の考え方に基づいて，収益認識会計基準からの影響を防ぐ規定という側面（以下，「（β）の側面」という）がありえるが，両者はどちらかの側面に決めなければな

（7）　なお，法人税法の規定において，上記のように別段の定めから法22条4項を除くという文言は，法22条の2以外には見当たらない。また，平成30年度改正前において，法22条4項が法人税法における別段の定めと一般に考えられていたわけではない。そうすると，法22条の2における「（前条第四項を除く。）」という部分は，「仮に22条4項が別段の定めに該当したとしても」法22条の2が優先されるという意味で，確認的に挿入されたと理解することが可能である。

（8）　法22条の2第2項および3項における「一般に公正妥当と認められる会計処理の基準」という文言の解釈と関係する。この点に関連して，前掲注（5）および後掲注（22）も参照。

らないというものではない。むしろ法人税法における法22条の2の位置づけをそれぞれ別の角度から説明している（法22条の2は両方の側面を持っている）というべきである[9]。

　そもそも，平成30年度改正前の法人税法における収益認識の各扱いが，収益認識会計基準と個別的に親和性のあるものなのか，それとも相容れないものなのかについても，論者によって見解が分かれうる。収益認識会計基準の扱いは，これまでの法人税法上の扱いと反するものではないという論者もいれば，反するからそのままでは法人税法上は認められないという論者もいるであろう。したがって，法人税法における収益認識の各扱いを確認する内容が法22条の2に存在した場合，前者の見解であれば，同条における（α）の側面が強調されることになり，後者の見解であれば（β）の側面が強調されることになる。そういう意味でも，（α）と（β）のどちらか一方に決めつけて捉える必要はないと思われる。そのような前提のもと，以下では，法22条の2の内容について，（α）（β）双方の側面から簡単に検討してみることにする。

---

(9)　ただし，収益認識会計基準からの影響を防ぐ規定という考え方は，法人税法がそれまで独自の包括的な収益認識基準を持っていたという認識を前提にしているわけではない。筆者は当該包括的な基準は存在していなかったと考えている（存在していたのは個々の事例ごとに収益を認識するケースバイケース的な判断基準あるいは法人税法上の扱いであった）。それが，拙著『スタンダード法人税法［第2版］』115頁（弘文堂・2020年）の意味するところであり，東京地判平成25年2月25日訟月60巻5号1103頁（控訴審・東京高判平成25年7月19日訟月60巻5号1089頁）［ビックカメラ事件判決］で示された「税会計処理基準」に対する批判（拙著46頁以下）も同じ認識（包括的な収益認識基準を持っていないという認識）に基づいている。岡村忠生「収益認識の諸相—法人税法からの問いかけ」『消費税率引き上げ後の財政・社会保障と経済のデジタル化に伴う国際課税上の課題（日本租税研究協会第73回租税研究大会記録）』9頁（2022年）に拙著を引用して頂いているので，確認のためこの場において記すことにした。

Ⅳ　収益の額，収益の帰属時期，収益の判定

1　収益の額として益金の額に算入する金額（南西通商株式会社事件判決の明確化）

　立案担当者の解説書では，収益認識額に関する改正の趣旨として，「最高裁平成7年12月19日判決［南西通商株式会社事件判決］の趣旨が法令上明確化されるとともに，収益認識に関する会計基準のうち対価の回収可能性や返品の可能性を法人税の所得の金額の計算における収益の額の算定上考慮することを排除するため，収益の額として益金の額に算入する金額に関する通則的な規定が設けられました」，「資産の販売若しくは譲渡又は役務の提供に係る収益の額は，その販売若しくは譲渡をした資産の引渡しの時における価額又はその提供をした役務につき通常得べき対価の額に相当する金額であることが明確化された上，その引渡しの時における価額又は通常得べき対価の額は，その資産の販売若しくは譲渡又は役務の提供につきその対価の額に係る金銭債権の貸倒れが生ずる可能性がある場合及びその販売又は譲渡に係る資産の買戻しの可能性がある場合においても，これらの可能性がないものとした場合における価額とされました」[10]という説明がある。

　まず，上記「対価の回収可能性や返品の可能性」については，「排除するため」とあることからも，収益認識会計基準による処理が法人税法に持ち込まれることを防止するために法22条の2（具体的には同条5項）が存在することになる。つまり，（β）の側面からの説明である[11]。

　次に，上記「法令上明確化」の部分は，法22条の2第4項に関する説明だと思われるが，（α）と（β）のどちらの側面かについては，南西通商株式会社事件判決の趣旨と収益認識会計基準との関係次第ということになる。

---

(10)　寺﨑ほか・前掲注（5）270頁参照。

それについて，同解説書は南西通商株式会社事件判決における「この規定
［法22条2項］は，法人が資産を他に譲渡する場合には，その譲渡が代金
の受入れその他資産の増加を来すべき反対給付を伴わないものであっても，
譲渡時における資産の適正な価額に相当する収益があると認識すべきもの
であることを明らかにしたものと解される」という説示を引用した後で，
「この考え方からすると，法人税法においては，収益認識に関する会計基
準のように対価の額を基礎として益金の額を計算することは，方法として
採用できません」(12)と述べている。したがって，ここでも（β）の側面が
表れていることになる。

　南西通商株式会社事件判決の引用からわかるように，同解説書は，とり
わけ無償譲渡あるいは低額譲渡について，これまで法人税法22条2項が
（幾らの対価をもらったかではなく）手放した資産の価額（時価）に基づいて
収益の額を益金に算入してきたことを特に意識していると思われる(13)。

　ただし，実際の対価の額と法22条の2第4項にいう「価額」または「通
常得べき対価の額」が異なっていた場合，例外なく時価取引に引き直して

---

(11)　なお，令18条の2第4項については，「資産の販売等に係る収益の額につき，貸
　　倒れ又は買戻しの可能性があることにより収益認識に関する会計基準に従ってこ
　　れらの可能性を考慮して計算した金額を契約上の対価の額から控除して収益計上
　　し，同額を金銭債権の帳簿価額とした場合にも，税法上はこれらの可能性を考慮
　　せず益金の額を算定することから，その収益の反対勘定である金銭債権の帳簿価
　　額についても会計との間で不一致が生ずることとなります。そこで，会計上収益
　　の額から控除し，金銭債権の帳簿価額を構成しないこととされた金額について，
　　税法上は金銭債権の帳簿価額を構成することを明確にするものです」（寺﨑ほ
　　か・前掲注（5）279頁）と述べられている。これも（β）の側面からの説明であ
　　る。
(12)　寺﨑ほか・前掲注（5）270頁参照。
(13)　寺﨑ほか・前掲注（5）270頁には「法人税法上，資産の販売等に係る収益の額は，
　　資産の販売等により受け取る対価の額ではなく，販売等をした資産の価額をもっ
　　て認識すべきとの考え方であり，法人税法第22条第2項において資産の無償に
　　よる譲渡に係る収益の額が益金の額となるとされていることや，寄附金の損金不
　　算入制度において寄附金の額を譲渡資産の譲渡の時の価額で算定するとされてい
　　ることにその考え方が表れています」という記述がある。

課税されるわけではない。両者の差額に相当する金額が，「損金算入され
ない金額（寄附金，交際費，繰延資産等の資産の増加，負債の減少，利益又は
剰余金の分配等の額）に該当しない場合には，移転価格税制のようにその差
額を損金不算入とする規定がないため，その差額は損金の額に算入される
こととなり，結果として対価の額を益金の額とした場合と結果が同様とな
ります。このように結果が同様となる場合にまで益金の額を時価で計算す
る手続（同額の加算・減算をする申告調整）を要することとするものではあ
りません」[14]と説明されている。この説明からわかるように，法22条の2
は移転価格税制とは異なる内容の規定として創設されたことになる[15]。
確認の意味でも，この点は重要だと思われる。

2　収益の額を益金の額に算入する時期（大竹貿易事件判決の明確化）

収益認識時期に関する改正の趣旨として，立案担当者の解説書では，大
竹貿易事件判決（最判平成5年11月25日民集47巻9号5278頁）の「ある収
益をどの事業年度に計上すべきかは，一般に公正妥当と認められる会計処
理の基準に従うべきであり，これによれば，収益は，その実現があった時，
すなわち，その収入すべき権利が確定したときの属する年度の益金に計上
すべきものと考えられる」という部分を引用しつつ，収益の実現や権利の
確定とはいかなる状態を指すのかという点について，「原則として，資産
の販売又は譲渡についてはその資産の引渡しとされ，請負については役務
の提供の完了とされています。ただし，これと異なる時点であっても一般
に公正妥当と認められる会計処理の基準に従った処理の範囲内であればそ
の時点で収益を認識することも認められています。収益認識に関する会計

---

(14)　寺﨑ほか・前掲注（5）276頁参照。

(15)　なお，泉絢也「法人税法と収益認識会計基準（2）―法人税法22条の2第4項の
　　　『価額』・『通常得べき対価の額』―」千葉商大紀要58巻3号110頁（2021年）参
　　　照。

基準における収益の認識時期である『履行義務を充足した時に又は充足するにつれて』について，顧客が資産に対する法的所有権を有していることや企業が資産の物理的占有を移転したこと等を考慮することとされていることから，『実現』や権利の『確定』の時期と大幅には変わらないと考えられます」[16]と述べる。これは（a）の側面からの説明と考えられる。

　続けて，「資産の引渡し又は役務の提供の時点を収益認識の原則的な時点とすることで，従来の『実現』や権利の『確定』といった考え方及び収益認識に関する会計基準における考え方とも整合的となる規定とされました」[17]と述べるが，この後半部分はわかりにくい[18]。どのように収益認識会計基準における考え方と整合的なのか，明確な説明がないからである。しかし，「整合的」とあるので，ここも（a）の側面から説明しているといえそうである[19]。

　また，「整合的」とした後で，「従来の取扱いを踏まえ，一般に公正妥当と認められる会計処理の基準に従ってその資産の販売若しくは譲渡又は役務の提供に係る契約の効力が生ずる日その他の引渡し又は提供の日に近接する日の属する事業年度の確定した決算において収益として経理した場合には，その経理した事業年度の益金の額に算入することが明確化されました」[20]とあるから，法22条の2第2項の内容を説明したこの部分をもって「整合的」と考えている[21]のかもしれない[22]。

　なお，金子宏教授は，「22条の2は，1項だけを見ると，厳格な引渡基準を採用しているように見えるが，2項以下および…政令の規定と合わせて見ると，全体としては会計基準の線に沿い，会計基準との調和を図って

(16)　寺﨑ほか・前掲注（5）271頁参照。
(17)　寺﨑ほか・前掲注（5）271頁参照。
(18)　この点については，岡村・前掲注（9）9頁，13頁以下参照。
(19)　なお，杉山晶子「会計と法人税法における収益の計上額の算定―『収益認識に関する会計基準』と法人税法22条の2の比較に寄せて―」ディスクロージャー＆IR15号50頁（2020年）は，「収益の計上時期は，［収益認識に関する］会計基準の方がより厳密であるものの，大きな違いはない」とする。
(20)　寺﨑ほか・前掲注（5）271頁参照。

いると考えてよい」[23]と説明されている。したがって，2項は収益認識会計基準との調和を図る規定として理解されていることになる。この部分は，どちらかといえば（a）の側面からの説明ということになろうか[24]。

---

(21)　「近接する日」について，小林裕明「収益認識会計基準への税法・通達改正による対応と年度帰属概念との整合性に関する一考察」会計プロフェッション16号107頁（2021年）は，「会計基準に従った収益の計上時点を引渡・役務完了時の近似的な時点と捉えることにより，収益認識会計基準に基づいて行う会計実務を，税法上も原則的に適法として取扱う趣旨である」と捉える。また，「会計基準の処理を受容することで，課税実務への混乱が生じないことを第一義として優先させたものと推察」し，「かかる見地から，改正法は，収益認識会計基準に基づく処理によって，引渡し等の日に『近接する日』…の属する事業年度において収益経理する処理を，課税所得計算の上で包括的に容認した」（同116頁）と考えている。

(22)　ただし，別の箇所では，同じように大竹貿易事件判決を再び引用しつつ「判例でも，『現に法人のした利益計算が法人税法の企図する公平な所得計算という要請に反するものでない限り，課税所得の計算上もこれを是認するのが相当であるとの見地から，収益を一般に公正妥当と認められる会計処理の基準に従って計上すべきものと定めたものと解されるから，右の権利の確定時期に関する会計処理を，法律上どの時点で権利の行使が可能となるかという基準を唯一の基準としてしなければならないとするのは相当でなく，取引の経済的実態からみて合理的なものとみられる収益計上の基準の中から，当該法人が特定の基準を選択し，継続してその基準によって収益を計上している場合には，法人税法上も右会計処理を正当なものとして是認すべきである』（最高裁平成5年11月25日第一小法廷判決）と述べられています」とした上で，「この従前の取扱いを維持するため」法22の2第2項が設けられたという説明をしている（寺﨑ほか・前掲注（5）274頁）。したがって，特に収益認識会計基準を意識したわけではなく，従前の扱いを明確化しただけという読み方も不可能ではない。

　　なお，法22条の2第2項について，朝長英樹「『収益認識に関する会計基準等への対応』として平成30年度に行われた税法・通達改正の検証（6・了）」T&A master 755号16頁（2018年）は，「企業会計基準や『収益認識に関する会計基準』などの『一般に公正妥当と認められる会計処理の基準』が『引渡基準』を採っていないにもかかわらず，何故，それらに従うことが税制上の要件とされなければならないのか」という疑問を呈している。

(23)　金子・前掲注（3）365頁参照。

(24)　なお，坂本雅士・東条美和・髙橋絵梨花「新たな収益認識基準と法人税法─解釈論上の課題を中心に─」立教経済学研究72巻3号（倉田幸路教授記念号）180頁（2019年）は，「収益認識をめぐる今般の改正をみるにつけ，［企業会計と法人税法との］かつての蜜月時代を想起するのは筆者だけではあるまい」と述べる。

3　長期割賦販売等に係る収益の帰属事業年度

　平成 30 年度改正によって，法 63 条が「長期割賦販売等に係る収益及び
費用の帰属事業年度」から「リース譲渡に係る収益及び費用の帰属事業年
度」に改正され，割賦基準（延払基準）の対象となる資産の販売等がリー
ス譲渡に限定されることとなった。そのため，長期割賦販売等に該当する
資産の販売等をした場合でも（リース譲渡を除き），その資産の販売等に係
る目的物の引渡しまたは役務の提供の日の属する事業年度において，その
資産の販売等に係る収益の額を益金の額に算入することとなる（法 22 の 2
第 1 項，4 項）。

　これは収益認識会計基準に沿った処理であるから，（法 22 条の 2 につい
て述べた（α）（β）を使用するならば）（α）の側面から改正理由を説明す
ることができる。立案担当者の解説書には，法 63 条を改正した理由につ
いて，「収益認識に関する会計基準の導入により，同会計基準を適用した
法人は割賦基準（延払基準）により収益費用を経理することができなくな
ります」[25]との記述がある。

　なお，法 22 条の 2 は，収益認識会計基準の適用がない中小法人につい
ても適用されるから，法 63 条の改正と相俟って[26]，中小法人についても
リース譲渡を除いて，割賦基準による収益認識はできないことになった[27]。
上記解説書には，「収益認識に関する会計基準が導入されても全ての法人
に対して企業会計原則が無効になるわけではないので，法人によっては引
き続き割賦基準による会計処理が一般に公正妥当な会計処理の基準に基づ
く処理として可能であることから，法人税法第 63 条の改正のみでは，同
法第 22 条第 4 項との関係で，逆に全ての割賦販売について割賦基準や延

(25)　寺﨑ほか・前掲注（5）273 頁。
(26)　立案担当者は，「仮に改正前の法人税法第 63 条を存置すると，収益認識に関する
　　　会計基準を適用しなければならない法人とそうでない法人との間で不公平が生ず
　　　る」という認識である。寺﨑ほか・前掲注（5）273 頁参照。
(27)　中小企業への影響について，朱愷雯「中小企業会計における収益認識」沖縄大学
　　　法経学部紀要 31 号 7 頁（2019 年）参照。

払基準により所得の金額の計算をすることが可能であるように解釈されるおそれが生じます。このような解釈とならないようにするためにも，収益の認識時期について通則的な定めを設ける必要が生じました」[28]という記述がある。これは，法22条の2に関する（a）の側面からの説明である。

　また，法63条の改正内容からリースが除かれたことについても，リース取引はそもそも収益認識会計基準の対象外とされているので[29]，少なくとも（β）の側面から法63条の改正を説明することは困難である。

4　法22条の2と22条2項とのすみ分け（法22条の2が残した部分）

　法22条の2と法22条4項との優先関係については，既述の通り前者が優先するが，法22条2項との関係はどうであろうか。

　まず，法22条の2は資産の販売等に係る収益に関する通則であって，文理上「資産の販売等」以外の取引には適用がない。もっとも，実際問題として収益が生じる取引の大部分は，資産の販売等であることが予想されるので，資産の販売等以外の部分として，法22条の2の適用がなく，法22条2項に残された領域はそれほど多くないであろう。

　次に，法22条の2は収益に関する益金算入の時期と金額について規律している。したがって，それ以外の部分については，資産の販売等に係る収益であっても，引き続き法22条2項が適用されることになる。立案担当者の解説書には，「資産の販売等に係る収益を益金の額に算入するかどうかについては引き続き法人税法第22条第2項の規定によることとし，その時期及び金額について同法第22条の2で規定されていると整理されたことになります。したがって，法人税法第22条第2項も資産の販売等に係る収益の益金算入の根拠規定の一つとなります」[30]という説明がある。

---

(28)　寺﨑ほか・前掲注（5）272頁参照。
(29)　収益認識会計基準3項（2），104項および寺﨑ほか・前掲注（5）273頁参照。
(30)　寺﨑ほか・前掲注（5）273頁参照。

収益該当性の判定は，引き続き法22条2項が規律する領域ということであろう[31]。

Ⅴ　法人税基本通達等の整備とその意義

1　国税庁の説明

　平成30年度改正により法22条の2が創設されたことを受けて，収益等の計上に関連する通達が大幅に改正あるいは新設された。このような通達の変更をどのように捉えるべきなのかは，1つの重要な論点である。

　国税庁は，「法人税基本通達等の整備を行う観点」について，次のように説明している[32]。

> （1）　収益認識基準は，収益の認識に関する包括的な会計基準であり，業種横断的に画一的に適用されることからすれば，原則として収益認識基準に基づく会計処理は法人税法の企図する公平な所得計算という要請に反しないものであること。
> （2）　履行義務の充足により収益を認識するという考え方は，法人税法第22条の2第4項において明確化された資産の販売等に係る収益の額はその販売若しくは譲渡をした資産の引渡しの時における価額又はその提供をした役務につき通常得べき対価の額に相当する金額であるとする考え方となじむものであること。

---

(31)　寺﨑ほか・前掲注（5）280頁では，「公正処理基準と別段の定めとの関係の明確化」として「収益認識に関する会計基準による収益の認識のステップ2（収益の認識の単位）については，法人税法第22条の2において規定されていないため，同法第22条第4項の射程内となると考えられます。したがって，ある取引につき，法人税法第23条以下に定めがない場合には，その取引から益金算入すべき収益の額が生ずることが同法第22条第2項で規定され，認識時期及び益金の額が同法第22条の2で規定され，認識の単位が同法第22条第4項で規定されているという構造となります」と述べられている。

(32)　国税庁「平成30年5月30日付課法2-8ほか2課共同『法人税基本通達等の一部改正について』（法令解釈通達）の趣旨説明」2頁（2018年）〈https://www.nta.go.jp/law/joho-zeikaishaku/hojin/180530/index.htm〉参照。

　(3)　他方で，収益認識会計基準は原則的な取扱いを定めるにとどまり，具体的な適用の場面においては選択しうる会計処理の幅が不明確であるとも考えられることから，公平な所得計算という要請の中で許容できる処理の範囲を画すための客観的な基準を明確化し，会計基準の恣意的な利用を排除する必要があること。
　(4)　中小企業については，従前より「一般に公正妥当と認められる会計処理の基準」に従った計算に該当していた企業会計原則等に則した会計処理も引き続き認められることから，従前の取扱いによることも可能とすること。

　上記 (1) について国税庁は，収益認識会計基準に基づく会計処理が「原則として」法人税法の企図する公平な所得計算という要請に反しないという見解である。これは (a) の側面からの説明のようにみえる。しかし，収益認識会計基準が「収益の認識に関する包括的な会計基準であり，業種横断的に画一的に適用される」ことが，法人税法の要請に反しないとする根拠としてそれほど説得的であるようには感じられない。また，当該要請に反しない部分について法 22 条の 2 は必要ないが，「例外的に」反する部分が存在するために同条を創設する必要があったと読めなくもない。ただし，この点については明確ではない。なお，「法人税法の企図する公平な所得計算という要請」という文言は，大竹貿易事件判決からの引用である。
　上記 (2) について，「なじむ」という表現からは，(a) の側面からの説明をしているようにみえる。もっとも，ここでいう「履行義務の充足により収益を認識する考え方」というのは，収益認識会計基準における 5 つのステップのうちのステップ 5「履行義務を充足した時に又は充足するにつれて収益を認識する」という部分[33]を指していると思われる。これは，収益認識の時期（タイミング）に関するものである。しかし，法 22 条の 2 第 4 項は，収益の額として益金の算入される金額に関する規定である。収益認識会計基準におけるタイミングに関する考え方が，法 22 条の 2 第 4 項

(33)　収益認識会計基準 17 項，35 項等および寺﨑ほか・前掲注 (5) 269 頁参照。

における金額に関する考え方となじむという意味であれば、時期と金額についての混同が生じていることになる(34)。一方で、タイミングに関していえば、ステップ 5 と平成 30 年度改正前法人税法との間で大きな違いはないように思える(35)。

上記(3)では、一転して、法人税法との関係において収益認識会計基準が有する問題点、すなわち「具体的な適用の場面においては選択しうる会計処理の幅が不明確」という問題点が指摘される。つまり、収益認識会計基準は、(大竹貿易事件判決のいう)法人税法の企図する公平な所得計算という要請に原則として反しないけれども、上記の問題点があるので、「客観的な基準を明確化」すること、「会計基準の恣意的な利用を排除」することが必要であるという捉え方であり、当該問題点が、法 22 条の 2 に関する各通達が発遣された理由ということになる。「排除」という文言から（β）の側面が垣間見られる。ただし、排除されるのは「会計基準の恣意的な利用」であり、また「基準を明確化」することには（α）（β）双方の側面がある。

上記(4)について、企業会計原則等に則した会計処理を念頭に置きながら、中小企業等は従前の取扱いによることも可能としている(36)。収益認識会計基準と直接には結びつかない言及であり、（α）（β）双方の側面と関係のない説明といえる。

---

(34) もっとも、国税庁・前掲注（32）6 頁「5 そして、収益認識基準では、履行義務が充足した時に又は充足するにつれて収益を認識する（収益認識基準 35）こととされていることから、履行義務が収益の認識の単位となる。これを踏まえ、履行義務の識別（収益認識基準 32）により識別された単位で収益の計上ができる取扱いを法人税の取扱いにおいても認めるということを上記 4⑵で明らかにしている」という部分を読む限り、履行義務が収益認識の単位となるとした上で、当該単位で計上できる収益の金額を論じているということなのかもしれない。
(35) 既述のように立案担当者の解説にも「『実現』や権利の『確定』の時期と大幅には変わらない」旨の既述がある。寺崎ほか・前掲注（5）271 頁参照。

2　通達でルールを示す意義

　国税庁は，法人税基本通達等の整備を行う上記観点を示す前に「収益認識基準に基づく会計処理は『一般に公正妥当と認められる会計処理の基準』に従った計算に該当し得ると考えられるものの，従来の通達では，収益認識基準に基づく会計処理が認められるのか明らかではない部分が多く見られた」[37]と述べている。したがって，国税庁としては，当該通達をそのままにしておくわけにはいかないということなのであろう。

　そのような考え方に基づく通達整備は，収益認識会計基準の導入に対する課税庁側から納税者への明確なメッセージとして，一定の予測可能性を与えるのかもしれない。例えば，ビックカメラ事件判決[38]は，公正処理基準を「税会計処理基準」と位置づけ，納税者が収益等の額の計算にあたってとった会計処理の基準が税会計処理基準に該当するといえるか否かについては，適正な課税および納税義務の履行の確保を目的とする法人税法の独自の観点から判断されるとした。しかし，法人税法が明文で包括的な収益認識会計基準を持っていたわけではなく，「税会計処理基準」の具体的な内容は明らかではなかった。これに比べれば，収益認識会計基準導入を受けた上記通達の整備は，納税者にとっても不意打ちの要素が少ないといえるのかもしれない。

　しかし，予測可能性の確保は本来通達を通じて行うべきものではない。「収益認識に関する会計基準に従った収益の額の計算のうち，法人税の所

---

(36)　ただし，島田眞一「企業会計基準第 29 号『収益認識に関する会計基準』への業種別対応―法人税法等の対応―」租税研究 845 号 292 頁（2020 年）は，「会社法の大会社約 1 万社が抱える連結子会社のうち，相当な数の中小企業が，新収益基準を任意適用すると考えられる」とする。その理由として，大会社が新収益基準を適用し，大会社の連結子会社が企業会計原則等により収益処理すると，大会社の収益情報と連結子会社の収益情報との間に差異が生じることになるが，連結財務諸表の作成の際にそれを修正するとすれば，その修正作業が大変になるからだと説明している。同 332 頁参照。

(37)　国税庁・前掲注（32）2 頁参照。

(38)　前掲注（9）参照。

得の金額の計算として認めるべきでない部分があれば，その部分を明示する必要が生ずる」ことは，立案担当者の解説書にも述べられているが⁽³⁹⁾，それは通達ではなく法律や政令の改正を通じて行うべきことである。この解説書も「明示する必要が生ずる」とするだけで，通達で明示すべきことを述べているわけではない。

　通達は法律ではないから，国会の議決を通さずに改正が可能であり，施行令等と異なって政令委任の問題も生じない。国民による民主的コントロールを受けることなく内容が変更されうるので，租税法律主義に基づいて要請される法的安定性・予測可能性を与えるものではない。信義則によって納税者が救われる可能性は残されるが⁽⁴⁰⁾，大量の通達改正や新設を行うより，法人税法の改正（あるいは少なくとも同施行令の改正）を行う方が，租税法律主義の観点からは望ましい。

3　通達等に関する最近の最高裁の見解

　下級行政機関（税務署長）は上級行政機関（国税庁長官）の示した通達に拘束されるが，納税者や裁判所はそのような拘束を受けるものではない⁽⁴¹⁾。通達には，直接に国民の権利義務を変動させる法的効果は存しない。取消訴訟において裁判所は，通達の解釈に拘束されることなく，何が正しい解釈であるかを法令に照らして判断する⁽⁴²⁾。

　最近の最高裁の見解には，このような通達の法的な性質について述べる部分が目立つ。まず，株式の低額譲渡が問題となった最判令和2年3月24日集民263号63頁［タキゲン事件判決］において，宇賀裁判官が補足意

(39)　寺﨑ほか・前掲注（5）270頁参照。
(40)　この点については，宇賀克也『行政法概説Ⅰ［第7版］』323頁（有斐閣・2020年）参照。
(41)　宇賀・前掲注（40）319頁。財産評価基本通達に関するやや異なった意見として，加藤友佳「租税法における通達解釈と裁判規範性―評価通達と認定基準―」税大ジャーナル34号27頁（2022年）〈https://www.nta.go.jp/about/organization/ntc/kenkyu/journal/saisin/0021010-001_katou.pdf〉参照。
(42)　宇賀・前掲注（40）319頁参照。

見としてではあるが「通達は，法規命令ではなく，講学上の行政規則であり，下級行政庁は原則としてこれに拘束されるものの，国民を拘束するものでも裁判所を拘束するものでもない」と述べている[43]。同じ判決において，宮崎裁判官も補足意見として「…より重要なことは，通達は，どのような手法で作られているかにかかわらず，課税庁の公的見解の表示ではあっても法規命令ではないという点である」と述べている。

　また，相続税における財産評価が問題となった最判令和4年4月19日裁時1790号1頁は，「相続税法22条は，相続等により取得した財産の価額を当該財産の取得の時における時価によるとするが，ここにいう時価とは当該財産の客観的な交換価値をいうものと解される。そして，評価通達は，上記の意味における時価の評価方法を定めたものであるが，上級行政機関が下級行政機関の職務権限の行使を指揮するために発した通達にすぎず，これが国民に対し直接の法的効力を有するというべき根拠は見当たらない」と述べている。

　最高裁は，上記説示に続けて，「相続税の課税価格に算入される財産の価額は，当該財産の取得の時における客観的な交換価値としての時価を上回らない限り，［相続税法22条］に違反するものではなく，このことは，当該価額が評価通達の定める方法により評価した価額を上回るか否かによって左右されない」とも述べている。つまり，重要なのは，通達の定めではなく，相続税法22条という法律の規定における時価であって，当該時価を基準として処分の違法性が判断されるということである[44]。

　このような通達の法的性質は，固定資産税の評価について，総務大臣が地方税法388条1項に基づいて定める固定資産評価基準とは大きく異なる。固定資産評価基準は告示の一種であるが，その法的性質は委任立法であり，

---

(43)　この後に宇賀裁判官は，「課税に関する納税者の信頼及び予測可能性を確保することは重要であり，通達の公表は，最高裁昭和60年（行ツ）第125号同62年10月30日第三小法廷判決・裁判集民事152号93頁にいう『公的見解』の表示に当たり，それに反する課税処分は，場合によっては，信義則違反の問題を生ぜしめるといえよう」と述べて課税事件に対する信義則適用の可能性を示唆している。

地方税法がその作成を総務大臣に委任していることは，租税法律主義に反しないと一般に解されている[(44)]。

そして，最判平成25年7月12日民集67巻6号1255頁［車返団地事件判決］は，固定資産税の課税において全国一律の統一的な評価基準に従って公平な評価を受ける利益は，適正な時価との多寡の問題とは別に「それ

---

(44) もっとも，最高裁は，通達の存在を完全に否定しているわけではなく（法律による課税だけが重要なのであって，評価通達は必要ないとまで述べているわけではなく），租税法上の一般原則としての平等原則との関係について言及している。すなわち，「評価通達は相続財産の価額の評価の一般的な方法を定めたものであり，課税庁がこれに従って画一的に評価を行っていることは公知の事実であるから，課税庁が，特定の者の相続財産の価額についてのみ評価通達の定める方法により評価した価額を上回る価額によるものとすることは，たとえ当該価額が客観的な交換価値としての時価を上回らないとしても，合理的な理由がない限り，上記の平等原則に違反するものとして違法」とする。しかしながら，「相続税の課税価格に算入される財産の価額について，評価通達の定める方法による画一的な評価を行うことが実質的な租税負担の公平に反するというべき事情がある場合には，合理的な理由があると認められるから，当該財産の価額を評価通達の定める方法により評価した価額を上回る価額によるものとすることが上記の平等原則に違反するものではない」とした上で，結果として本件には「上記事情がある」と判断するのである。つまり，実質的な租税負担の公平に反するケースに該当するということである。

その主な理由としては，多額の資金を借り入れて不動産を購入したこと，その結果，相続税の負担が著しく軽減された（相続税の総額が0円になった）こと，被相続人が高齢で，近い将来，相続人たちに相続税の負担が発生することが予想され，上記のような方法で不動産を購入することで，相続税の負担を減じ又は免れさせるものであることを知り，かつこれを期待して，あえて企画・実行したこと（租税負担の軽減をも意図して行ったこと）があげられている（また，「本件各通達評価額と本件各鑑定評価額との間には大きなかい離があるということができるものの，このことをもって上記事情があるということはできない」としている部分も重要であると思われる）。

ここで最高裁は，通達に基づく課税の是非を述べているのではなく，この事件の課税処分が平等原則違反に該当しないことを述べているに過ぎないと思われる。すなわち，「評価通達の定める方法による画一的な評価を行うことが実質的な租税負担の公平に反するというべき事情がある」のだから，合理的な理由があり，「平等原則に違反するものとして違法」とはならない場合に該当する，ということを論理立てて説明しているのである。

(45) 金子・前掲注（3）794頁参照。

自体が地方税法上保護されるべきもの」とした上で，「土地の基準年度に
係る賦課期日における登録価格が評価基準によって決定される価格を上回
る場合には，同期日における当該土地の客観的な交換価値としての適正な
時価を上回るか否かにかかわらず，その登録価格の決定は違法となるもの
というべきである」と述べている。上記最判令和4年4月19日における
財産評価通達の位置づけとの違いは明らかであろう。

　一方で，通達ではなく政令等でルールを定めた場合は，租税法律主義の
観点から委任の問題（法律の委任の範囲を超えていないかという問題）が審査
される。最判令和3年3月11日民集75巻3号418頁［国際興業管理事件
判決］では，当時の令23条1項3号が法24条3項の委任の範囲を超えな
い適法なものか否かが争点の1つであったが，最高裁は「委任の範囲を逸
脱した違法なもの」とした。その結果，この施行令は改正されることにな
った[46]。

　また，最判令和2年6月30日民集74巻4号800頁［泉佐野市ふるさと
納税事件判決］では，ふるさと納税に関する総務省の告示の内容が，地方
税法37条の2第2項および314条の7第2項の委任の範囲を逸脱した違
法なものとして無効とされた。最高裁は，この結論を導くに際して，授権
元の法律の文理，総務大臣に委任する趣旨，立法過程における議論（法律
案作成の経緯と国会における審議の過程）を審査している[47]。

---

(46)　国税庁HP「令和4年度 法人税関係法令の改正の概要」22頁〈https://www.nta.
　　　go.jp/publication/pamph/hojin/kaisei_gaiyo2022/pdf/A.pdf〉参照。
(47)　とりわけ，立法過程については，法律案作成の経緯において「過去に制度の趣旨
　　　をゆがめるような返礼品の提供を行った地方団体を新制度の下で特例控除の対象
　　　外とするという方針を採るものとして作られ，国会に提出されたことはうかがわ
　　　れない」こと，国会審議の過程において「…本件改正規定の施行前における募集
　　　実績自体をもって指定を受ける適格性を欠くものとする趣旨を含むことが明確に
　　　された上で審議され，その前提において可決されたものということはできない」
　　　ことが示されている。通達は法律の委任によって定められるわけではないから，
　　　上記のような立法過程との関係が審査されるわけではない。拙稿「新しいふるさ
　　　と納税制度と命令への委任─泉佐野市ふるさと納税事件最高裁判決を中心に─」
　　　法政研究87巻3号984頁（2020年）参照。

　ところが，通達の内容に関して裁判所が上記のような審査を行うことは原則としてない。現行の行政事件訴訟法では，通達そのものに対する取消訴訟は一般的には認められていないから[48]，裁判所の審査において，通達と施行令や告示とでは扱いが大きく異なることになる。別の側面からみれば，通達は国会の議決を経ることなく，行政内部の手続きで変更することが可能であり，かつ内容について裁判所の審査に服することもないということもできる。通達には国民に対する法的拘束力がないことから来る当然の帰結であるが，実際の納税申告を行うにあたって，納税者が通達の内容に従う場合が多いこともまた事実である[49]。

　施行令等は法的効果において国民の権利義務に直接関係を持つのであり，裁判所の審査対象にもなる。収益認識会計基準に関する内容を法人税法に取り込むためであれ，上書きするためであれ，通達よりも法律，あるいは少なくとも施行令等で定める方が，納税者の予測可能性や権利救済の観点からは好ましいということになろう。

Ⅵ　おわりに

　法人税法において法22条の2をどう位置づけるかについて，（α）と（β）という2つの側面を検討したのは，法22条の2に関する今後の解釈論および立法論に資するかもしれないと考えたからである。国税庁が平成30年5月30日に公表した資料には，「30改正は，改正前の公正処理基準（これを補完する通達・判例）における取扱いを明確化したもの」[50]という

(48)　宇賀・前掲注（40）319頁。取消訴訟の対象となるのは，直接に国民の権利義務を変動させる法的効果を持つものに限定されるからである。
(49)　清永敬次『税法［新装版］』21頁（ミネルヴァ書房・2013年）参照。なお，金子・前掲注（3）116頁では，「現実には，通達は法源と同様の機能を果たしている，といっても過言ではない」とされている。ただし，「法令が要求している以上の義務を通達によって納税者に課すことがあってはならないと同時に，法令上の根拠なしに通達限りで納税義務を免除したり軽減することも許されない」（同頁）とも述べられている。

記載がある。一見，これは法改正に関する（β）の側面を表しているよう
にみえるが，しかし，法 22 条の 2 の実際の内容をみてみると（α）の側面
もあることがわかる。また，上記改正前の公正処理基準における取扱いが，
収益認識会計基準と相反するものでない部分については，（β）の側面か
らの説明はできない。

　そもそも収益認識会計基準は法律ではないのだから，その内容は国会の
議決を通しておらず，その意味で民主的な手続きを経て決められているわ
けではない。したがって，（α）（β）どちらの側面であれ，法人税法とし
て収益認識に関する一般的なルールを法 22 条の 2 において明文化したこ
とには重要な意義がある。他方，収益認識会計基準と法人税法との関係に
ついては，まだはっきりしない部分がある。法 22 条の 2 が収益側を規定
するだけで，同じような損金側の規定が存在しないことも問題である。収
益認識会計基準に基づく処理に関する法人税法上の扱いをより明確にする
ことは，今後の課題といえよう。

　ただし，そのような明確化は通達ではなく，法律や施行令等を通じて
（そして最終的には裁判所の判断を通じて）行われるべきである[51]。本論集の
ための研究会においては，通達の内容そのものを検討する手法について，
通達は行政側の都合で容易に変わってしまうという指摘があった。通達の
内容自体は，課税庁側の考え方を示しているので有用ではある。しかし，
より重要なのは法人税法という法律と収益認識会計基準の関係，さらには
法人税法 22 条の 2 という法律の条文における収益認識会計基準の位置づ
けである。

　上記国税庁の資料では，収益認識会計基準に関する通達の整備方針とし

---

(50)　国税庁「『収益認識に関する会計基準』への対応について〜法人税関係〜（平成
　　30 年 5 月）」14 頁（2018 年）〈https://www.nta.go.jp/publication/pamph/hojin/
　　kaisei_gaiyo2018/pdf/001.pdf〉参照。
(51)　法と会計の関係および会計の法制化については，中里実「企業課税における課税
　　所得算定の法的構造」『法人税の研究 租税法論集 I』185 頁以下（有斐閣・2021
　　年）（初出 1983 年）参照。

て「改正通達には，原則としてその新会計基準の考え方を取り込んでい
く」とする一方で，「新会計基準について，過度に保守的な取扱いや，恣意
的な見積りが行われる場合には，公平な所得計算の観点から問題があるた
め，税独自の取扱いを定める」と述べられている[52]。しかし，「税独自の
取扱いを定める」のなら，租税法律主義に基づいて，通達ではなく法律で
規定するべきである。会計基準の変更によって，法律の改正を経ることな
く納税義務の中身が実質的に変更されること（あるいは納税者による変更が
可能になること）は一般的には防ぐべきであるが，そのために（同様に）国
会の議決を必要としない通達の改正で対処するという方法（主戦場を民主
的コントロールの及ばない場所へ移すような方法）は，租税法律主義の土台を
掘り崩すことに繋がる。

　最後に国外の動きに目を転じてみると，2021 年 10 月に OECD/G20 で
大枠合意に至った国際課税ルールの見直し（BEPS 2.0）では，財務会計が
重視される傾向にある[53]。また，アメリカの現政権は，2022 年において
も帳簿所得（book income）に基づく課税方式の導入を諦めていないようで
ある[54]。わが国でも，法人税法と会計との関係は引き続き重要な課題と位
置づけておくべきであろう。

［付記］　校正時に，アメリカにおけるインフレ抑制法（Inflation Reduction
Act of 2022）が 2022 年 8 月 16 日に成立し，その内容の一部に帳簿所得に

(52)　国税庁・前掲注（50）16 頁参照。
(53)　当該大枠合意については，特集「国際課税の歴史的な合意―デジタル課税と最低
　　　税率をめぐって―」ジュリスト 1567 号 13 頁（2022 年）以下の各論文を参照。
　　　See also Lee Sheppard, 106 Tax Notes International 169, 170（Apr. 4, 2022).
　　　また，合意前の「青写真」における財務会計の利用について，拙稿「企業会計・
　　　会社法と法人税法に関する一考察」税法学 586 号 689 頁（2021 年）参照。
(54)　*See* Jonathan Curry, Plans for Taxing the Wealthy and Corporations Grow
　　　Larger, 175 Tax Notes Federal 127, 129（Apr. 11, 2022）. なお，バイデン政権
　　　による 2021 年の帳簿所得への課税提案については，拙稿・前掲注（53）685 頁参
　　　照。

基づく 15％の代替ミニマム税が含まれていることを知った。これは，年間
10 億ドル以上の利益を上げながら，15％に満たない税率でしか法人税を
払っていない企業に対して課す租税であり，当初のビルド・バック・ベタ
ー（Build Back Better）法案にあった帳簿所得課税の変更版（縮小版）と
理解されている。なお，15％の最低税率に基づく課税は，OECD が提唱す
る第 2 の柱とは別物である。ただし，今回導入の決まったこのミニマム税
は，国際課税の分野にも影響を及ぼすことが当然に予想される。しかし，
その具体的な内容や程度について現段階では未知数の要素が多いようであ
る。*See* Reuven Avi-Yonah and Bret Wells, Pillar 2 and the Corporate
AMT, 107 Tax Notes International 693（Aug. 8, 2022）: Mindy Herzfeld,
The Remade Corporate AMT Walks and Talks Like a Duck, 107 Tax
Notes International 869（Aug. 22, 2022）.

第5章 収益認識会計基準における 「履行義務の充足」と 法人税務における「引渡し」

甲南大学教授 古田 美保

I はじめに

　企業会計基準第29号「収益認識に関する会計基準」（以下，「収益認識会計基準」）制定の目的は財務諸表の比較可能性の向上にあるが，その結果として業界ごとに用いられていた慣習や特有の会計基準の取扱いについて，変更を含めた対応を余儀なくされることとなった。特に，財などの「顧客への支配の移転」（収益認識会計基準16, 35）という認識のタイミングに関する基本原則が整備されたことに伴い，従来の「実現」および，税制改正により明確化された法人税法上の「引渡し等の日」（法22の2①, ②）との異同および対応についての検証が必要となった。また，法人税法上に収益認識に関する「通則的」な別段の定めが設けられたことに伴い，当該別段の定めに係る法令解釈通達の内容およびその確定決算主義や公正処理基準に及ぼす意義について，改めて検証する必要が生じたと考えられる。

　本章では，収益認識のためのステップのうち認識のタイミングに関する会計基準（ステップ5）の概要と，それに対応する法人税法上の対応（法22の2①〜③）および基本通達について確認する。その上で，税制改正後の法人税制における公正処理基準の意義・内容について検討を行うこととし

たい。

　なお，変動対価や金融要素に関する論点については本稿では扱わないこととする。

Ⅱ　収益認識会計基準における認識のタイミングの概要

1　収益認識会計基準の認識の原則

　収益認識会計基準は収益認識に関する包括的な会計基準を定めるものであり，その収益認識は5段階のステップが適用される。すなわち，「契約の識別」，「履行義務の識別」，「取引価格の算定」，「履行義務に取引価格の配分」，「履行義務の充足等による収益の認識」の5段階を適用することにより，業界ごとの慣習や特有の会計基準から一般的規定による収益認識に改め，もって財務諸表の比較可能性を向上させることを目的としている。このうち収益認識のタイミングについて規定するステップ5は，資産の顧客への支配の移転すなわち顧客が資産に対する支配を獲得した時あるいは獲得するにつれて収益を計上すべきことを定めている（収益認識会計基準35）。

　従来の企業会計の定めにおいては，企業会計原則で「売上高は，実現主義の原則に従い，商品等の販売又は役務の給付によって実現したものに限る」（企業会計原則　第二　損益計算書原則三B）として，収益の認識は発生主義ではなく実現主義によるべきことのみを定めてきた。すなわち客観性・確定性を収益の計上要件としており，その具体的な基準としての販売基準あるいはさらに詳細に引渡基準や検収基準等の基準が，各企業の業種・業態に応じて適宜用いられてきた。ただし，委託販売や割賦販売等の特殊形態の販売においては，販売時点を収益認識の原則としつつより慎重あるいは確実な時点まで認識を控える方法も認められ，一方，長期の請負工事については進行基準と完成基準の選択適用が任意に認められてきた（企業会計原則注解　注6.7）。

収益認識会計基準の認識のタイミングである「支配の移転」は，おおよそにおいて従来の実現主義およびその具体的基準である販売基準等と一致するものと考えられるが，全体としてより明確化・具体化され，選択の幅について狭めるものとなったと評価されるものと思われる。同時に，より詳細に「支配の移転」のタイミングを識別することが企業側に求められ，確実性・確定性よりも適切な見積もりによるべきことが要求されることとなった。例えば，従来は適切な会計慣行として認められてきた割賦基準や電気・ガス事業者等の検針日基準については収益認識会計基準では認められず，後者については検針の日から決算日までに生じた収益を適切に見積もることが要求される（収益認識適用指針 103-2）。また，工事等の役務提供についても，履行義務の充足の進捗に従っての収益認識が原則となり，アウトプット法またはインプット法による適切な進捗度の見積もりが必要となる（収益認識適用指針 15）。その内容はほぼ従来の工事進行基準と同様であるが，この進捗度が合理的に見積もることができない場合には，回収が見込まれる費用の金額で収益を認識する原価回収基準での処理が行われることとなる（収益認識会計基準 15, 44, 45）。

2　重要性等に関する代替的な取扱い

収益認識会計基準は，その開発の基本方針として国内外の企業間における財務諸表の比較可能性の観点から IFRS15 号の基本的な原則を取り入れることを出発点としたとされる。一方，国内での実務等に配慮すべき項目がある場合には，比較可能性を損なわせない範囲で代替的な取扱いを定めることとし，収益認識適用指針 92-104 項においてその具体的な内容を定めている。このうち，ステップ 5 に関連する項目は次の通りである[1]。

---

(1)　なお，「船舶による運送サービス」（収益認識適用指針 97）については，契約の結合に関する代替的取扱いと考えられるため，ここでは指摘しないこととした。

- 期間がごく短い工事契約及び受注制作のソフトウェア（収益認識適用指針 95, 96）

　工事契約等についてはその履行義務の充足の進捗に従った収益認識が原則であるが，その完成引渡までの期間がごく短い場合には完全に履行義務を充足した時点での収益認識が認められる。

- 出荷基準等の取扱い（収益認識適用指針 98）

　従前は販売基準相当の認識基準であった出荷時または着荷日の収益認識につき，顧客への支配の移転までの期間が「通常の期間」すなわち取引慣行に照らして合理的な範囲である場合には，当該出荷あるいは着荷時に収益を認識することができる。

　以上のように，厳密な収益認識会計基準の原則の適用と比較して収益認識時点のズレが十分に小さいとみなせる場合に限って，従来の経理を認める代替的取扱いが定められていると考えられる。一方，収益認識時点が原則的取扱いから相当程度乖離すると見込まれるような割賦基準や委託販売の仕切精算書到達日基準，検針日基準については適用が廃止され，代替的取扱いとしても認められなかった。これにより，検針日基準を使用してきた電気・ガス事業者は検針日から決算日までに生じた収益の額を適切に見積もることが求められることとなったが，この見積もりについては実務的困難性に配慮して，前年同月の平均単価を基礎とした日数按分によることができるとされる（収益認識適用指針 103-2）。同様に，見積もりの困難性に関する代替的取扱いとして，契約の初期段階において履行義務の充足に係る進捗度を合理的に見積もることができない場合は，原価回収基準によらず，当該契約の初期段階には収益を認識しないことができることとされている（収益認識適用指針 99）。

Ⅲ　法人税法における収益認識会計基準への対応と基本通達の改正

1　平成30年度税制改正前の法人税法における収益認識の基準

　法人税法上の収益認識，すなわち益金算入時期については，これまで法人税法に明文の定めがなく，最高裁の判例がその判断基準として引用されてきた。すなわち，収益認識時期については一般に公正妥当と認められる会計処理の基準，具体的には実現すなわち権利確定のときの属する年度の益金とされるべきとされた（最高裁平成5年11月25日）が，実現や権利確定の概念については明確にされておらず，何が「一般に公正妥当と認められる会計処理の基準」であるのかについてはその後も議論が重ねられてきた。

　裁判例としては，「一般に公正妥当と認められる会計処理の基準」すなわち公正処理基準とは，その中心は企業会計基準や会計慣行を指すとされる（大阪高判平成3年12月19日等）一方，一般社会通念に照らして公正で妥当であると評価されうる会計処理の基準（東京地判昭和52年12月26日等）であることが必要とされる。また，その際の公正妥当性の評価に当たっては当然に課税目的が考慮されるとも指摘されてきた（最高裁平成5年11月25日）。

　その中で，収益認識の会計処理については，特殊販売契約における割賦基準，仕切精算書到達日基準，検針日基準，工事進行基準等の会計処理方法が，税法上も認められる基準とされてきた。具体的には，仕切精算書到達日基準や検針日基準については基本通達で，割賦基準・工事進行基準については別段の定めを整備してその適用を認めてきたが，その趣旨としては会計基準・会計慣行との調整の観点が示されており，すなわちこれらの収益認識方法が課税目的に照らしても妥当な会計処理の基準であるとされてきたと言えるだろう。

　なお，「平成 8 年 11 月法人課税小委員会報告」では，課税ベースに関する個別的検討の中で，「現行の各種収益の計上基準については，おおむね妥当な取扱いがなされている」とした上で，現行の取扱いに問題があると考えられる収益計上基準として工事収益や割賦基準等を指摘している[2]。すなわち，工事収益については完成基準と進行基準の会計処理が選択可能であることによる課税所得の差が生じる問題があり，「長期工事についての収益の計上時期は工事進行基準による方が各事業年度の企業業績を適切に表すことになる」として，一定の長期大規模工事について工事進行基準を強制する税制改正へとつながった。その際には「国際的にも工事進行基準を採用する方向にあること」も考慮されたと指摘され，国際的な会計慣行の動向も検討の根拠とされていたことが伺われる（税制調査会［1996］28頁）。また，割賦基準については，この取扱いが「資金的な裏付けがない状態での収益の計上を求めることになる点に配慮」した規定と指摘した上で，延払い等の金融機能を第三者に委ねている法人の収益計上時期との比較において不均衡が生じていると問題提起し（税制調査会［1996］28頁），割賦基準は長期割賦販売等に限られる旨の税制改正が行われた。これらの平成10年度税制改正には課税理論としても議論の多いところとは思われるが，企業会計上の選択肢に対して選択性を抑制し法人間での画一的な取扱いを志向したこと，納税資金の裏付けへの配慮が減少したこと，および企業会計実務の動向が税制改正の検討の根拠とされることなどが指摘できると思われる。

2　収益認識会計基準導入に伴う平成 30 年度税制改正

　収益認識会計基準の公表を受け，法人税法においても収益認識に関して大きな税制改正が行われ，これまで公正処理基準にもっぱら委ねていた税

---

(2)　法人課税小委員会報告では，これらの他に長期金融商品に係る収益の認識基準についても提言を行っているが，収益認識会計基準の範囲ではないことから本稿では指摘していない。

法上の収益認識時期について通則的な規定となる法人税法22条の2が新設された。この規定は、「権利の確定といった対価の流入の側面に着目するのではなく、（中略）資産の引渡し又は役務の提供の時点を収益認識の原則的な時点とすることで、従来の「実現」や権利の「確定」といった考え方及び収益認識に関する会計基準における考え方とも整合的となる規定」（藤田他［2018］271頁）とされる。これにより、法人税法上の収益認識は収益認識会計基準を含む企業会計を参照することなく、法人税法上に明示された引渡基準による収益認識の原則と、従来の会計慣行のうち引渡日に近接する日の収益計上について経理要件を付した上で認めるという容認の範囲で行われることが、法人税法上明確にされたことになる（法22の2①、②）。

　しかし、何が引渡日に該当し、近接日として認められる範囲であるのかについては、なお法令からのみでは明らかとは言い難い。改正後は収益認識時期については法人税法22条4項の公正処理基準規定が適用されないことから、その内容については「法人税法の企図する公平な所得計算」の観点からの判断が必要であることとなり、当該条文に関する基本通達の規定内容の重要性が従前よりも増したと言えるだろう。

　なお、延払基準に関する別段の定めである法人税法63条についても改正が行われ、対象となる取引から長期割賦販売等が削除された。収益認識の通則的規定の創設により、別段の定めがない限り引渡日およびその近接日以外の時点での収益認識は認められないことから、割賦販売の延払基準が税法上廃止されたことになる。この点については、金融機能を第三者に委ねている法人の収益計上時期との均衡を取るべきとの「平成8年11月法人課税小委員会報告」の指摘を踏まえたこと、および、収益認識会計基準を適用しなければならない法人とそうでない法人との間で「不公平が生ずる」ことへの対処のためとされる（藤田他［2018］273頁）。

3　収益認識会計基準導入に対する法人税基本通達の整備

　収益認識会計基準の公表に伴う法人税法の改正を受け，法人税基本通達も改廃・新設を含めた整備が行われた。すなわち，収益認識自体は法人税法上の通則的規定が整備されたものの，収益認識会計基準に基づく会計処理が法人税法22条4項の公正処理基準には該当しうることを踏まえ，次の観点からの整備が行われた（国税庁［2018a］2-3頁）。

1）収益認識会計基準が包括的な会計基準であり業種横断的に画一的に適用されることから，原則として収益認識会計基準に基づく会計処理は法人税法の企図する公平な所得計算という要請に反しないこと

2）履行義務の充足により収益を認識するという考え方は法人税法22条の2第4項の通常得べき対価の額を収益の額とするという考え方となじむこと

3）他方，収益認識会計基準は原則的な取扱いを定めるにとどまり，具体的な適用の場面においては選択しうる会計処理の幅が不明確であるとも考えられることから，公平な所得計算という要請の中で許容できる処理の範囲を画すための客観的な基準を明確化し，会計基準の恣意的な利用を排除する必要があること

4）中小企業については，従前より「一般に公正妥当と認められる会計処理の基準」に従った計算に該当していた企業会計原則等に即した会計処理も引き続き認められることから，従前の取扱いによることも可能とすること

　すなわち，収益認識会計基準は法人税法上の実現主義または権利確定主義の考え方と齟齬をきたすものではないことから原則としてその考え方を取り込むこと，一方，収益認識会計基準で過度に保守的な取扱いや恣意的な見積もりが行われる場合には，公平な所得計算の観点から税独自の取扱いを定めること，中小企業への配慮として従前の取扱いによることも可能とすること，が整備方針とされた（国税庁［2018b］）。

　これらの観点に基づき，収益認識の時期に関する通達については次のよ

うに整備された。

　まず，棚卸資産の引渡しの日の判定につき，従来の取扱いと同様とする具体的基準を明らかにすることを目的として，その具体例として出荷，検収，使用収益できることとなった日に加えて，船積日と着荷日が追加された（法基通 2-1-2）。着荷基準は収益認識会計基準では代替的取扱いとして認められる基準であるが，法人税法上は引渡日として取り扱われる。これらは従来の会計慣行および収益認識適用指針での明示を受けてのこととされる（国税庁［2018a］40 頁）。一方，旧通達では引渡日の具体例の一つとされていた検針日基準については別の通達を新設し，経理要件が課される引渡しの近接日として扱われることとなった（法基通 2-1-4）。また，委託販売の仕切精算書到達日基準についても，近接日として取り扱う旨が明示された（法基通 2-1-3）。仕切精算書到達日基準および検針日基準については上述の通り収益認識会計基準では認められないこととなった基準であるが，企業会計原則あるいは一般的な会計慣行においては引き続き公正妥当な会計処理であること，および，継続性の原則への配慮の観点から近接日とすることとされた（国税庁［2018a］41-43 頁）。

　また，役務提供のうち「履行義務が一定の期間にわたり充足されるもの」については，その充足度の進捗に応じて収益を認識する収益認識会計基準の考え方を取り入れるとした（法基通 2-1-21 の 2）上で，長期大規模工事（法 64 ①，②）の適用を受けるものを除く請負収益については，完成引渡しの日を原則的な収益認識の時点とし，進捗に応じた収益認識は例外的な取扱いとされる（法基通 2-1-21 の 7）。これは，請負等の報酬の請求が可能となる日は民法上比較的明確であり，法律概念を優先することによる法人税法の安定に資する観点からとされる（国税庁［2018a］62 頁）。また，工事進行基準の適用を受けない工事であっても，引渡量に従い工事代金を収入する旨の特約または慣習がある場合には部分完成基準が強制適用される旧通達 2-1-9 が再整備され，税制改正後も同様の取扱いとなる旨が明らかにされている（法基通 2-1-1 の 4）。この通達は収益認識会計基準による

経理を行うか否かによらず，全ての法人に対して適用される点も従前と同様である。

　なお，その取引が「履行義務が一定の期間にわたるもの」に該当するか否かの判定要件や進捗度の見積もり[3]については，収益認識会計基準と同内容の通達が新設された（法基通2-1-21の4，2-1-21の6）。また，進捗度の合理的な見積もりができない場合は，収益認識会計基準の原価回収基準等と同趣旨の運用を行う旨が通達上で明らかにされている（法基通2-1-1-21の5（注2）（注3））。

　以上の通達の整備を踏まえて企業会計と通達を含む法人税制上の収益認識の異同点を整理すると（表1）のようになる。

（表1）各制度における収益認識の概要

	企業会計原則等	H30改正前法人税法	収益認識会計基準	H30改正法人税法
収益認識の基本理念	実現主義	実現＋権利確定	履行義務の充足	引渡しまたは役務の提供の時点＝実現＋権利確定
出荷・着荷基準	○	○	○（代替的取扱い）	○
請負等収益	任意選択	原則完成基準（部分完成基準）一部進行基準の強制	履行義務の充足時点または一定の期間	原則完成基準（部分完成基準）一部進行基準の強制
原価回収基準	×	×	○	○
割賦基準	○	○	×	×
委託販売（仕切精算書到達日基準）	○	○	×	○（近接日）
検針日基準	○	○	×	○（近接日）

（出典）筆者作成

---

(3)　なお，進捗度の見積もりについては，通達の本文にはインプット法の例示のみとなっているが，「合理的と認められるもの」であればアウトプット法によるものも含まれるとされる（国税庁［2018a］59頁）。

Ⅳ　収益認識に関する会計と税務の異同点に関する検討

　以上のように，法人税法が収益認識に関する通則的規定を創設し，収益認識会計基準によらない収益認識を行うこととした一方，通達においては収益認識会計基準と同趣旨の内容も数多く整備され，かつ，通達からのみ明らかとなる内容も数多い。委託販売の仕切精算書到達日や検針日を近接日とする取扱いは，企業会計原則等の公正処理基準への配慮と整理可能であるが，税法独自の取扱いを明らかにされた点も指摘できる。税法と収益認識会計基準との調整，距離感がどのようなものであると考えられるか，検針日基準の法人税法独自の姿勢，および請負収益と割賦基準に関する法人税制内の論理整合性について，検討を行うこととする。

1　検針日基準の妥当性

　検針日基準とは，電気事業およびガス事業において，毎月，月末以外の日に実施する検針による顧客の使用料に基づき収益の計上が行われ，決算月に実施した検針の日から決算日までに生じた収益が翌月に計上される実務のことをいう（収益認識適用指針176-2）。前述の通り，収益認識会計基準においては，検針日基準による収益認識は財務諸表間の比較可能性を損なうと判断され，検針の日から決算日までに生じた収益が見積もられなければならないこととされた（収益認識適用指針176-3）。法人税法上は近接日として引き続き認められるが，検針日基準自体の妥当性については確認する必要がある。

(1)　見積もりへの疑義と財務諸表間の比較可能性

　電気・ガス事業者からは，収益認識会計基準の原則法の要求する見積もりが実務的に困難であり，原則法に合致させるためには相当の時間とコストを要すること，また，日本における検針日基準が毎月規則的に検針[4]しているため過不足なく１年分の収益を計上される方法であり，同会計基準

の原則法と同等の効果を有するとして，検針日基準を代替的取扱いとするよう要望を出していた（電気事業連合会［2017］2-3頁，日本ガス協会［2020］2頁）。電気・ガス事業者ともに問題となるのは，家庭用を中心とする小口契約に対して実施される分散検針であり，これを月末検針に変更すること，あるいはスマートメータの全数設置および期末日に料金算定を行えるシステム仕様へ変更することは，多額の設備投資が必要となると指摘している。また，見積もりのシミュレーションの結果，売上高に実績値との数％程度の乖離が生じ，利益・分配可能額への影響が大きいことも指摘していた（電気事業連合会［2020］，日本ガス協会［2020］）。すなわち，収益認識会計基準が重視する財務諸表間の比較可能性とは，金額の確実性よりも期間的一致を重視していると考えられる。

(2) 各事業者会計規則と収益計上に関する会計方針の現状

　電気事業者のうち，一般送配電事業者，送電事業者および発電事業者は原則として電気事業会計規則に従って財務諸表を作成することが義務付けられており，みなし小売電気事業者である旧一般電気事業者10社は経過措置期間において電気事業会計規則が適用されることとなっている（電気事業会計規則3，同附則3）。そして，電気事業会計規則別表第1において，電気事業営業収益は「調査決定の完了した金額を計上する」として検針日基準によるべきことが定められており，これらの電気事業者は収益認識会計基準に従いつつ，電気事業収益は検針日基準によらなければならないことになる。実際，みなし小売電気事業者10社はいずれも2022年3月期から収益認識会計基準の適用を開始しているが，電気事業営業収益については電気事業会計規則の規定を根拠として検針日基準による収益計上を継続している[5]。

---

(4)　海外では数ヶ月に1度の検針となることがあるため，収益認識時期自体が必ずしも会計期間に一致しないことから財務諸表間の比較可能性への影響がありうるが，日本の実務であれば会計期間とは異なるものの12ヶ月365日分の計上となるため問題がない旨電気・ガス事業者ともに強調していた。

(5)　みなし小売電気事業者10社の2022年3月期第1四半期報告書に基づく。

　一方，ガス事業者に適用されるガス事業会計規則には収益認識に関する具体的な規定はなく，実務慣行として採用されてきた経緯はあるものの，検針日基準によらなければならない法的根拠がない点で電気事業者とは状況が異なる。しかし，大手四事業者の対応状況を確認したところ，いずれも 2022 年 3 月期から収益認識会計基準を適用しつつ，ガス事業収益については検針日基準による計上を継続している。すなわち，東京瓦斯㈱は電気事業収益について，西部瓦斯ホールディングス㈱はガス小売事業者によるガス売上・電気事業収益・LPG 売上については収益認識会計基準を適用しながら都市ガス売上について，それぞれガス事業会計規則に基づき検針日基準を維持したとしている。他方，大阪瓦斯㈱と東邦瓦斯㈱は，やはりそれぞれの電力販売収益・LPG 販売収益について収益認識会計基準を適用しつつ，「関連する会計基準等の定めが明らかでない場合に採用した会計処理の原則および手続き」としてガス売上について検針日基準による計上を継続している[6]。いずれも検針日基準を採用する根拠という意味では明確性に欠けるものの，収益認識会計基準に基づく売上の見積計上による影響の大きさへの懸念があったことが窺える。

(3)　法人税法上の認識基準としての検針日基準の妥当性

　法人税制上，検針日基準は基本通達において引渡しの日の近接日に該当することとされているため，税務計算で用いるためには確定した決算における経理が必要となる。検針日を引渡しの日としない方針は対価の流入を収益認識の要件としない取扱いと整合するが，その中で検針日を近接日とした意義，すなわち企業会計が棄却した検針日基準の税法上の公正妥当性

---

(6)　いずれも各社 2022 年 3 月期第 1 四半期報告書に基づく。なお，大阪瓦斯㈱と東邦瓦斯㈱については，2021 年 3 月期有価証券報告書において，「関連する会計基準等の定めが明らかでない場合に採用した会計処理の原則および手続き」としてガス・電力販売収益を検針日基準により計上していることを明らかにしており，2022 年 3 月期第 1 四半期報告書では電力販売収益のみ収益認識会計基準に基づく見積計上に変更したとしていることから，ガス事業については検針日基準を継続しているものと考えられる。

138

の内容について検討する必要があるだろう。

　基本通達の整備方針を参照するなら，①恣意的な見積もりへの懸念，②企業会計原則等の収益認識会計基準以外の公正処理基準への配慮，の2点がその趣旨として考えられる。見積もりの精度については事業者団体も懸念を表明しているところであるが，収益認識会計基準の重視する財務諸表間の比較可能性という観点であれば，全ての企業が同様の条件で合理的に見積もりを行うことで大きな問題は生じないとも言えるため，収益認識会計基準が検針日基準を棄却することには一定の論理が成り立つ。一方，法人税制上は課税可能性の観点すなわち法的権利確定の高さが検討されるべきこととなる。公平性についても，同業種間すなわち電気・ガス事業者でほぼ全面的かつ継続的に検針日基準が採用されるとすればむしろ問題がないこととなり，他業種との差異を考慮しない画一性は企業の実態に即応しない場合を生ぜしめる可能性が指摘される（企業会計審議会特別部会[1966] 81頁）。したがって，税務計算においてはより確実性が高く収益認識時点も大きなズレのない検針日基準を公正妥当とする余地はあると考えられるが，収益認識会計基準が検針日基準を棄却する中での経理要件を課すことについてはなお疑問が残る[7]。電気事業会計規則への配慮とも考えられるが，現状は全てのみなし小売電気事業者に経過措置指定が行われているものの，経過措置の指定解除が部分的に行われた場合，事業者間で異なる収益認識が行われる可能性が指摘できる。企業会計経理の見積もりへの懸念に対応するのであれば，スマートメータによる実測の環境が整うまでは検針日基準を近接日ではなく引渡しの日とみなす措置が検討される余地はあると思われる。

---

(7)　基本通達の整備時点ではASBJでは検針日基準の代替的取扱いにつき今後の検討課題としていたことから（旧収益認識適用指針188），代替的取扱いと認められる可能性を考慮した可能性もあるが，収益認識適用指針の改正後も基本通達の取扱いは維持されている。

2　割賦基準の廃止と工事等請負収益の取扱いの整合性

　収益認識会計基準ではその収益認識に当たって履行義務の充足すなわち対価を収受する強制力のある権利を有していることは要するが，対価の収受の有無や時期は収益認識には直接影響しない。そのため，割賦販売についてはその商品の引渡しという履行義務を充足した時点での収益認識が行われる。一方，平成30年度税制改正は，法人税法における収益認識時期が権利の確定といった対価の流入ではなく，資産の引渡しまたは役務の提供の時点を収益認識の原則的な時点とすることにより，従来の「実現」や権利の「確定」といった考え方および収益認識会計基準とも整合させる措置が取られたとされる（藤田他［2018］271頁）。その上で，工事を含む請負収益について部分完成基準を含む完成基準が原則とされていることからも，現金主義ではないものの対価の収受の確実性や時期についての配慮は税法上維持されているものと考えられる。これは，課税所得計算の要請の観点からも当然のことと考えられる。

　これに対し，割賦基準の廃止と工事進行基準の強制あるいは選択適用の取扱いは，この方針とは整合しないこととなる。すなわち，一定の長期大規模工事および長期工事で選択する場合は工事進行基準が適用され，代金収受や引渡しとは関係なく，その進行割合に応じた収益認識が行われる（法64①，②）[8]。割賦基準については前述の通り，別段の定めが削除されたことにより原則的収益認識基準である引渡し等の日の益金とされることとなったが，代金収受がないことを前提とした益金計上となる点で，一般的な資産の販売収益の益金計上とは異なる。

　割賦基準に関する税制改正は，この収益認識方法が法人によっては一般に公正妥当な会計処理の基準に該当しうることを踏まえた上で，課税所得

---

(8)　工事進行基準を適用している工事については，たとえ部分完成とその引渡しが行われた場合も部分完成基準は適用されない（法通2-1-1の4）。部分完成基準は工事完成基準の一形態であり，工事進行基準とは異なる収益計上方法（国税庁［2018a］13頁）としており，引渡し以外の収益認識であることが指摘される。

計算に用いるべきではない方法であることを明示した形であり，一定の工事収益等につき工事進行基準を強制することと合わせて，法人への画一的な取扱いを重視し，納税資金の裏付けへの配慮を重視しない姿勢が明確になったと考えられる。

　割賦基準の廃止が「平成8年11月法人課税小委員会報告」の基本方針を踏まえたものであり，また収益認識会計基準と整合的であるとしても，対価の収受の特約等のない割賦基準を認めない取扱いと工事進行基準の強制は，請負収益の原則的取扱いとの整合性はむしろ乖離したと言える。あるいはこれらを整合的に解釈するならば，引渡し等の日と代金収受の日が相当程度乖離する場合には引渡し等の日の収益認識を原則とする取扱いに整理されたと考えられるが，同様に収益認識会計基準上は棄却された委託販売の仕切精算書到達日基準が近接日として存置されたこととの整合性にはなお疑問が残る。

V　収益認識会計基準と法人税制の距離

　平成30年度税制改正により，法人税法はその資産の販売等の収益認識について公正処理基準への依存から脱し，本法に通則的規定を有することとなった。条文上，資産の販売等収益の所得計算においては収益認識会計基準を含む企業会計の基準・慣行を参照しないこととなったが，その一方で収益認識会計基準の会計処理が原則として法人税法の公平な所得計算の要請に反しないとしてその大部分について取り込み，同時に従前の取扱いへの配慮も行うという基本通達の整備を行った。また，販売収益の税務計算も企業会計経理から完全に独立しているわけではない。経理要件については近接日経理に求められるほか，「会計上，一般に公正妥当と認められる会計処理の基準の範囲内の複数の選択肢の中から一の収益計上時期を選択しながら，申告調整によって他の収益計上時期に変更することは，法人税法第22条の2第3項に照らしても認められないと考えるべき」（国税庁

［2018a］62頁）とされ，企業会計経理が税務計算を拘束するとの考え方が示されている。企業会計経理の尊重，あるいは課税所得と企業利益が一致すべきとの公正処理基準創設時の趣旨（塩崎［1967］4, 5頁）の表れとも考えられるが，企業会計と税務との距離，関係性はこれまでとどう変わったのか，検討することとしたい。

1　会計処理方法の画一化と課税公平性

　法人税法上の割賦基準の廃止や工事進行基準の強制は，いずれも全ての法人に対し画一的取扱いをすべきことを志向してとられた措置であるとされる。収益認識会計基準が全体として公平な所得計算の要請に反しないとされたのも，その特徴として包括的で業種横断的に画一的に適用される点が指摘されていた（国税庁［2018a］2頁）。

　企業会計経理の選択制の課税所得計算への影響についてはしばしば議論の対象となってきており，その観点からの評価であると思われるが，そもそも画一的な会計処理や税務規定は課税の公平性に資するのであろうか。

　「平成8年11月法人課税小委員会報告」では，会計処理方法の選択制は「課税所得計算に差異をもたらし，同様な条件の下にある企業間に税負担の格差をもたらすことになる」として，課税所得計算の裁量性の抑制，制度の透明性の向上，企業間の税負担の格差の是正の観点から，会計処理の選択制の抑制・統一化が必要であるとしている（税制調査会［1996］22頁）。すなわち，企業会計上の選択肢が課税所得計算の歪みをもたらしているとの指摘であるが，このような画一的基準の設定の弊害から導入されたのが公正処理基準だったはずである。

　昭和41年公表の「税法と企業会計との調整に関する意見書」では，税法における適正な企業経理の尊重の内容として，企業の会計方法の選択につき自主的経理を容認すなわち会計方法の選択制の抑制や画一的基準の設定を可能な限り緩和すべきことが提言されていた（企業会計審議会特別部会［1966］80-81頁）。すなわち，画一的基準・会計方法の選択制の抑制は，企

142

業間の課税の公平性や税務行政の簡便化の観点から設けられているとした
上で，このような規制が企業会計を歪め，企業の実態に即応しない結果を
生ぜしめるので，継続性を重視した企業の自主的判断に委ねるべきとして
いた。また，会計方法が不合理なものでない場合には，課税所得の計算に
用いることを許容しても，継続性が遵守される限りそれほど課税の公平を
害することにはならないとも指摘されており，会計方法の選択制の抑制が
課税上合理的であるのかという点については改めて慎重な議論が必要であ
ったと思われる。

2　通達の公正処理基準との関係

　収益認識会計基準の導入を契機として資産販売収益の通則的規定が法人
税法上に設けられたものの，その適用の詳細は法令からのみでは必ずしも
明らかとはなっていない。例えば，検針日基準や仕切精算書到達日基準が
近接日に該当し，経理要件が課されることは通達からのみ明らかとなる。
特に検針日基準については，従来の取扱いでは法人税法上引渡し等の日に
該当するものと解釈されていたことから，税制改正で出荷・着荷基準が引
渡し等の日に該当しながら検針日基準が除外されることは，想定はされて
も明らかとは言えなかったと思われる。また，部分完成を原則とする点や，
進行基準と部分完成基準が異なる思想であること，進行基準が優先との整
理（国税庁［2018a］13頁）も，法令から自明とまでは言えないだろう。通
達前文には形式的解釈に固執しないよう「弾力的運用」を心がけるべきこ
とが記載され，裁判では被告である税務署長側が，行政機関が通達の趣旨
に反する処分をすることは否定されないと主張[9]したこともあり，通達に
どれほどの規範性があるのかは明確ではない。法令と通達の相互の関係，
納税申告における規範性と公正処理基準との関係について整理することと
する。

---

(9)　東京地裁平成19年1月31日判決（別紙）1（1）被告の主張。なお，判決は原告
　　側勝訴であるが，当該主張の当否についての判示は行われていない。

(1)　通達の法源性に関する先行研究・判例における言及

通達とは長官等がその機関の所掌事務についてなす命令または示達（国家行政組織法14②）であり，租税行政においては国税庁長官により発せられている。すなわち通達とは上級行政庁の下級行政庁への命令であり，行政組織の内部では拘束力を持つが，国民に対して拘束力を持つ法規ではなく，裁判所もそれに拘束されないとされ（金子［2019］116頁），通達自体は法源ではないとされる。この点は最高裁判例（昭和38年12月24日判決）のほか，多くの判決等で言及されている。

通達が法源に該当しない以上，納税者が通達に拘束されることはない（品川［2001］360頁）はずであるが，一方，通達の定める基準が社会通念上妥当であると評価されることを通じて公正処理基準を構成するとの判示[10]も繰り返し行われており，間接的な法源性も指摘される。実務においても，「日々の租税行政は通達に依拠して行われており，納税者の側で争わない限り，租税法の解釈・適用に関する大多数の問題は，通達に則して解決されることになる」（金子［2019］116頁）との指摘もある。すなわち，通達の有する現代的意義は「適正な課税処理の基準を示す事」（原［2007］103頁）にあり，税務執行における法的安定性と予測可能性は税務通達の存在を前提に議論（品川［2001］354頁）されることから，事実上の法源と同様の機能を果たすものと位置付ける（原［2007］102頁）べきともされる。

(2)　通達と公正処理基準との関係

通達が公正処理基準であるか否かという議論はその創設時から見られた。すなわち，事実上通達行政が正当化される危険性の指摘（北野［1967］27頁）や，通達が法人税法22条4項を介した実質的な法的拘束力を有することへの懸念（中川［1967］43頁）であるが，これらの懸念は公正妥当性の

---

(10)　例えば福岡地判平成11年12月21日，名古屋地判平成13年7月16日において，通達それ自体の法源性ではなく，通達の発出から相当期間が経過していること等をもって通達方式が公正処理基準に該当することを指摘し，通達方式での申告を行うべきとの判決を行っている。

判断を課税上の論理で行うべき判示があったことである程度妥当していたようにも思われる。しかし、通達は公正処理基準であるとまで言えるのだろうか。

　本来、法人税法の規定は会計基準との相違に関するものであり、その22条4項は、法人税法の定めのないものについて「一般に公正妥当とされる会計慣行」を参照するとの定めであるにもかかわらず、当該「公正妥当性」を課税目的に照らして判断することは論理矛盾があるように思われる。発出後長期間経過した通達が会計慣行として公正処理基準を形成するとの判示については、通達が公正処理基準のうち税務上容認される解釈や範囲を示している場合、包摂関係であり部分集合として「場合によって構成する」のであって、通達自体が公正処理基準であるわけではないだろう。特に福岡リース事件では、平成10年度税制改正で通達内容を基本的に踏襲した規定が法人税法施行令に新設されたことをもって「本件リース通達の定める基準が公正妥当処理基準にあたることを裏付けるものといえる」（福岡地裁平成11年12月21日）と判示したが、これはむしろ通達が公正処理基準を構成しておらず、税法上の取扱いが企業会計とは異なることを示す必要があったことの表れと言えるだろう。すなわち、平成10年度税制改正におけるリース規定の創設は、通達のままでは税務執行上の困難があることが明確になったことから条文化されたと理解するべきと考えられる。このように理解するのであれば、通達自体の公正処理基準性はむしろ否定されたものとも理解される。

　すなわち、通達とは「会計処理の基準を補完」（東京高裁平成14年3月14日）するものではあるが、その補充により満たされる内容は当然に企業会計目的ではなく、公正な課税計算の実現にある。納税者側も、会計基準に幅のある場合に通達を参照するのは、税法上の許容範囲を確認する意図を持ってのことであり、純粋に企業会計上の具体的処理のあり方の解を求めているわけではないだろう。また、通達の長年の運用で税務基準が会計慣行を形成することはあっても、通達以外の公正処理基準による経理が否定

されるわけではない[11]。加えて，通達が会計慣行となるのに相当期間の実
績を要するということであれば，新たな通達には納税者側に公正処理基準
として参照する価値がないこととなる。

　実際の租税行政においては，「何が公正妥当な会計処理の基準であるか
を判定するのは，国税庁や国税不服審判所の任務であり，最終的には裁判
所の任務である。したがって，この点に関する通達・裁決例・裁判例等は，
企業会計の内容を補充する機能を果たしており，租税会計が逆に企業会計
に影響を与えている」（金子［2019］351頁）ことは事実であろう。しかし，
裁判所や通達等が判断しているのは税法上許容される処理の範囲について
であり，企業会計上の公正妥当性ではない。指摘される「租税会計の企業
会計への影響」とは，例えば減価償却実務で指摘されるような「逆基準」
的影響のことを想定していると思われるが，これは納税者である法人側の
省コスト意識・利便性の観点から税法限度額での経理を行っていることが
主要因であり，税務申告上の利便性とのバランスで許容できる程度の企業
会計上の公正妥当性を犠牲にする経理であろう。そして，税法上企業会計
と異なる処理を要求する場合には本法上に別段の処理を定め，そうでない
部分については企業会計に委ねるとの公正処理基準規定の創設趣旨を踏ま
えれば，法人税法22条4項の示す公正処理基準の公正妥当性は企業会計
上の公正妥当性であるべきである。一方で，通達等に見られる課税庁側の
解釈・判断基準は課税上の公正妥当性を最重視した観点からのものであり
（国税庁［2018a］2頁），両者はベン図の如く共通するものもあれば異なる
こともあると理解すべきと考えられる。通達の規定が公正妥当な企業会計
方法の部分集合である場合には，通達が公正処理基準と一致することとな
るが，通達自体が公正処理基準を構成するのではなく，通達が網羅的であ
るわけでもない。

---

(11)　例えば東京地判平成19年1月31日。電気事業会計規則に従った企業側経理につ
　　　いて行われた通達規定に基づく更正処分等の取消しを求めた事件で，企業側経理
　　　が妥当であると認められた。

　通達はあくまでも法令の解釈として，税務上容認される会計処理の範囲を示したものであり，企業会計上妥当な処理を示すものではない。公正処理基準の導入時の検討に照らしても，公正処理基準はあくまでも企業会計目的において公正妥当なものであり，通達は税法規定に照らして妥当となりうる範囲や方針の解釈を示したものと改めて整理するべきであると思われる。すなわち，通達が事実上の法源の一つを構成していることは現状否定できない事実であるが，それは税法解釈としてであり，公正処理基準としてではないと考えられる。

(3)　販売収益の通則的規定創設後の収益に関する通達の意義

　法人税法 22 条の 2 の創設により，収益認識に関する通達は公正処理基準のうち税法上の容認に関する解釈ではなく，税法規定自体の解釈を行う通達となったことになる。税制改正に伴い収益認識関連の通達が整備されることの意義について，改めて考えておきたい。

　通達の有する現代的意義は，租税行政上の解釈や許容範囲を示すことにあり，かつ，収益認識の通則的規定の創設に伴いその条文の解釈や具体例を示した収益認識関連の基本通達は特に“事実上の法源”として重要性が指摘できる。特に複数の内容の異なる公正処理基準がある場合，納税申告の局面においては，税法規定の解説あるいは許容範囲を示すものとして税務通達を参照せざるを得ないと思われる。実際の納税計算上も，通達がなければ税法規定のみではその取扱いが判然としないものがあり，通達が税法規定の一般的または具体的解釈を示すものとなっている。つまり，全ての事例に必ず適合するとは限らないものの，ある程度は参照に耐えるべきであるし，少なくとも国税庁側が自身の発令した通達についてその適用を否定するのであればその明確な根拠を示すべきであろう。また，その改廃については法的安定性・予測可能性の観点から，税法規定に抵触しない範囲でかつ慎重であるべきで，安易な改廃は厳に慎まれるべきであろう。「何が公正妥当な会計処理の基準であるかを判定するのは，国税庁や国税不服審判所の任務であり，最終的には裁判所の任務である」（金子 [2019]

351頁）が，法的安定性と予測可能性を担保しながら係争コストを削減する意義が通達にあると考えられるためである。

3　経理要件の意義と申告調整の可能性

　以上を踏まえて検針日基準について考えると，検針日基準は長年の実務と通達を背景の一つとして多くの企業に採用されてきた会計処理であり，従来の方針を堅持・明確化する目的で平成30年度税制改正を機に新設された通達規定でもある。月単位での分散検針であれば収益計上時期は1ヶ月のズレを容認して確実性の高い額を計上するか否かの問題であり，継続的にこの方法によるのであれば恣意的な収益計上ともならない。これらの観点から，検針日基準が課税上の収益認識会計基準として公正妥当であるとの課税庁の判断が通達の整備という形で示されたと考えられる。しかし，近接日には経理要件が明示されているほか，複数の有効な選択肢から確定決算において選択した収益認識時期も申告調整による修正が認められないこととされている。では，課税所得計算上公正妥当な収益認識処理に経理要件が付される意義はどのように理解されるだろうか。

　収益認識会計基準は一定の大規模企業のみを対象とする会計基準であって全ての法人の会計処理を法的に拘束するものでもなく，電気事業会計規則を電気事業者の従うべき公正処理基準の一つとした判示からすれば，電気事業会計規則から検針日基準の記載がなくならない限り一定の電気事業者にとって検針日基準は強制力のある公正処理基準となる。しかし，電気事業会計規則の改正が行われた場合や電気事業者以外の大規模事業者にとっては，検針日基準は公正処理基準とはならない可能性が指摘できる。そして，経理要件が付される限り，収益認識会計基準に準拠する一定の電気事業者以外の企業は課税所得計算を検針日基準により行えないか，あるいは課税所得計算を検針日基準で行うために企業会計経理上検針日基準を選択することになる。

　経理要件は，内部取引に基づく費用の計上額を法人の自由意志に委ね，

148

その最終的な意思表示は確定した決算により行うべきとの観点から設けられており，そのため一旦表示した意思は申告の際に変更修正することはできないとされる（前原［2005］149頁）。収益経理についても同様との見解（国税庁［2018a］62頁）も，ここから導かれると思われる。しかし，償却費や交際費，寄附金など，確定した決算において異なる費目で経理していても所得計算においては該当費目で経理したものとみなす等の取扱いもあり，現行制度においても確定決算の経理が常に課税所得計算上維持されるとは限らない。

　また，収益認識会計基準における課税所得計算上の課題の中心は見積もり要素の適否すなわち課税可能性の確度にあると思われるが，経理要件を厳格に保持したまま法人税法で会計処理の選択肢の限定を図れば，税法が企業会計を統制することとなる。そして，その税法規定の許容範囲を示す具体的解釈を通達で示すなら，公正処理基準の部分集合である通達が企業会計経理の選択を指示するも同然となる。会計が複数の選択肢を設けても，通達の示す方法で決算を行うべきとなれば，それはまさしく通達行政となり，税務目的での企業会計経理を要請するのに等しくなる。

　この問題に対応するためには，税務基準の範囲での申告調整の拡大（前原［2005］166頁）を認めることが検討されるべきであろう。すなわち，通達行政への懸念を払拭するためにも，法人の意思の確認は申告調整によって行う（前原［2005］167頁）こととし，企業会計経理を税法容認範囲で変更する申告修正を一定程度認めるべきと考えられる。そしてその際，税法解釈を示す通達も事実上の法源として申告調整の容認範囲に含むことが検討されうると思われる。

　課税所得計算と企業会計利益計算とは，出資者に帰属する余剰を示すという点で本質的に一致しており，税制が企業利益を前提として構成する（塩崎［1967］5頁）に足る性質は，現状においても保たれていると思われる。しかし，会計目的と税務目的が本質的に一致することと，部分的に不一致であることは別の問題であろう。そして，経理要件は会計経理を尊重

してこれと一致すべき場合にのみ意義があることになる。

　法人税における実現概念の維持は，課税可能性や納税資金への配慮があったことが窺われ，業績表示や比較可能性の観点から見積計上を積極的に行う企業会計との調整は必要であり，改めて検討するべき課題であると思われる。その中でも税務規定が逆基準とならないよう，経理要件の是非と申告調整の拡大範囲について，改めて課税所得と企業会計利益の距離についての確認・検証がなされる必要があると考えられる。

【主要参考文献】

金子宏［2019］『租税法［第 23 版］』弘文堂

企業会計審議会特別部会［1966］「税法と企業会計との調整に関する意見書」『産業経理』第 26 巻第 11 号

北野弘久［1967］「昭和 42 年度税法改正への若干の疑問—第 55 回国会公述要旨—」『税法学』第 198 号

国税庁［2018a］「平成 30 年 5 月 30 日付課法 2-8 ほか 2 課共同「法人税基本通達等の一部改正について」（法令解釈通達）の趣旨説明」

国税庁［2018b］「「収益認識に関する会計基準」への対応について〜法人税関係〜」

塩崎潤［1967］「税制簡素化の実施にあたって」『税経通信』第 22 巻第 5 号

品川芳宣［2001］「租税法律主義の下における税務通達の機能と法的拘束力」『現代企業法学の研究』信山社

武田昌輔編［1979-］『DHC コンメンタール法人税法』第一法規

電気事業連合会［2017］「「収益認識に関する会計基準（案）」及び「収益認識に関する会計基準の適用指針（案）」に関する意見について」

電気事業連合会［2020］「収益認識に関する会計基準における電気料金の見積りの取扱いについて」

中川一郎［1967］「法人税法 22 条 4 項に関する問題点」『税法学』第 199 号

日本ガス協会［2020］「収益認識に関する会計基準におけるガス料金の見積りの取扱いについて」

原省三［2007］「公正処理基準と通達との関係について—東京地裁平成 19 年 1 月 31 日判決を契機として—」『税大ジャーナル』第 6 号

藤田泰弘他［2018］「法人税法等の改正」『改正税法のすべて平成 30 年版』大蔵財務協会

前原真一［2005］「法人税法の損金経理要件について」『税務大学校論叢』第 48 号

税制調査会［1996］「平成 8 年 11 月法人課税小委員会報告」

第6章　追加の財又はサービスを取得するオプションの付与
―ポイントプログラム等―

横浜国立大学大学院教授　齋藤　真哉

Ⅰ　問題の所在

　企業会計基準委員会より平成30年3月30日付けで公表された企業会計基準第29号「収益認識に関する会計基準」（以下，収益認識会計基準）及び企業会計基準適用指針第30号「収益認識に関する会計基準の適用指針」（以下，収益認識適用指針）においては，顧客との契約から生じる収益に関する会計処理及び開示について定めが設けられている。そして収益認識は，大きく5つのプロセスにより，行われる。5つのプロセスとは，契約の識別，履行義務の識別，取引価格の算定，履行義務への取引価格の配分，履行義務の充足に従った収益認識である。すなわち，会計上，収益認識は，履行義務を単位として行われる。

　この収益認識の単位となる履行義務の識別について，課題の1つとなる事項に，「追加の財又はサービスを取得するオプションの付与」がある。ここにいう「追加の財又はサービスを取得するオプション」とは，顧客との契約において，追加の財又はサービスを取得するオプションを顧客に付与する場合を指している。そしてこうした追加の財又はサービスには，販売インセンティブ，顧客特典クレジット，契約更新オプションや将来の財

又はサービスに対するその他の値引き等が含まれる。これらのなかには，いわゆるポイントプログラム等のカスタマー・ロイヤルティ・プログラム等も含まれる。また重要な権利を顧客に提供する場合としては，「追加の財又はサービスを取得するオプションにより，顧客が属する地域や市場における通常の値引きの範囲を超える値引きを顧客に提供する場合」(収益認識適用指針，48項) が例として挙げられている。

こうした追加のオプションを顧客に付与する場合で，そのオプションが重要な権利を顧客に提供するときは，「顧客は実質的に将来の財又はサービスに対して企業に前払いを行っているため，将来の財又はサービスが移転する時，あるいは当該オプションが消滅する時に収益を認識する」(収益認識適用指針，140項) こととなる。一方，重要性が乏しい場合には，独立した1つの履行義務として識別することは求められていない (収益認識適用指針，93項)。

そこで，収益認識に関わって，まず課題となるのは，顧客に付与された追加のオプションを独立した別個の履行義務として識別するのか否かである。さらに追加の財又はサービスを別個の独立した履行義務として識別する場合には，その履行義務への取引価格の配分をいかに行うのかが課題となる。

以下において，追加の財又はサービスを取得するオプションを顧客に付与した場合について，具体的には，日本に特有な取引として取り上げられるポイントプログラムを中心に取り上げて，収益認識会計基準及び収益認識適用指針の取扱いを明らかにする。その上で，税務上，収益認識会計基準等への対応がいかに行われているのかを確認することにしたい。それらを踏まえて，追加の財又はサービスの提供を顧客が取得するオプションの付与に関わる取扱いに内在する会計と税務の考え方の相違を浮き彫りにしたい。

Ⅱ　ポイントプログラムの基本的類型

　ポイントプログラムは，買い物をした金額や来店回数等に応じたポイントを顧客に付与し，そのポイント数に応じて値引きをしたり，商品や景品，サービス等と交換したりするプログラムを指す。ポイントプログラムは，日本においては，ポイント・サービス，ポイント制度，さらに航空業においてはマイレージ・プログラムなどと呼ばれている。ポイントプログラムを広義で捉える場合，グローバルには，カスタマー・ロイヤルティ・プログラム（Customer Loyalty Program）と呼ばれている。日本では，より広く一般に使用されていると思われるポイントプログラムという用語を，広義のカスタマー・ロイヤルティ・プログラムと同義として，以下，使用することにする。

　ポイントプログラムの狙いは，元来，「まさに顧客のロイヤルティ（忠誠）を得ること，すなわち顧客を自社に囲い込んで売上高の増加を達成することにある」[1]と言える。いわば，特定の企業がポイントを付与し，その企業がそのポイントに応じる財又はサービスの提供を行うという「独立型ポイントプログラム」である。

　しかし，そのポイントの付与の方法や値引きや商品等との交換方法について多様性が進展してきた。近年では，インターネットでの閲覧やアプリケーションのダウンロード，街中の歩行，株式の保有等によってもポイントが付与される場合もあり，またポイントと引き替えられる財又はサービスについても，商品や景品の引渡しや商品等の代金の値引き，送料の無料化，さらにはキャッシュバック等があり，ポイントプログラムの複雑性や多様性が一層高くなっている。そして提携されている複数の企業の範囲内であれば，ポイントを付与した企業とは異なる企業からであっても，財又

---

(1)　海保英孝「ポイント・プログラムをめぐる経営の諸問題について」『成城・経済研究』第187号（2010年2月），120頁。

はサービスの提供を受けることができる「提携型ポイントプログラム」が
拡がりを見せている。いわば，独立型から提携型へと，ポイントプログラ
ムは発展してきている[2]。同時にポイントプログラムは，小売業や飲食業
のみならず，航空業，通信業等，極めて多くの業種において幅広く利用さ
れており，その経済的重要性は一層高まっている。

　独立型と提携型について，その基本的な構造を図1において示している。
提携型については，提携企業に対してポイント使用する場合のほか，運営
企業に直接にポイント使用が行われる場合もあり，多様性が認められる[3]。

図1：ポイントプログラムの2つの基本的類型

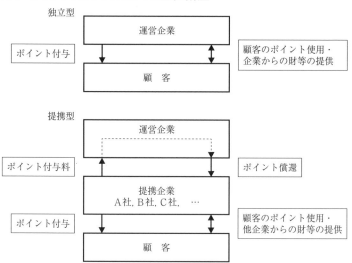

---

(2)　ポイントプログラムの歴史的発展については，次の文献に詳しい。
　　　石井理恵子，田中弘「ポイントプログラムの会計処理」『商経論叢』(神奈川大学)
　　　第48巻第3号 (2013年3月)，22-23頁。
　　　海保英孝，前掲論文，120-122頁。
(3)　例えば，次の文献において，提携型の具体的な事例が紹介されている。
　　　中村亮介，大雄智，岡田幸彦「提携型ポイントプログラム会計の実証分析」『会計
　　　プログレス』第13号 (2012年9月)，76-81頁。

　ポイントプログラムは，顧客の囲い込み，さらに新規顧客の獲得等といった販売促進を目的としていることは明らかである。ただし，顧客が得るそのポイントに係る経済的価値を考慮するならば，企業にあっても単に販売促進に関わる事象としてのみ把握することに問題が生じているのが現状であろう。

Ⅲ　ポイントプログラムの会計処理の課題

　ポイントプログラムは，既述のとおり，顧客に自社商品等を購入するインセンティブを与えることで販売促進を図ることを目的としている。そのため，日本においては，収益認識会計基準等が設定される前までは，財又はサービスの引渡時点で取引価格により収益を計上し，ポイントプログラムに基づく付与済のポイント（オプション）に相応する金額を費用計上し，引当金として負債計上する実務が広く行われてきた[4]。しかしポイントプログラムの経済的影響の増大に鑑み，また国際財務報告基準（IFRS）第15号「顧客との契約から生じる収益（Revenue from Contracts with Customers）」（以下，IFRS15）の内容を国内基準化する過程のなかで，IFRSにおけるそうしたオプションの収益認識に関する規定との相違に存在があることで，その会計処理を見直す必要に迫られることになった。

　IFRSとの相違とは，具体的には，IFRSのガイドラインとして公表されている国際財務報告解釈指針委員会（IFRIC）の解釈指針第13号「カスタマー・ロイヤルティ・プログラム」（以下，IFRIC13）では，追加的財又はサービスを顧客が得るオプションを特典クレジットと表現しているが，「特典クレジットを，それらが付与された販売取引（当初の売上）の独立した識別可能な構成要素として会計処理しなければならない。」（IFRIC13, par.5）としていた。そして収益認識については，独立型の場合は「特典ク

（4）　企業会計基準委員会「顧客との契約から生じる収益に関する論点の整理」平成23年1月，250項。

156

レジットに配分された対価を収益として認識しなければならない。」
（IFRIC13, par.7）としている。一方，提携型の場合，自らが受け取った対
価と第三者にその特典の提供に係る対価として支払う金額との差額を，当
該第三者がその特典を提供する義務を負うこととなり，かつそれに対する
対価を受け取ることができるときに，収益として認識することが求められ
ていた（IFRIC13, par.8）。すなわち，独立型にせよ，提携型にせよ，追加
的財又はサービスのオプション（特典クレジット）を，対価，すなわち売価
をベースにして，収益認識を繰り延べる処理が求められていた。

　費用の引当処理と収益の繰延処理の相違は，利益計算上の費用のプラス
か，収益のマイナスかの問題に留まらない。引当処理の場合，費用計上と
なるため，利益計算におけるキャッシュフロー制約[5]を踏まえるならば，
費用の引当処理は支出に基づく金額により，収益の繰延処理は収入に基づ
く金額により処理される。すなわち，費用の引当処理は原価ベース，収益
の繰延処理は売価ベースとなる。そのため，両者の相違は，利益の額にも
影響が及ぶ問題となる。日本において従来広く行われていた費用の引当処
理から，IFRS に合わせる方向での収益の繰延処理への変更は，原価より
も売価の方が利益を含む分だけ大きいことを前提とする限り，結果的に，
利益の遅延認識をもたらすことになる。

IV　追加の財又はサービスを取得するオプションに係る　会計処理～収益認識会計基準等に基づいて～

1　収益認識の単位～別個の履行義務としての要件の充足～

　収益認識適用指針によれば，追加の財又はサービスを顧客が取得するオ

---

(5)　各会計期間の収益や費用は，企業が存続する全期間の損益に関わる実際のキャッシュフロー（収入と支出）の金額を，配分されたものであり，かかる意味において収益や費用はキャッシュフローの制約を受けることになる。齋藤真哉『現代の会計』放送大学教育振興会，2020 年，111-113 頁。

プションについては，その追加される前の契約を締結しなければ顧客が受け取ることができない重要な権利を顧客に提供するときには，そのオプションを独立した履行義務として識別することが求められている（収益認識適用指針，48項）。

　履行義務の識別に関して，収益認識会計基準では，履行義務は「顧客との契約において，次の（1）又は（2）のいずれかを顧客に移転する約束をいう。（1）別個の財又はサービス（あるいは別個の財又はサービスの束），（2）一連の別個の財又はサービス（特性が実質的に同じであり，顧客への移転のパターンが同じである複数の財又はサービス）」（収益認識会計基準，7項）と定義されている。

　そのため，別個の財又はサービスであると判断される場合に，独立した1つの履行義務として収益認識の単位となる。換言するならば，顧客に対して別個の財又はサービスを移転するものとして識別された企業の約束が，履行義務であり，それが収益認識単位となる。そして別個の財又はサービスであると判断される要件は，次の2つであり，両者を満たすことが求められている（収益認識会計基準，34項）。

　　「(1)　当該財又はサービスから単独で顧客が便益を享受することができること，あるいは，当該財又はサービスと顧客が容易に利用できる他の資源を組み合わせて顧客が便益を享受することができること（すなわち，当該財又はサービスが別個のものとなる可能性があること）

　　　(2)　当該財又はサービスを顧客に移転する約束が，契約に含まれる他の約束と区分して識別できること（すなわち，当該財又はサービスを顧客に移転する約束が契約の観点において別個のものとなること）」

　すなわち，(1)単独での便益享受と(2)区分可能性である。なお区分可能性は，「当該約束の性質が，契約において，当該財又はサービスのそれぞれを個々に移転するものか，あるいは，当該財又はサービスをインプットとして使用した結果生じる結合後のアウトプットを移転するものか」（収益認識適用指針，6項）により判断される。

158

　そして既述のとおり，顧客に付与される追加の財又はサービスを取得するオプションが別個の履行義務として取り扱われるのは，顧客に重要な権利を提供する場合に限られる。収益認識会計基準等においては，重要な権利を提供する場合として，一般化された要件が基準上で示されているわけではなく，例示のみとなっている。収益認識適用指針の本文及び設例によれば，顧客が属する地域や市場での通常の取引における値引きに比して大幅な値引きがある場合が挙げられている（収益認識適用指針，48項，設例21・22・29）。

　一方，収益認識会計基準等のもととなっているIFRS15では，その前文において，当該基準は，その目的や結論の根拠のほか，「財務報告に関する概念フレームワーク（Conceptual Framework for Financial Reporting）」（以下，IASB概念フレームワーク）に照らして解釈すべきであることが述べられている。そこで重要性についての考え方は，概念フレームワークにおける記述が機能するものと思われる。IASB概念フレームワークのなかで，重要性は，「有用な財務情報の質的特性（Qualitative characteristics of useful financial information）」のなかに位置づけられている[6]。「重要性がある」について，「その脱漏又は虚偽表示により，特定の報告主体に係る一般目的財務報告の主要な情報利用者がその報告に基づいて行う意思決定に影響を与えうる場合，情報は重要である。」（IASB概念フレームワーク，par.2.11）と定義されている。そして重要性については，統一的な量的閾値（quantitative threshold）や特定の状況下での重要性について予め決定することはできない（IASB概念フレームワーク，par.2.11）としている。いわば，

(6)　IASBの概念フレームワークの改訂作業は，2004年よりアメリカのFASBと共同で着手された。2010年に「財務報告の目的」と「有用な財務情報の質的特性」を完成させた後，共同作業は解消された。「重要性」の定義は，有用な財務報告の質的特性に含まれている。概念フレームワークの残りの内容の改訂作業をIASBは進め，2018年3月に新たな「財務報告に関する概念フレームワーク」を公表している。そしてそれを受けて，2018年10月に「重要性がある」の定義について，IAS第1号やIAS第8号の改訂を行っている。

重要性は，個々の報告主体（企業）がその状況に応じて，情報利用者の意思決定との関わりにおいて判断されることになる。

そこで，顧客に重要な権利を付与しているか否かについては，日本にあってもそれぞれの企業の財務報告の文脈のなかで判断されるものと理解すべきであろう[7]。

2　取引価格の配分

取引価格の算定は，「財又はサービスの顧客への移転と交換に企業が権利を得ると見込む対価の額」（収益認識会計基準，47項）による。同様に，それぞれの履行義務に対する取引価格の配分は，「財又はサービスの顧客への移転と交換に企業が権利を得ると見込む対価の額を描写するように行う。」（収益認識会計基準，65項）ことが求められている。

追加の財又はサービスを取得するオプションが，顧客に重要な権利を与えるものとして別個の履行義務として取り扱われる場合も同様に，取引価格の配分が行われる。そのオプションへの取引価格の配分は，識別されたそれぞれの履行義務の場合と同様に，独立販売価格の比率に基づいて行うこととされている（収益認識会計基準，66項）。無論のことながら，追加の財又はサービスを取得するオプションが，その独立販売価格を反映する価格で顧客により取得される場合には，既存の契約の取引価格をその追加の財又はサービスに対するオプションに配分する必要性はなくなる。換言するならば，追加の財又はサービスを取得するオプションが，それの独立販売価格を反映する価格で顧客に付与されるならば，その追加される前の契約を締結しなければ顧客が受け取ることができない重要な権利を顧客に提

---

(7)　日本の概念フレームワークとしては，現在，企業会計基準委員会の討議資料として位置づけられている「財務会計の概念フレームワーク」（2006年12月最終アップデート）が存在している。ただしこの中では，「重要性」の定義はなされていない。それは，「情報価値」に内包される特性であって，情報利用者の意思決定に関連しない場合は必然的に情報価値はなく，重要性がないと理解されているものと思われる。

160

供するものとは言えない。

　また，そのオプションの独立販売価格を直接に観察できない場合には，独立販売価格を見積もる必要が生じる。そのオプションの独立販売価格は，そのオプションの行使時に顧客が得られるであろう値引きについて，次の2つの要素を反映して，見積もることとされている。

　「(1) 顧客がオプションを行使しなくても通常受けられる値引き

　(2) オプションが行使される可能性」（収益認識適用指針，50項）

　上記のオプションが行使される可能性を反映することとは，例えば，将来1ポイント当たり1円の値引きを行うというポイントプログラムの場合に，顧客に付与したポイント数が10,000であるとしても，使われると見込まれるポイント数が9,500であるならば，9,500円（1円×9,500ポイント）をもって独立販売価格を見積もることである。こうして見積もられた独立販売価格に基づいて，取引価格の配分を行うことが要請されている。

　なお，追加提供される財又はサービスが，契約当初の内容と類似し，かつ，当初の契約条件に従って提供される場合は，独立販売価格を見積もることなく，提供されると見込まれる財又はサービスの予想される対価に基づいて，取引価格を配分することが認められている（収益認識適用指針，51項）。

　追加の財又はサービスを取得する権利を顧客に付与する場合について，その基本となる会計処理を概観してきたが，以下においては，ポイントプログラムを中核に，具体的にその会計処理を確認し，会計上の課題を明らかにしたい。

3　ポイントプログラムの会計処理

　顧客に付与される追加の財又はサービスを取得するオプションが別個の履行義務として識別されることを前提として，ポイントプログラムについて，独立型と提携型のそれぞれについて，収益認識会計基準等における規程に基づいた会計処理を確認することにしたい。

(1)　独立型の場合

　独立型の場合，そのポイントプログラムの運営企業が商品等の販売を行った際にポイントを付与し，将来において顧客がそのポイントを使用するときにその企業が自らの商品等を引き渡すことになる。

　この場合，当初，自社商品等を販売し，その対価に応じたポイントを付与したときには，受け取った対価を引き渡した商品等の部分と付与したポイントに対する部分にそれぞれの独立販売価格を基礎として配分し，ポイントに対する部分については，将来商品等を引き渡す義務があるとして，「契約負債」として負債計上することとなる。仕訳で示すならば，次のとおりである。

　　• ポイント付与時

　　　（借）現金　　　　　　×××　　　（貸）売上　　　　　　×××
　　　　　　　　　　　　　　　　　　　　　　契約負債　　　　　×××

　なお，対価の配分に際しては，その対価に変動対価[8]の要素が含まれている場合には，それを考慮することになる。付与されたポイントについては，将来に顧客により行使されない部分を考慮することが求められる。正確には，顧客が権利行使しないポイントについて，顧客が権利行使するパターンと比例的に収益認識することになる（収益認識適用指針，54項）。

　そして顧客がポイントを使用したときには，使用されたポイント契約負債を減少させ，売上を認識することになる。仕訳で示すならば，次のとおりである。

　　• ポイント使用時

　　　（借）契約負債　　　　×××　　　（貸）売上　　　　　　×××

　なお，付与されたポイントがすべて使用されていない場合には，使用見込みポイントに占める使用ポイントの割合にて，契約負債に配分された対

---

(8)　変動対価とは，「顧客と約束した対価のうち変動する可能性のある部分」（収益認識会計基準，50項）であるが，その見積りは，「最頻値」又は「期待値」のいずれか適切な方法を用いることとされている（収益認識会計基準，51項）。

162

価部分を収益認識することになる。

　以上の会計処理を，簡単な具体的数値を用いて概観することにする[9]。

【設例 1】独立型の場合

（条件）

・A社は，自らの商品を販売する際に，その対価の10％をポイントとして顧客に提供している。このポイントについては，将来A社の商品を購入する際に，1ポイント当たり1円の値引きを顧客は受けることができる。

・このポイントプログラムに係る追加の財又はサービスが提供されるオプションは，独立した別個の履行義務として識別する。

・X1年度中に，A社は顧客に商品100,000円を現金で売却し，その顧客にポイント10,000ポイントを付与した。この10,000ポイントのうち，顧客が使用すると見込まれるのは9,500ポイントである。

・X1年度中に，5,000ポイントが使用された。

・円未満は四捨五入する。

（会計処理）

・商品販売時

　（借）現金　　　　　100,000　　（貸）売上　　　　　91,324
　　　　　　　　　　　　　　　　　　　契約負債　　　　　8,676

　※売上：91,324 = 100,000 × {100,000 ÷ (100,000 + 9,500)}
　　契約負債：8,676 = 100,000 × {9,500 ÷ (100,000 + 9,500)}

・ポイント使用時

　（借）契約負債　　　　4,566　　（貸）売上　　　　　4,566

　※売上：4,566 = 8,676 × (5,000 ÷ 9,500)

(2)　提携型の場合

　提携型の場合，そのポイントを付与した企業とは別の提携企業に対して

---

(9)　収益認識適用指針の設例22を参照しつつ，数値例を設定している。

顧客はポイント使用して商品等を得ることができる。こうした提携型ポイントプログラムの場合，その運営企業を通じて，ポイント付与企業から顧客がポイント使用した企業にその使用されたポイントに応じた金額が支払われることになる。

この場合，当初，商品等を販売し，その対価に応じたポイントを付与した企業にあっては，付与したポイントに対して支払うことになる金額を「未払金」として処理することになる。運営企業に支払う金額が確定債務の状態であることを所与とするならば，商品の売上は対価からその未払金の額を控除した額となる。

仕訳で示すならば，次のとおりである。

• 商品販売・ポイント付与時

（借）現金　　　　　×××　　（貸）売上　　　　　×××
　　　　　　　　　　　　　　　　　　未払金　　　　×××

そしてポイント付与企業が，運営企業に対して付与したポイントに応じた金額を支払ったときは，未払金を減少させることになる。仕訳で示すならば，次のとおりである。

（借）未払金　　　　×××　　（貸）現金　　　　　×××

一方，顧客がポイントを他の提携企業で使用したときには，運営企業を通して，使用されたポイントに応じて受け取ることができる金額を「未収金」とし，同額を売上として収益認識することになる。

• ポイント使用時（提携他企業）

（借）未収金　　　　×××　　（貸）売上　　　　　×××

以上の会計処理を，簡単な具体的数値を用いて概観することにする[10]。

---

(10)　収益認識適用指針の設例29を参照しつつ，数値例を設定している。

【設例2】提携型の場合

（条件）

・B社とC社は，Y社が運営するポイントプログラムに参加している。

　このポイントプログラムでは，提携企業が商品を販売する際に，その対価の5％をポイントとして顧客に提供している。このポイントは，将来，提携している他の企業においても，1ポイント当たり1円として使用することができる。ポイントを付与した提携企業は運営企業Y社に対して1ポイント当たり1円を支払うことになっている。一方，ポイントが顧客により使用された提携企業は，運営企業Y社から1ポイント当たり1円を受け取ることができる。

・このポイントプログラムに係る追加の財又はサービスが提供されるオプションは，独立した別個の履行義務として識別する。

・B社とC社のあいだには，上記以外の権利及び義務は生じない。

・X1年度中に，B社は顧客に商品100,000円を現金で売却し，その顧客にポイント5,000ポイントを付与した。同時に，B社は，Y社にポイント付与の旨を連絡した。

・X1年度中に，C社が商品（売価：8,000円）の販売を行う際に，上記5,000ポイントが使用され，5,000円の値引きが行われた。

（会計処理）

・B社における商品販売時

（借）現金	100,000	（貸）売上	95,000
		未払金	5,000

　※売上：95,000 = 100,000 − 5,000

・B社がY社への支払時

（借）未払金	5,000	（貸）現金	5,000

・C社においてポイント使用時

（借）現金	3,000	（貸）売上	8,000
未収金	5,000		

　加えて，売上高や使用料に基づくポイントの場合，不確実性が解消されるまで，そのポイントに係る収益を認識しないこととされている（収益認識適用指針，67項）ことを付言しておきたい。

4　その他の追加の財又はサービスを取得するオプションの例〜更新オプションの場合〜

　追加の財又はサービスを取得するオプションを顧客に付与する場合は，ポイントプログラムに限定されるものではない。他の例として，更新オプションを取り上げることにする。むろんのことながら，収益認識に係る会計処理の考え方は，ポイントプログラムの場合と同様である。

　ここにいう更新オプションとは，例えば，顧客が購入した製品について，メンテナンス・サービスを1年間受ける契約を締結しているが，その1年間終了時までに一定の金額を追加的に支払うことにより，さらにメンテナンス・サービスを継続して一定期間受けることができるというオプションが製品購入時に付与されている場合である。

　こうした更新オプションが，独立した別個の履行義務として識別されるには，重要な権利を顧客に与えるオプションであると判断されなければならない。更新オプションが重要な権利であると判断されるものとしては，例えば，当初，製品を購入したときにメンテナンス・サービスの契約を締結することなく，製品の購入後2年目以降に別途メンテナンス・サービスの契約を締結するならば，更新オプション行使の際の支払額と比較して，著しく高い額を支払わなければならない場合などを挙げることができる。

　そして，こうした更新オプションのような場合，この「オプションの独立販売価格を見積らず，提供されると見込まれる財又はサービスの予想される対価に基づき，取引価格を当該提供されると見込まれる財又はサービスに配分することができる。」（収益認識適用指針，51項）とされている。具体的数値例[11]で確認することにしたい。

【設例3】更新オプションの場合
（条件）
・D社は，顧客が製品を購入する際に，1年間のメンテナンス・サービスを 500,000 円で提供する契約を締結した。この契約には，1年経過後までに追加で 500,000 円を支払うことで，メンテナンス・サービスをもう1年延長して受けることができるオプションが付帯している。
・この更新オプションは，重要な追加のサービスであると判断される。
・X1年度中に，D社の製品を購入し，上記更新オプション付きの1年間のメンテナンス・サービスを契約した顧客は 100 社あった。この 100 社のうち，更新オプションを行使すると見込まれるのは，80 社である。
・D社は，契約における取引開始日において，契約全体の予想される対価総額を，90,000,000 円（＝ 500,000 円× 100 社＋ 500,000 円× 80 社）と見積もった。そしてD社は予想されるコストの総額に対して発生したコストの比率に基づいて収益を認識することとした。
　X1年度とX2年度の1契約当たりの予想コストは，次のとおりである。
　　　　X1年度：300,000 円，　　　X2年度：400,000 円
　2年目の方が，1年目に比べて多くのメンテナンスが発生すると予想している。そこで予想コスト総額は，62,000,000 円（＝ 300,000 円× 100 社＋ 400,000 円× 80 社＝ 30,000,000 円＋ 32,000,000 円）である。
・円未満は四捨五入して計算する。
（会計処理）
・X1年度とX2年度に認識される収益の額は，次のとおりである。
　X1年度：43,548,387 円
　　　（＝ 90,000,000 円×（30,000,000 円÷ 62,000,000 円））
　X2年度：46,451,613 円
　　　（＝ 90,000,000 円×（32,000,000 円÷ 62,000,000 円））

(11)　収益認識適用指針の設例 21 を参照しつつ，数値例を設定している。

- 契約における取引開始日
   （借）現金　　　　　　50,000,000　　（貸）契約負債　　　　50,000,000
- X 1 年度末（見積りどおりのオプション行使数であった。）
   （借）契約負債　　　　43,548,387　　（貸）売上　　　　　　43,548,387
   （借）現金　　　　　　40,000,000　　（貸）契約負債　　　　40,000,000
- X 2 年度末
   （借）契約負債　　　　46,451,613　　（貸）売上　　　　　　46,451,613

V　追加の財又はサービスを取得するオプションに係る税務上の取扱い

1　法人税法における収益認識会計基準への対応

　法人税法においては，収益認識会計基準の設定を受けて，法人税法第 22 条の 2 により対応が図られたことは周知のとおりである。法人税法では基本的には，収益認識会計基準等の考え方や処理を受け入れる方向で対応された。しかし，企業会計の考え方や処理を全面的に受け入れたわけではない。例えば，変動対価について，返品の可能性を考慮しない（法人税法第 22 条の 2 第 5 項）としていることは，「収益認識の単位」である履行義務について，企業会計の考え方は採用されていないことの証左である。

　そして追加の財又はサービスを取得するオプションの付与に対しては，平成 30 年 5 月 30 日付けで公表された改正法人税基本通達により，対応が図られた。以下においては，追加の財又はサービスを取得するオプションに係る税務上の取扱いとして，次の基本通達を取り上げる。

- ポイント等を付与した場合の収益の計上の単位
   　　　基本通達 2-1-1 の 7（以下，基通 2-1-1 の 7）
- 自己発行ポイント等の付与に係る収益の帰属の時期
   　　　基本通達 2-1-39 の 3（以下，基通 2-1-39 の 3）

　基通 2-1-1 の 7 は，別個の履行義務として収益認識・計上の単位となる

要件が示されており，基通2-1-39の3により収益の認識時期が示されている。

2　収益の認識・計上の単位

　収益認識会計基準等ではその契約を締結しなければ顧客が受け取れない「重要な権利」を顧客に提供するときに，追加の財又はサービスを取得するオプションを独立した別個の履行義務として識別し，収益認識の単位とすることが求められている。

　それに対して基通2-1-1の7では，資産の販売等に伴い，自己発行ポイント等を顧客に付与する場合には，以下に掲げる（1）から（4）の4つの要件のすべてを満たすときは，継続適用を条件として，その自己発行ポイント等について，当初の資産の販売等とは別個の履行義務として，将来の取引に係る収入の一部又は全部の前受けとすることができるとしている。

　「(1)　その付与した自己発行ポイント等が当初資産の販売等の契約を締結しなければ相手方が受け取れない重要な権利を与えるものであること。

　(2)　その付与した自己発行ポイント等が発行年度ごとに区分して管理されていること。

　(3)　法人がその付与した自己発行ポイント等に関する権利につきその有効期限を経過したこと，規約その他の契約で定める違反事項に相手方が抵触したことその他の当該法人の責に帰さないやむを得ない事情があること以外の理由により一方的に失わせることができないことが規約その他の契約において明らかにされていること。

　(4)　次のいずれかの要件を満たすこと。

　イ　その付与した自己発行ポイント等の呈示があった場合に値引き等をする金額（以下2-1-1の7において「ポイント等相当額」という。）が明らかにされており，かつ，将来の資産の販売等に際して，たとえ1ポイント又は1枚のクーポンの呈示があっても値引き等をすることとされ

ていること。

(注)　一定単位数等に達しないと値引き等の対象にならないもの，割引券（将来の資産の販売等の対価の額の一定割合を割り引くことを約する証票をいう。）及びいわゆるスタンプカードのようなものは上記イの要件を満たす自己発行ポイント等には該当しない。

ロ　その付与した自己発行ポイント等が当該法人以外の者が運営するポイント等又は自ら運営する他の自己発行ポイント等で，イに該当するものと所定の交換比率により交換できることとされていること。

(注)　当該自己発行ポイント等の付与について別の取引に係る収入の一部又は全部の前受けとする場合には，当初資産の販売等に際して支払を受ける対価の額を，当初資産の販売等に係る引渡し時の価額等（その販売若しくは譲渡をした資産の引渡しの時における価額又はその提供をした役務につき通常得べき対価の額に相当する金額をいう。）と，当該自己発行ポイント等に係るポイント等相当額とに合理的に割り振る。」（基通2-1-1の7）

4つの要件のうち，(1)は収益認識会計基準等が求めている「重要な権利の付与」の場合のみ，別個の履行義務として取り扱うことは，同一である。(4)のイとロはそれぞれ独立型と提携型についての要件が示されている。そしてその注において対価の配分を行うことが示されている。これらの要件並びに要求は，一定の要件を満たした場合に別個の収益認識・計上の単位とすることを強制するか任意とするかの相違はあるが，収益認識適用指針における内容と基本的に同様である。

そして(2)は，自己発行ポイント等に係るオプションの行使の可能性及び金額を把握する上で，会計処理上も必要となる事項である。しかし，基通2-1-1の7で処理上の要求事項ではなく，別個の履行義務として収益認識・計上の単位と認められるための要件に加えたことは，基通2-1-39の3との関連があるものと思われる。すなわち，後述するとおり，一定の期間が経過した場合に，そのポイント等の使用がないとしても益金算入することが求められているため，ポイント等の付与からの期間が把握されていることが要件となっていると考えられる。

170

また（3）は，ポイント等の発行側が一方的にポイント等に関わる権利を消滅させることができないという法的な裏付けを求めているものである。法的安定性を考慮した要件であると言える。

3　前受けとしてのポイント等の収益認識の時期

　基通 2-1-39 の 3 では，前受けとして処理されたポイント等についての益金算入の時期が示されている。

　「法人が 2-1-1 の 7 の取扱いを適用する場合には，前受けとした額は，将来の資産の販売等に際して値引き等（自己発行ポイント等に係る将来の資産の販売等を他の者が行うこととなっている場合における当該自己発行ポイント等と引換えにする金銭の支払を含む。以下 2-1-39 の 3 において同じ。）をするに応じて，その失効をすると見積もられる自己発行ポイント等も勘案して，その値引き等をする日の属する事業年度の益金の額に算入するのであるが，その自己発行ポイント等の付与の日（適格組織再編成により当該自己発行ポイント等に係る契約の移転を受けたものである場合にあっては，当該移転をした法人が当該自己発行ポイント等を付与した日）から 10 年が経過した日（同日前に次に掲げる事実が生じた場合には，当該事実が生じた日）の属する事業年度終了の時において行使されずに未計上となっている自己発行ポイント等がある場合には，当該自己発行ポイント等に係る前受けの額を当該事業年度の益金の額に算入する。（平 30 年課法 2-8「二」により追加）

　(1)　法人が付与した自己発行ポイント等をその付与に係る事業年度ごとに区分して管理しないこと又は管理しなくなったこと。

　(2)　その自己発行ポイント等の有効期限が到来すること。

　(3)　法人が継続して収益計上を行うこととしている基準に達したこと。

　(注)

　1　本文の失効をすると見積もられる自己発行ポイント等の勘案を行う場合には，過去における失効の実績を基礎とする等合理的な方法により見積もられたも

のであること及びその算定の根拠となる書類が保存されていることを要する。

2　例えば，付与日から一定年数が経過したこと，自己発行ポイント等の付与総数に占める未行使の数の割合が一定割合になったことその他の合理的に定められた基準のうち法人が予め定めたもの（会計処理方針その他のものによって明らかとなっているものに限る。）が上記 (3) の基準に該当する。」（基通 2-1-39 の 3）

すなわち，前受けとして処理されたポイント等については，そのポイントと引き換えに値引き等（金銭の支払いを含む。）が行われたときに，それが行われた部分に応じた金額で，収益認識し，益金算入されるものとしている。このことは，基本的に収益認識適用指針での方向性と同一である。

ただし，その失効すると見積もられるポイント等について，その値引き等をする日の属する事業年度の益金の額に算入するとされている。さらに，一定期間経過後等の未使用部分については，商品券等の取扱いに準じることになる（基通 2-1-39）。ここにいう一定期間経過後等とは，発行から 10 年経過後もしくは発行年度ごとの管理をやめる等したときを指しており，10 年経過後等の未使用部分は，一括して益金に算入されることになる。10 年という期限については，民法上の時効に合わせている[12]ものと思われる。

VI　会計と税務の相違に係る課題

追加の財又はサービスを取得するオプションの付与について，会計と税務の取扱いの大きな相違の 1 つは，会計では重要な権利が追加的に付与されるならば，それを独立した別個の履行義務として識別することが強制されるのに対して，税務上は任意である点である。別個の履行義務として識別した場合の方が，収益認識の時期は将来となるため，課税所得計算上の

---

[12]　小野木賢司「新通達 2　ポイント等を付与した場合」林仲宣編著『新通達 "最速" 対応　具体例で理解する収益認識基準の法人税実務』ぎょうせい，2018 年，111 頁。

益金の算入時期が将来に繰り延べられることになる。

　税務上，別個の履行義務として識別することを任意としているのは，すなわち前受け処理することを任意としている1つの理由としては，自己発行ポイント等について，発行年度ごとの管理等を求めており，実務上の煩雑さを伴うため，あえて任意としたことが考えられる。今1つの理由として，ポイントプログラム等が実施されているとしても，その対価は不可逆的な収入であり，その収入時に益金算入することが課税所得計算に係る基本的考え方と整合性がとれるものと考えられているのではないかと推測される点である。

　そして，会計と税務とのあいだでの取扱いにおける基本的な考え方の相違が，追加の財又はサービスを取得するオプションの付与についても，顕在化しているのではないかと思われる。それは，収益の認識単位に対する考え方である。会計は，収益認識の単位となる1つの履行義務に複数の者に対する契約を含みうると考えているのに対して，税務では個々の契約を重視しているものと考えられる。具体的には，設例3で示したように，会計上は，個別に契約を行った多数の者のうち更新オプションを行使すると予測される者の割合を考慮して，当初の製品等の販売時に対価をそのオプションに配分することが行われる。したがって，行使されないと予測されるポイント等のオプションについては，当初より対価の配分対象から除外するという考え方が存在している。このことは，例えば電力会社やガス会社が検針日基準に依存することなく，検針日から決算日までに顧客が使用するであろう電気やガスの量を，各戸ごとではなく，契約している顧客全体では合理的に見積もることができるという考え方に通底している。

　それに対して税務では，失効すると見積もられるポイント等のオプションに係る額については，将来の資産の販売等に際して値引き等をするに応じて勘案する，あるいは失効時に益金算入することが想定されている。特に失効時に益金算入するという考え方は，まさに個々の契約を単位として収益認識を行うことが想定されているものと考えられる。会計上にあって

は当初取引時における見積りの修正として処理されるものであり，失効時でなくとも見積りとは異なることが判明したときに修正が行われることになる点で，相違する。この相違は，見積非行使部分に係る対価を当初販売時に考慮するのか，ポイント等の使用に応じて考慮するのか，さらには非行使が確定したときに考慮するのかといった取扱いの相違をもたらすことになる。税務上の上述の考え方は，返品権付き販売が行われた場合に，その返品の可能性を無視するという取扱いに通じるものである。会計と税務における収益認識の単位に関する考え方について，整理する必要があるものと考える。

　また別個の履行義務となることの判断に，会計上も税務上も，「重要な権利の付与」についての判断が求められている。税務が会計に依存しているように思われるが，資本市場における会計情報の意思決定有用性との関連で捉えられる重要性と，税務上の重要性の判断についても，制度上整理することが望まれる。

　さらに，実務上は，対価の配分の基礎となる独立販売価格等を，例えば，航空会社が顧客に付与するマイレージのように，いつ，どこで使用するのかにより売価が大きく異なる場合，いかに見積もるのかについても今後の課題となると思われる。

【参考文献】
- IASB, IAS No. 8 *Accounting policies, Changes in Accounting Estimates and Errors*, April 2001.
- IFRIC, IFRIC No. 13 *Customer Loyalty Programmes*, June 2007.
- IASB, IFRS No. 15 *Revenue from Contracts with Customers*, May 2014.
- IASB, *Conceptual Framework for Financial Reporting*, March 2018.
- 石井理恵子，田中弘「ポイントプログラムの会計処理」『商経論叢』（神奈川大学）第48巻第3号（2013年3月），13-52頁。
- 糟谷修「ポイントに関する会計─収益認識会計基準の制定による影響─」『愛知淑徳大学論集─ビジネス学部・ビジネス研究科篇─』第16号（2020年3月），29-43頁。
- 企業会計基準委員会，討議資料「財務会計の概念フレームワーク」2006年12月。

- 企業会計基準委員会，「顧客との契約から生じる収益に関する論点の整理」2011 年 1 月。
- 企業会計基準委員会，企業会計基準第 29 号「収益認識に関する会計基準」2018 年 3 月。
- 企業会計基準委員会，企業会計基準適用指針第 30 号「収益認識に関する会計基準の適用指針」2018 年 3 月。
- PwC あらた有限責任監査法人編『IFRS「収益認識」プラクティス・ガイド』中央経済社，2016 年。
- 齋藤真哉『現代の会計』放送大学教育振興会，2020 年。
- 中村亮介，大雄智，岡田幸彦「提携型ポイントプログラム会計の実証分析」『会計プログレス』第 13 号（2012 年 9 月），73-85 頁。
- 海保英孝「ポイント・プログラムをめぐる経営の諸問題について」『成城・経済研究』第 187 号（2010 年 2 月），119-148 頁。
- 林仲宣編著『新通達"最速"対応　具体例で理解する収益認識基準の法人税実務』ぎょうせい，2018 年。
- 藤曲武美『収益認識の税務』中央経済社，2018 年。

第7章　収益認識会計基準が税制に もたらした影響

―特殊販売等，デジタル化による変容―

立教大学教授　**坂本　雅士**

I　はじめに

　わが国に収益認識会計基準が導入されてから5年目となる。その基になった IFRS 第15号は公表までに実に12年もの歳月を要す難産であったが[(1)]，紆余曲折を経た彼の地での議論をほぼそのままの形で受け入れた新基準に，法人税制が極めて短期間に対応[(2)]したことは未だ記憶にあたらし

---

(1)　IFRS 第15号は2002年に IASB と FASB の共同開発により策定を開始し，2014年5月28日付で IASB は IFRS 第15号，FASB は Topic606として公表した。開発の背景には，急速に拡大した複合取引や変動対価への対応があるが，策定期間が長期に及んだことからその間の ICT の進歩や取引形態の多様化をも反映した基準になっている。当時の状況や開発の経緯については，本号第1章及び島田（2018），島田（2019）に詳しい。

(2)　企業会計基準公開草案第61号「収益認識に関する会計基準（案）」及び企業会計基準適用指針公開草案第61号「収益認識に関する会計基準の適用指針（案）」（2017年7月20日）の公表を受け，「平成30年度税制改正の大綱」（同年12月22日閣議決定）にいち早く改正案が盛り込まれた。その後，平成30年度税制改正に関する法案「所得税法等の一部を改正する法律案」が2018年3月28日に国会で可決・成立（3月31日公布，4月1日施行）し，それを追うように同年3月30日付で新基準が公表されている。また，同年5月30日付で「法人税基本通達等の一部改正について」（課法2-8ほか2課共同）が公表された。

176

い。また，改正内容についても，半世紀にわたり堅守されてきた所得算定の通則規定に手を入れるなど，大きな節目であったことは衆目の一致するところである。

収益認識会計基準の影響を直接的に受けるのは強制適用の対象たる金融商品取引法監査の対象法人，会社法監査の対象法人（約1万社）及びその連結子会社（約10万社）である。わが国企業の大部分を占める中小企業には引き続き企業会計原則等に則った処理も認められる（国税庁2018，Ⅱ法人税基本通達の対応・1整備方針）ことから，中小企業の会計や税務が大幅に変化するわけではない。もっとも，税制改正を介し間接的にすべての企業に影響が及ぶことは避けられず，とりわけ従前の税務処理が認められなくなった項目のインパクトは大きい。

以上の問題意識を踏まえ，本章では収益認識会計基準が税制にもたらした影響について検討する。その射程は個々の項目から，シェアリングエコノミーやサブスクリプションといった新たな取引形態[3]まで広範に及ぶが，本章では個別の税務処理を取り上げる。その際，筆者に与えられた課題であるデジタル化による変容についても考えてみたい。デジタル化の意味するところは一様ではないものの[4]，ここではそれを，伝統的な法人税法の思考に対するアンチテーゼたる予測や見積りの要素の拡大と捉えることにする。

なお，検討に先立ち，収益認識会計基準に税制がいかに対応したかを俯瞰し，そこに内在する問題を指摘しておく。

---

(3) この点については，本号第8章を参照。
(4) デジタル化は，アナログがデジタルに移行することから，デジタル技術やデータを基にした新たな価値の創造まで，さまざまな意味を包含した多義的な概念だといえる。とりわけ後者は，デジタルトランスフォーメーション（DX）推進に欠かせないステップであり，デジタライゼーションとも呼ばれている。

Ⅱ　税制改正にみる収益認識会計基準への対応

収益認識会計基準への税務対応についてはすでに多くの論考[5]で取り上げられているが，ここで興味深いのは，企業会計と法人税法との関係という視点で捉えた場合に，両者が歩みよったという見解がある反面，両者の乖離を指摘する論調もみられることである。たとえば，金子（2021, 364-365 頁）が「全体としては会計基準の線に沿い，会計基準との調和を図っていると考えてよいと思われる」と述べる一方で，「この改正は，…新たな収益認識に関する会計基準による影響を遮断する規定ぶり」（吉村 2018, 51 頁）や，新会計基準によって，これまでの法人税法における収益認識基準が実質的に変更されるのを防ぐために 22 条の 2 が導入された（渡辺 2019, 115 頁）といった記述も散見される。

やや結論を先取りすると，平成 30 年度税制改正は，法人税法第 22 条の 2 の新設により公正処理基準（法法 22 ④）に委ねる範囲を狭めたという意味で，「規定ぶり」こそ企業会計の影響を遮断するものになっているが，その内容はむしろ収益認識会計基準の処理をおおむね是認している。また，改正通達も原則としてその考え方を取り込んでおり，企業会計上の処理との齟齬が生じにくいことが特徴である。ただし，過度に保守的な取扱いや，恣意的な見積りに対しては税独自の取扱いが定められるなど（国税庁 2018, Ⅱ法人税基本通達の対応・1 整備方針），表層では調和しつつも，深層ではせめぎ合っている様相がみてとれる。本節ではこの状況を整理し[6]，そこから派生する問題を指摘する。

---

(5)　本文であげた論考の他にも，たとえば，小林（2021），一高（2020），坂本・東条・髙橋（2019），藤曲（2018）等。また，税務会計研究学会においても第 29 回全国大会（2017 年 10 月 14～15 日，於 甲南大学）の統一論題テーマ「収益認識基準と税務会計」に掲げられている。詳しくは，税務会計研究学会（2018）に所蔵された各論考及びシンポジウムを参照。

(6)　本節 1，2 の内容は，坂本・東条・髙橋（2019, 168-173 頁）に拠っている。

1 法人税法，法人税法施行令による対応

収益認識会計基準の基本原則は，「約束した財又はサービスの顧客への移転を当該財又はサービスと交換に企業が権利を得ると見込む対価の額で描写するように，収益を認識すること」（収益認識会計基準第16項）である。そのために，収益認識の枠組みを法律概念に基づく5つのステップ（1 契約の識別，2 履行義務の識別，3 取引価格の算定，4 履行義務への取引価格の配分，5 履行義務の充足又は充足するにつれて収益認識）により構築している。平成30年度税制改正では，「3 取引価格の算定」及び「5 履行義務の充足又は充足するにつれて収益認識」に呼応する形で，法人税法第22条第四項が修正され，同法第22条の2及びこれに関連する法人税法施行令第18条の2が新設された。

法人税法第22条の2は，収益の計上時期（同条①～③），収益の計上額（同条④～⑤），無償による資産の譲渡に係る収益の額の範囲（同条⑥），政令委任（同条⑦）で構成されているが，各項の内容をみてすぐに気がつくのは，それらの多くはこれまで通達で認められていた処理や，すでに解釈として定着している取扱いだということである。たとえば，同条第一項は，資産の販売若しくは譲渡又は役務の提供（以下，「資産の販売等」という。）に係る収益の計上時期について，引渡基準及び役務提供日基準によることを謳っている[7]。これは改正前の旧法人税基本通達2-1-1で定めていたことを明文化したもので，従来と実質的な変更はない。

同条第二項では，資産の販売等に係る収益の額につき，引渡日及び役務

---

(7) 引渡基準及び役務提供日基準の詳細はそれぞれ法人税基本通達2-1-2, 2-1-21の7に明記されているが，その内容は旧法人税基本通達2-1-1, 2-1-5と齟齬がない。いずれも，引渡しの日として，出荷した日，船積みをした日，相手方に着荷した日，相手方が検収した日，相手方において使用収益ができることとなった日を例示しており，その判定は当該棚卸資産の種類及び性質，その販売に係る契約の内容等に応じ引渡しの日として合理的であると認められる日のうち法人が継続して収益計上を行う日による。また，役務提供の日として，物の引渡しを要する請負契約にあっては，その目的物の全部を完成して相手方に引き渡した日，物の引渡しを要しない請負契約にあってはその役務のすべてを完了した日をあげている。

提供日に「近接する日」の属する事業年度に公正処理基準により収益として経理した場合には当該事業年度の所得の金額の計算上，益金の額に算入する旨定めている。なお，近接する日とは，たとえば仕切精算書到達日や検針日であり（法基通 2-1-3, 2-1-4），公正処理基準に従っている場合には，引渡日でなくとも継続適用を条件に一定の幅を認めることを法令上明確にしている[8]。これは，「法人が特定の基準を選択し，継続してその基準によって収益を計上している場合には，法人税法上も右会計処理を正当なものとして是認すべきである」（最判平成 5 年 11 月 25 日民集第 47 巻第 9 号 5278 頁）とされた従前の取扱いを維持するためである（財務省 2018，274 頁）。さらに，申告調整において「近接する日」の属する事業年度に申告調整した場合も確定決算で経理したものとみなすこととされた（法法 22 の 2 ③）[9]。

　収益の額についても，「資産の引渡しの時における価額又はその提供をした役務につき通常得べき対価の額に相当する金額」（法法 22 の 2 ④）とされている。これまでも，一般に資産の譲渡時の時価によりその収益の額を認識すべきものと解されていた（最判平成 7 年 12 月 19 日民集第 49 巻第 10 号 3121 頁）ことから，やはり考え方自体に変更はない。また，同条第六項では，法人税法第 22 条第五項の資本等取引に関連して，利益又は剰余金の分配及び残余財産の分配又は引渡し等による資産の譲渡に係る収益の

---

(8)　本文で取り上げた仕切精算書到達日や検針日はいずれも旧法人税基本通達 2-1-3, 2-1-2 に明記されていた。この他に「近接する日」として旧通達の内容を引き継いでいるものに，固定資産の譲渡に係る収益の帰属の時期（法基通 2-1-14（旧法基通 2-1-14，以下同）），農地の譲渡に係る収益の帰属の時期の特例（法基通 2-1-15（2-1-15）），工業所有権等の譲渡に係る収益の帰属の時期の特例（法基通 2-1-16（2-1-16）），不動産の仲介あっせん報酬の帰属の時期（法基通 2-1-21 の 9（2-1-11）），運送収入の帰属の時期（法基通 2-1-21 の 11（2-1-13）），賃貸借契約に基づく使用料等の帰属の時期（法基通 2-1-29（2-1-29）），工業所有権等の実施権の設定に係る収益の帰属の時期（法基通 2-1-30 の 2（2-1-16）），工業所有権等の使用料等の帰属の時期（法基通 2-1-30 の 5（2-1-30））等。

(9)　ただし，引渡日又は「近接する日」に経理している場合には申告調整による変更は認められない。

180

額は，無償による収益の額に含まれることが確認的に明記された。

　唯一，同条第五項において，引渡しの時における価額又は通常得べき対価の額は，貸倒れ又は買戻しの可能性がある場合においても，その可能性がないものとした場合の価額とする旨規定し，会計上の変動対価の処理を一部認めない取扱いになっている。収益認識会計基準では変動対価が含まれる取引の例として，値引き，リベート，返金，インセンティブ，業績に基づく割増金，ペナルティー等の形態により対価の額が変動する場合や，返品権付きの販売等をあげているが（収益認識適用指針第23項），過度に保守的な取扱いや恣意的な見積りによる処理については公平な所得計算の観点から問題があるため，法人税法の立場からは制限を加える必要が生ずるからである。

　本法に係る改正としては，その他に，返品調整引当金制度（旧法法53），長期割賦販売等に該当する資産の販売等について延払基準により収益の額及び費用の額を計算する選択制度（旧法法63）が廃止された。前者はステップ3への，後者はステップ5への対応である。収益認識会計基準では予想される返品部分に関しては，販売時に収益を認識せず返金負債を認識することが求められており，返品調整引当金の計上は認められない。また，一時点で充足される履行義務については，その一時点で収益を認識することになるため，割賦基準や延払基準は認められておらず，いずれも収益認識会計基準と平仄を合わせた改正だといえる。

2　通達による対応

　上記2つのステップを含め，その他のステップ（1　契約の識別，2　履行義務の識別，4　履行義務への取引価格の配分）には，通達による対応が図られている[10]。その内訳は，新設が16項目，一部改正が22項目と広範にわたるが[11]，留意すべきはそれらが必ずしもすべての取引に対して適用さ

(10)　収益認識会計基準の各ステップと税制の対応関係については，高橋（2019，237頁）に詳しい。

れるわけではないことである。「資産の販売等」を用いて定義している取引については，基本的に収益認識会計基準を使用していることが前提になっている。

　また，すでに述べたとおり法人税法では返品や貸倒れの可能性は時価の算定とは別個の要素としたが，通達では値引き，割戻し等による対価の変動についても一定の要件[12]を付して認めている（法基通2-1-1の11）。通達の「整備方針」（国税庁 2018）からは，過度に保守的な取扱いや，恣意的な見積りでない限り，それらを受け容れる姿勢が示されており，これは本稿でいうデジタル化と軌を一にするものである。

3　浮かび上がる問題点

　先の改正では，収益認識会計基準の考え方を取り込みつつ中小企業には

---

(11)　この点については，国税庁 HP「収益等の計上に関する改正通達（法人税基本通達第2章第1節部分）の構成及び新旧対応表」を参照。なお，新設及び一部改正の内訳（通達番号）は以下のとおりである。
　　（新設）法人税基本通達 2-1-1, 2-1-1の3, 2-1-1の7, 2-1-1の8, 2-1-1の11, 2-1-1の16, 2-1-21の2, 2-1-21の3, 2-1-21の4, 2-1-21の5, 2-1-21の6, 2-1-30, 2-1-30の4, 2-1-39の2, 2-1-39の3, 2-1-40の2。
　　（一部改正）法人税基本通達 2-1-1の12, 2-1-1の13, 2-1-1の14, 2-1-1の15, 2-1-2, 2-1-3, 2-1-14, 2-1-15, 2-1-21の7, 2-1-21の8, 2-1-21の9, 2-1-21の10, 2-1-21の11, 2-1-21の12, 2-1-24, 2-1-29, 2-1-30の3, 2-1-30の5, 2-1-31, 2-1-35, 2-1-39, 2-1-41。
(12)　次の1）から3）のすべての要件を満たす必要がある（法基通2-1-1の11）。
　　1）値引き等の事実の内容及び当該値引き等の事実が生ずることにより契約の対価の額から減額若しくは増額をする可能性のある金額又はその金額の算定基準（客観的なものに限る。）が，当該契約若しくは法人の取引慣行若しくは公表した方針等により相手方に明らかにされていること又は当該事業年度終了の日において内部的に決定されていること。
　　2）過去における実績を基礎とする等合理的な方法のうち法人が継続して適用している方法により1）の減額若しくは増額をする可能性又は算定基準の基礎数値が見積もられ，その見積りに基づき収益の額を減額し，又は増額することとなる変動対価が算定されていること。
　　3）1）を明らかにする書類及び2）の算定の根拠となる書類が保存されていること。

従前の取扱いをも認めることにより大小会社区分の対応が実現されている。本法では第22条の2第二項によって従前の取扱いが認容され，また，通達では「〜することができる」との表現で任意適用会社にも対応している。

こういった方向性は会社法の思考[13]とも親和性があるが，租税法の基本原則たる課税の公平の要請，すなわち同一の課税所得を導くという方向性とは相容れない。強制適用の対象たる大会社と中小会社との間で，また，中小会社においても収益認識会計基準を適用するか否かにより選択肢の幅が異なるからである。また，このような建てつけの場合，税負担を意識しながら基準選択を行うケースも想定され，課税の中立性を阻害するおそれもある[14]。後述するポイント制度に係る税務上の取扱い（法基通2-1-1の7）がこれに当たる。当該処理には課税の繰延べ効果があり，その処理を選択した法人とそうでない法人との課税の公平や，課税の中立性の問題がしばしば指摘されている[15]。

さらに，収益認識会計基準への法人税法の対応は，関連する他の税目にも影響を及ぼしている。たとえば，消費税法における取扱いとの乖離である。国内取引に係る消費税の課税標準は課税資産の譲渡等の対価の額であり，ここで対価の額とは「対価として収受し，又は収受すべき一切の金銭又は金銭以外の物若しくは権利その他の経済的な利益の額」（消法28①）を指す。この場合，自社発行ポイントが「金銭以外の権利その他の経済的な利益の額」に該当するかが問題になるが，当初の資産の販売時に収受する対価の額は全額その商品の対価とし，ポイントの付与及びポイントによる値引き又は景品の給付は無償の取引として消費税の課税関係に影響しな

---

(13) 会社法は，大会社あるいは（会社法上の）公開会社については選択肢を絞り込み，それ以外の会社については多くの選択肢を認め，大会社又は公開会社に許されることは，それ以外の会社にも認めるという考え方をもっている。詳しくは，弥永（2009，65頁）を参照。

(14) いわゆる，チェリーピッキング（基準のつまみ食い）の問題である。この点について言及する論考として，藤曲（2018，122-123頁）がある。

(15) たとえば，小林（2021，116頁），岸野（2020，40頁）等。

い取引として処理するため，商品の販売時（ポイント付与時）には購入者が支払った対価の額を課税売上として計上し，商品の販売時（ポイント使用時）にポイント使用相当額は対価の返還等（消法38）として消費税額から控除することになる。

これに対して，法人税法では収益の計上単位は商品の販売やサービスの提供とポイントを切り離し前受けとして処理するため，法人税と消費税の処理が異なり両者の調整が必要となる。この他にも，法人税と消費税とが連動しないものとして，契約における重要な金融要素，割引を見込む販売，返品権付き販売，商品券等，消化仕入があげられる[16]。

Ⅲ　個別項目に及ぶ影響

現行税制を概観すると，収益認識会計基準導入により従前の処理が認められなくなった項目と，企業規模によってはこれまでどおりの取扱いも認容される項目に分けることができる。さらに，新たな会計上の取扱いが示された項目もある。ここでは，項目ごとに収益認識会計基準への税務対応について整理し，デジタル化の影響についても考えてみたい。

1　従前の処理が認められない項目

収益認識会計基準は，国際的な比較可能性を損なわせない範囲で，IFRSとは異なる代替的な会計処理を認めている。しかし，国際的な比較可能性を大きく損なわせる可能性がある等の理由で，代替的な処理を認めない項目がある（収益認識適用指針第182項〜第187項）。具体的には，①割賦販売における割賦基準に基づく収益計上，②顧客に付与するポイントに

---

(16)　国税庁（2018）では，収益認識会計基準に沿って会計処理を行った場合に，会計・法人税・消費税のいずれかの処理が異なることになる典型的なものとして，自社ポイントの付与を含めたこれらの項目をあげている。この点については，太田（2020，246-251頁），藤曲（2018，126-145頁）に詳しい。

ついての引当金処理，③返品調整引当金の計上，④変動対価における収益
金額の修正，⑤契約金額からの金利相当分の区分処理，⑥売上高又は使用
量に基づくロイヤルティ，⑦顧客に付与するポイントに関する取引価格の
配分，⑧商品券等の発行の会計処理，である。

このうち，①と③は税務上従前の処理が認められず，その影響はすべて
の企業に及ぶことになる。

(1) 長期割賦販売に係る割賦基準（旧法法63）

従来，割賦販売については，販売基準に代えて割賦基準も認められてい
たが，収益認識会計基準では原則として収益の計上は「資産に対する支配
を顧客に移転することにより当該履行義務が充足される時」（収益認識会計
基準第39項）である。支配の移転は資産等の引渡しの時であり，割賦基準
は認められないこととなる。これは，ステップ5の一定期間にわたり収益
を認識する要件に該当しない場合，財又はサービスを顧客に移転し，履行
義務が充足された一時点で収益認識する（収益認識会計基準第39〜第40項，
収益認識適用指針第14項）という考え方によるものである。

それに伴い，法人税法においても割賦基準（長期割賦販売等に係る延払基
準[17]）の選択適用制度（旧法法63）は廃止された。財務省（2018，273頁）
は，改正理由につき「改正前の法人税法第63条を存置すると，収益認識
に関する会計基準を適用しなければならない法人とそうでない法人との間
で不公平が生ずる」と説明し，「収益認識に関する会計基準の導入を契機
として，…法人課税小委員会報告を踏まえ，延払基準を廃止する」と述べ
ている。

---

[17] 次の要件を満たす長期割賦販売等について，確定した決算において延払基準によ
り経理したときは，賦払金の回収予定金額の割合に応じて収益を計上し，翌期以
降の回収予定に相当する部分についての収益を繰り延べる処理を指す。
1）月賦，年賦などの賦払により3回以上に分割して対価を受け取ること。
2）その資産の販売等の目的物の引渡しまたは役務提供日の翌日から最後の賦払
金の支払期日までの期間が2年以上であること。
3）その資産の販売等の目的物の引渡しの期日までに支払期日が到来する賦払金
の合計額が，その資産の販売等の対価の額の3分の2以下であること。

　なお，ここであげられている法人課税小委員会報告とは，1996（平成 8）年に公表された税制調査会法人課税小委員会によるものである。そこでは，「割賦や延払いによる商品の販売等は，販売する者が商品等の供給機能と金融機能の双方を果たしていると考えると，商品等の供給機能のみを果たし金融機能は第三者に委ねている法人の収益の計上時期との比較において不均衡が生じていると考えられる」，「基本的には，その引渡し時に収益の計上を行うこととすることが適当」（28 頁）と指摘され，その後，平成 10年度税制改正において長期割賦販売等を除き割賦基準（延払基準）が廃止された経緯がある。

(2) 返品調整引当金（旧法法 53）

　収益認識会計基準では予想される返品部分に関しては，販売時に収益を認識せず返金負債を認識することが求められており，返品調整引当金の計上は認められない。これは，ステップ 3 の取引価格を算定する際には変動対価のすべての影響を考慮する（収益認識会計基準第 48 項），及び予想される返品部分については変動対価に関する定めに従い販売時に収益認識しない（収益認識適用指針第 84 ～第 89 項）という考え方による。

　収益認識会計基準と平仄を合わせ，平成 30 年度税制改正において，長期間にわたる経過措置を講じたうえで返品調整引当金制度（旧法法 53）は廃止された[18]。本改正について，財務省（2018, 272 頁）には次の記述がある。

　「収益認識に関する会計基準の導入により，同会計基準を適用した法人は買戻し特約が付された取引について買戻しによる返金の見込み額を収益の額から控除することとされ，返品調整引当金繰入額を損金経理することができなくなります。そこで，収益認識に関する会計基準の導入を契機と

---

(18)　なお，返品債権特別勘定（法基通 9-6-4）は存置されている。廃止した場合，出版業界への影響が大きいことを考慮したものである。返品とはいっても実質的には債権の貸倒処理であり，返品処理を容認しない法人税法第 22 条の 2 第五項には該当しない。

186

して，上記法人課税小委員会報告を踏まえ，返品調整引当金制度を廃止することとされました。」

　損金経理を改正理由にあげながらも，ここでも法人課税小委員会報告が引き合いに出され，同報告における「引当金は，具体的に債務が確定していない費用又は損失の見積りである…，公平性，明確性という課税上の要請からは，そうした不確実な費用又は損失の見積り計上は極力抑制すべきである」(40頁)，「廃止を含め抜本的な見直しを行うことが適当」(41頁)という考え方に沿った改正であることが強調されている。

(3) 小括

　いずれも収益認識会計基準と調和する形で税制改正が行われたが，注目すべきは，既存の処理を廃止する理由を租税の基本原則や考え方，課税所得の計算構造に求め，かつて示された法人課税小委員会報告の方針と整合的であることが繰り返されている点である。見積りの要素（返金負債）への対応に象徴されるように，少なくともここではデジタル化を受け容れる姿勢を窺うことはできない。

　長期割賦販売に係る割賦基準については課税の公平が，また，返品調整引当金については債務確定主義が根拠になっている。後者については損金経理が改正理由の矢面に立っているが，費用計上の原則として税法が債務確定主義を謳いながらも，長年にわたる企業会計との調整から，損金経理を要件として例外的に引当金の計上を認めてきた経緯に鑑みれば，その説明は整合的である。

2　従前の処理が存置される項目

　収益認識会計基準により新たな処理が示される一方で，企業規模によってはこれまでの取扱いも認められる項目がある。これは中小企業にとって会計処理の選択肢が増えたことを意味する。ここでは，自己発行ポイント，商品券，特殊商品売買を取り上げる。

(1)　自己発行ポイントの処理

　収益認識会計基準導入前まで，わが国にはポイント等の会計処理基準は
なく，実務では将来のポイントとの交換に要すると見込まれる費用を引当
金として計上することが多かった[19]。収益認識会計基準には，「顧客との
契約において，既存の契約に加えて追加の財又はサービスを取得するオプ
ションを顧客に付与する場合には，当該オプションが当該契約を締結しな
ければ顧客が受け取れない重要な権利を顧客に提供するときにのみ，当該
オプションから履行義務が生じる。この場合には，将来の財又はサービス
が移転する時，あるいは当該オプションが消滅する時に収益を認識する。」
（収益認識適用指針第48項）とあり，「既存の契約」と「追加の財又はサー
ビスを取得するオプション」を別々の履行義務として認識することを求め
ている。なお，履行義務への取引価格の配分は，独立販売価格の比率で行
う（収益認識適用指針第50項）。

　税務上も収益認識会計基準と同様の取扱いとなっており，自己発行ポイ
ント等で次の4要件をすべて満たすものは，継続適用を条件として当初の
資産の販売等とは別の取引に係る収入の一部又は全部の前受けにすること
ができる（法基通2-1-1の7）。これは債務確定主義との関係から一定の債
務性の確保を要件にしているものと考えられる（太田2020，104頁）。4要
件のうち，①こそ収益認識適用指針と同じ内容だが，②から④は税独自の
取扱いである。

　①　その付与した自己発行ポイント等が当初資産の販売等の契約を締結
　　　しなければ相手方が受け取れない重要な権利を与えるものであること。
　②　その付与した自己発行ポイント等が発行年度ごとに区分して管理さ
　　　れていること。

(19)　当時の会計処理は，1）ポイントを発行した時点で費用処理，2）ポイントが使
　　　用された時点で費用処理するとともに期末に未使用ポイント残高に対して過去の
　　　実績等を勘案して引当金計上，3）ポイントが使用された時点で費用処理（引当
　　　金計上しない）に大別される。ポイント制度が定着し，過去の実績データも蓄積
　　　してきたこと等により，2）が増えていった（金融庁2008，2頁）。

③　法人がその付与した自己発行ポイント等に関する権利につきその有効期限を経過したこと，規約その他の契約で定める違反事項に相手方が抵触したことその他の当該法人の責に帰さないやむを得ない事情があること以外の理由により一方的に失わせることができないことが規約その他の契約において明らかにされていること。

④　次のいずれかの要件を満たすこと。

　　イ　その付与した自己発行ポイント等の呈示があった場合に値引き等をする金額が明らかにされており，かつ，将来の資産の販売等に際して，たとえ1ポイント又は1枚のクーポンの呈示があっても値引き等をすることとされていること。

　　ロ　その付与した自己発行ポイント等が当該法人以外の者が運営するポイント等又は自ら運営する他の自己発行ポイント等で，イに該当するものと所定の交換比率により交換できることとされていること。

　収益の帰属の時期については，前受けとした額は，将来の資産の販売等に際して値引き等をするに応じて，失効をすると見積もられる自己発行ポイント等も勘案して，その値引き等をする日の属する事業年度の益金の額に算入する。なお，自己発行ポイント等の付与の日から10年が経過した日（同日前に次に掲げる事実が生じた場合には，当該事実が生じた日）の属する事業年度終了の時において行使されずに未計上となっている自己発行ポイント等がある場合には，当該自己発行ポイント等に係る前受けの額を当該事業年度の益金の額に算入する（法基通2-1-39の3）。

　1）　法人が付与した自己発行ポイント等をその付与に係る事業年度ごとに区分して管理しないこと又は管理しなくなったこと。

　2）　その自己発行ポイント等の有効期限が到来すること。

　3）　法人が継続して収益計上を行うこととしている基準に達したこと。

　なお，Ⅱ　3で指摘したとおり，自己発行ポイントに係る処理には課税の繰延べ効果がある。この点について設例1により確認する。

（設例1）

　当社はポイント制度を運営している。顧客の100円（税込）の購入に対して5ポイントを付与する（ポイント使用分についてはポイント付与なし）。顧客は当社商品購入にあたり1ポイントを1円として利用できる。当社は×1年度に商品11,000円（税込）を販売し，550ポイントを付与した。消費税は10%とする。

1）商品の売買時

（単位：円）

現　金	11,000／売上	9,479（10,000 × 10,000/(10,000 ＋ 550)）	…課税所得
	契約負債	521（10,000 × 550/(10,000 ＋ 550)）	
	仮受消費税	1,000	

［従来の処理］

現　金	11,000／売上	10,000 …	課税所得
ポイント引当金繰入	550　ポイント引当金	550 …	損金不算入
	仮受消費税	1,000	

※　収益認識会計基準によると資産の販売等を行った事業年度の課税所得が減少（課税繰延：10,000 － 9,479 ＝ 521）

2）ポイント使用時

　上記設例において，×2年度にポイントのうち70%が利用された。なお，過去の経験から期限満了により失効するポイントは10%である。

契約負債　380	／	売上	365（521 × 70%）
		雑収入	15
			（非行使部分：521 － 365 ＝ 156，収益計上額：156 × 10% ＝ 15）

3）ポイント失効時

　上記設例において，×3年度に残りのポイントの利用がなく，ポイントは失効した。

契約負債　141　／　雑収入　141（521 － 380）

出所：坂本編（2022，74-75頁）

(2)　商品券の取扱い

　収益認識会計基準では，将来において財又はサービスを移転する履行義務については，顧客から支払を受けた時に，支払を受けた金額で契約負債

190

を認識し，その後，財又はサービスを移転し，履行義務を充足した時に，当該契約負債の消滅を認識し，収益を認識する（収益認識適用指針第52項）。この場合，顧客が権利行使しないと見込まれる部分（非行使部分）の処理が問題となるが，非行使部分の金額については，顧客による権利行使のパターンと比例的に収益を認識する。また，非行使部分について，企業が将来において権利を得ると見込まない場合には，当該非行使部分の金額について顧客が残りの権利を駆使する可能性が非常に低くなった時に収益を認識する（収益認識適用指針第54項）。

　税務上の取扱いも収益認識会計基準と整合するよう改正され，商品の引渡し又は役務の提供のあった日の属する事業年度の益金の額に算入することとし，商品券の発行日から10年が経過した日において未引換分を益金計上する処理を行うこととなった（法基通2-1-39）。なお，通達では，契約負債の非行使部分について顧客の権利行使パターンと比例的に収益計上[20]することも認めている（法基通2-1-39の2）。従前の取扱いが，商品券を販売した時点で収益計上することを原則とし，例外的に行使部分と非行使部分を管理していることを税務署長が確認できる場合に発行時に負債計上し，5年経過した非行使部分について益金計上を認めていた（旧法基通2-1-39）ことに鑑みると，原則と例外とを入れ替えた抜本的改正だといえる。本改正の背景には，収益の認識時期について法令上通則的な規定（法法22の2①）が設けられ，資産の引渡し又は役務の提供の時点を収益認識の原則的な時点とする考え方が示されたことがある（国税庁「平成30年5月30日付課法2-8ほか2課共同『法人税基本通達等の一部改正について』（法令解釈通達）の趣旨説明」，85頁）。

　なお，収益認識会計基準を適用しない法人が従前の取扱いを行うことができるかどうかだが，10年経過日前に益金算入すべき事実[21]の一つに

---

(20)　その場合には，過去における権利の不行使の実績を基礎とする等合理的な方法により見積もられたものであること及びその算定の根拠となる書類を保存していることを要する（法基通2-1-39の2 注1）。

「法人が継続して収益計上を行うこととしている基準に達したこと」（法基通2-1-39）が掲げられていることから，法人が商品引換券等の発行日をこの基準として定める場合には，発行日を益金とする従前の取扱いが許容されると考えられる（佐藤編 2019，243頁）。

（3）　特殊商品売買

特殊商品売買とは，商品の引渡しと代金の受払いが同時に行われず，それぞれ独自の売上・仕入の計上基準や会計処理が採用される販売形態を指す。ここでは企業会計原則注解6[22]に規定する委託・試用・予約・割賦の4種の販売取引，及び未着品販売を取り上げる。このうち試用販売，予約販売，未着品販売は会計上も税務上も実質的に従来の実務と変わらない[23]。対照的に，割賦基準による収益計上は「近接する日」（法法22の2②）には当たらず，別段の定めがない限り法人税の所得の金額の計算上は認められない（財務省 2018，274頁）。

---

(21)　具体的には，次の3つである。
　　1）　法人が発行した商品引換券等をその発行に係る事業年度ごとに区分して管理しないこと又は管理しなくなったこと。
　　2）　その商品引換券等の有効期限が到来すること。
　　3）　法人が継続して収益計上を行うこととしている基準に達したこと。
(22)　1963（昭和38）年に企業会計原則注解2「積送品，試用販売，割賦販売及び予約販売における収益の実現について」が制定され，その後，1974（昭和49）年に現行の注解6「実現主義の適用について」に改正されている。
(23)　試用販売については，「商品又は製品を顧客に試用目的で引き渡し，試用期間が終了するまで顧客が対価の支払を約束していない場合，顧客が商品又は製品を検収するまであるいは試用期間が終了するまで，当該商品又は製品に対する支配は顧客に移転しない」（収益認識適用指針第83項）とあり，実質的に企業会計原則（注解6（2））と同じ処理である。また，予約販売は，代価の支払いが先に行われ後日商品の引渡しが行われる取引形態であることから，当該商品引渡によって顧客が商品に対する法的所有権を有することになり，商品に対する支配が移転すると考えられる。よって，予約販売に対する収益の認識時点は企業会計原則における処理（注解6（3））と変わらない。未着品については，支配の移転をどう捉えるかが論点となるが，支配の移転を検討する際の指標（収益認識会計基準第40項）を勘案する限り，支配の移転は貨物代表証券の受渡しによって生ずるものと考えられ，やはり従前の処理と同じである。

　委託販売については，Ⅱ　1で述べたとおり，法人税法第22条第二項で，収益の額につき公正処理基準により引渡日及び役務提供日に「近接する日」の属する事業年度の収益として経理した場合には当該事業年度の所得の金額の計算上，益金の額に算入する旨定めている。委託販売における仕切精算書到達日は「近接する日」に該当するため（法基通2-1-3），法人が仕切精算書到達日基準（企業会計原則注解6（1））で収益経理している場合には，税法上もこれが認められる。これに対して，収益認識会計基準では，委託販売[24]につき販売業者等の他の当事者への商品又は製品の引渡時に収益を認識せず，販売業者等による最終顧客への販売時に収益を認識するとされた（収益認識適用指針第75項）。したがって，収益認識会計基準の適用会社には，仕切精算書到達日基準は認められないことになる。

(4)　小括

　いずれも通達の「整備方針」（国税庁2018）に沿い，中小企業には従前の処理も認められていることが特徴である。デジタル化という観点からは，会計の変容を税制が受け入れている項目と，税制独自の取扱い（「区分管理」「未使用分の見積り」「契約負債として認識」）を実現している項目がある。

　とりわけ，ポイント処理に当たっては企業に厳格な使用・未使用の区分管理が要求されるため緻密なデータ分析が不可欠である。収益認識会計基準によるポイント処理の継続適用を前提に，一定の要件のもと，税務上でも当該処理を認めた点にはデジタル化の影響をみることができる。

3　会計上の取扱いが整備された項目

　収益認識会計基準の射程となる会計処理の中には，従前は一般的な定めがなかった項目がある。ここでは，有償支給取引，買戻契約，請求済未出荷契約を取り上げる。

---

(24)　委託販売契約であるかどうかを判断する指標については，収益認識適用指針第76項を参照。

(1) 有償支給取引

有償支給取引とは，企業が対価と交換に原材料等（支給品）を支給先に譲渡し，支給先における加工後，支給先から支給品（加工された製品に組み込まれている場合を含む。）を購入する取引をいう（収益認識適用指針第104項）。これまでは会計基準に取扱いがなく，実現主義により収益計上している企業と，金融取引として処理している企業とが混在していた。

有償支給取引では，企業が収益を認識するか，支給品の消滅を認識するかが問題になるが，支給品の買戻し義務があるかどうかにより会計処理は異なる。すなわち，企業が買戻し義務を負っている場合には，支給先が当該支給品を指図する能力や当該支給品からの残りの便益のほとんどすべてを享受する能力が制限されているため，支給先は当該支給品に対する支配を獲得していないこととなる。この場合，企業は支給品の譲渡に係る収益を認識せず，当該支給品の消滅も認識しない。ただし，個別財務諸表で支給品の譲渡時に当該支給品の消滅を認識することはできる（収益認識適用指針第104項，第180項）。一方，企業が買戻し義務を負っていない場合には企業は支給品の消滅を認識する。なお，この場合であっても当該支給品の譲渡に係る収益は認識しないことが適切と考えられる。これは最終製品の販売に係る収益との二重計上を避けるためである（収益認識適用指針第104項，第179項）。

有償支給取引を法人税法上どのように取り扱うかだが，買戻し義務がない場合や，買戻し義務があっても自己資産として管理していない場合には，所有権が移転しているものと捉え益金として計上すべきであろう（太田2020，141頁）。その場合は，別表4で加算調整することになると考えられる。

次の図表は有償支給取引の取扱いをまとめたものであり，併せて支給品の買戻し義務の有無による会計処理を設例2，3により確認しておく。

194

図表　有償支給取引の会計処理

買戻し義務	支配の移転	支給会社 (収益認識)	支給会社 (在庫)	加工会社 (支給品)
あり	移転しない	収益認識しない	消滅を認識しない（注）	計上しない
なし	移転する	収益認識しない	消滅を認識する	計上する

(注) 個別財務諸表において消滅を認識することはできる
出所：筆者作成

（設例2）　～買戻し義務ありのケース～

　当社（支給元）は，簿価7,000円の部品X（支給品）を9,000円でA社（支給先）に販売した。その後，当社は加工後の製品YをA社から11,000円で購入した。なお，当社は，A社の加工後，製品を買い戻す義務がある。A社が部品（支給品）の使用を指図する能力や部品（支給品）から残りの便益を享受する能力を制限されており，当社からA社の支配は移転していない。

1）A社への部品Xの販売時

(単位：円)

未収入金	9,000	有償支給取引に係る負債	9,000

※買戻し義務があるため，部品（支給品）の販売時に棚卸資産の消滅は認識できない

2）製品Yの購入時

棚卸資産	2,000	買掛金	11,000
有償支給取引に係る負債	9,000		

※棚卸資産は差額

3）A社に対する債務の支払時・製品Y有償支給に係る債権の回収時

買掛金	11,000	現金預金	11,000
現金預金	9,000	未収入金	9,000

（設例 3）　～買戻し義務なしのケース～

　当社（支給元）は，簿価 7,000 円の部品 X（支給品）を 9,000 円で A 社（支給先）に販売した。その後，当社は加工後の製品 Y を A 社から 11,000 円で購入した。なお，当社は，A 社の加工後，製品を買い戻す義務はない。また，部品（支給品）の在庫リスクは，A 社が負っており，当社以外にも製品 Y を販売している。

1）　A 社への部品 X の販売時

（単位：円）

未収入金	9,000	棚卸資産	7,000
		有償支給取引に係る負債	2,000

　※ 1　買戻し義務はないため，部品（支給品）の販売時に棚卸資産の消滅を認識
　※ 2　収益を認識せず，負債を認識

2）　製品 Y の購入時

棚卸資産	9,000	買掛金	11,000
有償支給取引に係る負債	2,000		

　※棚卸資産は差額

3）　A 社に対する債務の支払時・製品 Y 有償支給に係る債権の回収時

買掛金	11,000	現金預金	11,000
現金預金	9,000	未収入金	9,000

(2)　買戻契約

　企業が商品又は製品を販売するとともに，当該商品等を買い戻すことを約束するか，あるいは買い戻すオプションを有する契約である。買い戻す商品又は製品は，「当初において顧客に販売した商品又は製品」，「当該商品又は製品と実質的に同一のもの」，「当初において販売した商品又は製品を構成部分とする商品又は製品」であり，通常，次の 3 つの形態がある（収益認識適用指針第 153 項）。

　①　企業が商品等を買い戻す義務（先渡取引）
　②　企業が商品等を買い戻す権利（コール・オプション）
　③　企業が顧客の要求により商品等を買い戻す義務（プット・オプション）

先渡取引及びコール・オプションの場合，顧客は当該商品又は製品に対する支配を獲得していない（収益認識適用指針第69項）ため収益を認識することはできず，プット・オプションとは異なる会計処理になる。

①　先渡取引及びコール・オプションの会計処理

商品・製品の買戻価格と当初の販売価格の大小関係により処理が異なり，買戻価格が販売価格を下回るときはリース会計基準（企業会計基準第13号）に従ってリース取引として処理し，販売価格以上のときは金融取引として扱う。後者の場合には，商品・製品を引き続き在庫として認識しつつ，顧客から受け取った対価を金融負債（借入金等）として，また，顧客から受け取る対価の額と顧客に支払う対価の額との差額を金利（あるいは加工コスト又は保管コスト等）として認識する（収益認識適用指針第69項，第70項）。なお，オプションが未行使のまま消滅する場合，コール・オプションに関連して認識した負債の消滅を認識し，収益を認識する（収益認識適用指針第71項）。

②　プット・オプションの会計処理

買戻価格と販売価格との大小関係や，顧客がプット・オプションを行使する重要な経済的インセンティブを有しているかどうかにより処理が異なる。なお，買戻価格を販売価格と比較する際には金利相当分の影響を考慮する（収益認識適用指針第72項～第74項，第156項～第158項）。

買戻価格が当初の販売価格以上の場合は，買戻価格と当該商品又は製品の予想される時価との大小関係により2通りの処理となる。買戻価格が予想される時価よりも高いときには金融取引として処理する。また，買戻価格が予想される時価以下であり，かつ顧客がプット・オプションを行使する重要な経済的インセンティブを有していないときは返品権付きの販売として会計処理する。

買戻価格が販売価格より低い場合は，顧客がプット・オプションを行使する重要な経済的インセンティブを有しているかを検討することになる。重要な経済的インセンティブを有しているときはリース会計基準に従って

リース取引として処理する。したがって，買戻部分は契約負債として，販売価格と買戻価格の差額は前受リース料等として，さらに，前受リース料等は期間に応じて収益を認識する。その一方で，重要な経済的インセンティブを有していないときは，返品権付きの販売として処理する。なお，重要な経済的インセンティブの有無の判定に当たっては，買戻価格と買戻日時点での商品・製品の予想される時価との関係や，プット・オプションが消滅するまでの期間等を考慮する。たとえば，買戻価格が商品・製品の時価を大幅に上回ると見込まれる場合には，顧客がプット・オプションを行使する重要な経済的インセンティブを有していることを示す可能性がある。

　買戻契約を法人税法上どのように取り扱うかだが，先にあげた有償支給取引の取扱いと同様に判断すべきである。すなわち，商品等に対する支配を獲得し，その便益を享受することを制限されていない場合には収益を計上すべきである（法法22の2①）。よって，支配が移転していない先渡取引及びコール・オプションや，プット・オプションでも買戻しが行われる蓋然性が高い，あるいは金融取引に当たるケースはそこから除かれると考えられる（太田 2020，155頁）。

　以上の取扱いをまとめると次のとおりであり，併せて買戻契約の会計処理を設例4，5により確認する。

［先渡取引及びコール・オプションの会計処理］
　1）買戻価格≧販売価格　…　金融取引
　2）買戻価格＜販売価格　…　リース取引

［プット・オプションの会計処理］
　1）買戻価格≧販売価格
　　　　買戻価格＞時　価　…　金融取引
　　　　買戻価格≦時　価，かつ，プット・オプションを行使する重要な
　　　　　　　　　　　　　経済的インセンティブなし
　　　　　　　　　　　　　…　返品権付販売

198

2）買戻価格＜販売価格

　　　プット・オプションを行使する重要な経済的インセンティブあり

　　　　　　　…　リース取引

　　　プット・オプションを行使する重要な経済的インセンティブなし

　　　　　　　…　返品権付販売

（設例4）　〜コール・オプション（金融取引のケース）〜

　A社は，製品Xを2,000千円でB社（顧客）に販売する契約を締結した。契約には，本年度末より前に製品Xを2,100千円で買い戻す権利をA社に与えるコール・オプションが含まれている。本年度末に，オプションは未行使のまま消滅した。

1）B社への製品販売時

（単位：千円）

現金預金　2,000　／　借入金　2,000
※　製品Xに対する支配はB社に移転しておらず，かつ，買戻価格＞販売価格のため金融取引として処理

2）期末の処理

支払利息　100　／　借入金　100
※　買戻価格と受け取った現金との差額につき，支払利息計上，借入金増額

3）期末の処理（オプションの消滅時）

借入金　2,100　／　売上高　2,100
※　負債の消滅，収益を認識

（設例5）　〜プット・オプション（リース取引のケース）〜

　A社は，製品Xを2,000千円でB社（顧客）に販売する契約を締結した。契約には，B社の要求により，年度末より前に製品Xを1,900千円で買い戻す義務をA社が負うプット・オプションが含まれている。年度末時点で予想される製品Xの市場価値は1,750千円であった。なお，A社は，B社

がプット・オプションを行使する重要な経済的インセンティブを有していること，そして，製品Xに対する支配はB社に移転しないと結論づけている。

1) B社への製品販売時

(単位：千円)

現金預金	2,000	/ 契約負債	1,900
		前受リース料	100

※　買戻価格＜販売価格，かつ，B社がプット・オプションを行使する重要な経済的インセンティブを有しているためリース取引として処理

2) リース料の計上時

前受リース料	100	/ 受取リース料	100

3)-1　オプションの行使時

契約負債	1,900	/ 現金預金	1,900

3)-2　オプションの消滅時

契約負債	1,900	/ 売上高	1,900

(3)　請求済未出荷契約

　請求済未出荷契約とは，企業が商品・製品について顧客に対価を請求したが，将来において顧客に移転するまで企業が当該商品・製品の物理的占有を保持する契約である（収益認識適用指針第77項）。この場合，顧客への支配の移転を検討する際の指標の一つである「（3）企業が資産の物理的占有を移転したこと」（収益認識会計基準第40項）[25]を満たしていないが，当該契約については，支配の移転に関する定め（収益認識会計基準第39項，第40項）を適用した上で，次の要件をすべて満たす場合には，顧客が商品等の支配を獲得したものと判断する（収益認識適用指針第79項）。

---

[25]　支配の移転を検討する際の指標として，1）企業が顧客に提供した資産に関する対価を収受する現在の権利を有していること，2）顧客が資産に対する法的所有権を有していること，3）企業が資産の物理的占有を移転したこと，4）顧客が資産の所有に伴う重大なリスクを負い，経済価値を享受していること，5）顧客が資産を検収したこと，が例示されている。

① 請求済未出荷契約を締結した合理的な理由があること（たとえば，顧客からの要望による当該契約の締結）。

② 当該商品又は製品が，顧客に属するものとして区分して識別されていること。

③ 当該商品又は製品について，顧客に対して物理的に移転する準備が整っていること。

④ 当該商品又は製品を使用する能力あるいは他の顧客に振り向ける能力を企業が有していないこと。

なお，請求済未出荷の商品又は製品の販売による収益を認識する場合には，残存履行義務（たとえば，顧客の商品又は製品に対する保管サービスに係る義務）を有しているかどうかを，収益認識会計基準第32項から第34項によって判断する（収益認識適用指針第160項）。残存履行義務がある場合には，履行義務に取引価格を配分する必要がある。

請求済未出荷契約についても法人税法上の明文規定はないが，有償支給取引や買戻契約と同様に，顧客に当該資産の支配が移転したかどうかにより判断されるべきである（太田2020，145頁）。すなわち，企業が資産の物理的占有を移転していなくとも，収益認識適用指針第79項の定める要件をすべて満たしている場合には，実質的に顧客が支配を獲得していると考えられ，法人税法上も収益を認識すべきと考えられる（法法22の2①）。

Ⅳ　まとめ

収益認識会計基準への税務対応をみるにつけ，かつての企業会計と法人税法との「蜜月時代」（井上1990，15頁）[26]を想起するのは筆者だけではあるまい。当時との大きな違いは，会計基準の国際的統合化の最中に新基準

---

(26) 1965（昭和40）年の法人税法全文改正以降，企業会計と税法との調整は着実に進み，両者は急速かつ大幅に接近した。この状況は1990年代半ばまで続くこととなる。詳しくは，坂本編（2022，11頁）を参照。

が策定されたこと，そして税制が予測や見積りといった要素を許容する姿勢をみせたことであろう。

　前者については，紆余曲折を経た彼の地での議論を纏う新基準を税制がおおむね受け容れたことをどのように捉えるべきであろうか。収益という項目の特質もあろうが，少なくともこのことは法人所得課税の根底には企業会計に基づくという自然な前提があることをわれわれに伝えている。また，後者は，本法では伝統的な法人税法の思考や理念が強調されたものの，過度に保守的な取扱いや恣意的な見積りである場合を除き，通達においてそれらが受け容れられた点に象徴される。

　1990年代後半，企業会計は会計基準の国際的調和化の文脈から，他方，法人税法はわが国産業の国際競争力を維持し企業活力を十分発揮すべく，それぞれの途を歩み始めた。いわば，ともに国際化を目指した結果，皮肉にも蜜月時代は終焉を迎えたことになる。それから四半世紀，社会全体のデジタル化が進められデジタル対応不可避の中で，ふたたび企業会計と法人税法が接近したことは興味深い。これもまた両者の関係を紡ぐ史実の一端といえよう。

参考文献

一高龍司（2020）「収益認識における会計基準と税法の相違」『會計』第197巻第4号。

井上久彌（1990）「企業課税原理と会計基準の交錯」『企業会計』第42巻第5号。

太田達也（2020）『「収益認識会計基準と税務」完全解説（改訂版）』税務研究会出版局。

金子宏（2021）『租税法（第24版）』弘文堂。

岸野悦朗（2020）「ポイント制度に係る税務上の取扱い」『南山経済研究』第35巻第2号。

金融庁（2008）「ポイント及びプリペイドカードに関する会計処理について（改訂）」（平成20年7月2日）https://www.fsa.go.jp/singi/singi_kinyu/dai2/siryou/20080702/02.pdf（2022年7月7日最終閲覧）。

国税庁（2018）「『収益認識に関する会計基準』への対応について〜法人税関係〜」。

小林裕明（2021）「収益認識会計基準への税法・通達改正による対応と年度帰属概念との整合性に関する一考察」『会計プロフェッション』第16号。

財務省（2018）『平成30年度　税制改正の解説』。

坂本雅士・東条美和・髙橋絵梨花（2019）「新たな収益認識基準と法人税法―解釈論上

　　の課題を中心に」『立教経済学研究』第 72 巻第 3 号。

坂本雅士編（2022）『現代税務会計論（第 5 版）』中央経済社。

佐藤友一郎編（2019）『法人税基本通達逐条解説（9 訂版）』税務研究会出版局。

島田眞一（2018）「IFRS 第 15 号に基づいたわが国の包括収益基準（公開草案）の概要
　　及び法人税法との関係」『租税研究』第 820 号。

島田眞一（2019）「新収益会計基準と法人税法との関係について」『租税研究』第 833 号。

税制調査会法人課税小委員会（1996）『法人課税小委員会報告』。

税務会計研究学会（2018）『税務会計研究　収益認識基準と税務会計』第 29 号。

髙橋絵梨花（2019）「収益認識をめぐる税務論点―法人税法第 22 条の観点から―」『税務
　　会計研究』第 30 号。

藤曲武美（2018）『収益認識の税務―法人税法から法人税基本通達まで―』中央経済社。

弥永真生（2009）「会社法制と IFRS」『IFRS 導入の論点』中央経済社。

吉村政穂（2018）「税制改正大綱を評価する―法人課税―」『税研』第 199 号。

渡辺徹也（2019）『スタンダード法人税法（第 2 版）』弘文堂。

第8章　本人と代理人の区分，サブスクリプション収入

日本大学教授　尾上　選哉

I　はじめに

　近年の GAFA などのデジタル・プラットフォーム企業の世界規模での事業活動は，サブスクリプション・サービス契約のビジネスモデルと相まって，大きな進展を遂げている。新しい収益認識会計基準は，このような企業の収益認識の会計および税務にどのような影響を与えているか，本章では（1）本人と代理人の区分，（2）サブスクリプション収入の2つの観点から検討する。

　図表1は YouTube 社のビジネスの概要であり，YouTube の主な収益源は，①広告料収入，② YouTube Premium や YouTube TV の有料サービスによる収入，③映画のレンタル・購入サービスによる収入である。広告料収入については，広告主から YouTube 社が対価として受け取るものもあれば，コンテンツ・クリエイター（いわゆる YouTuber）に広告主が支払うものを仲介しているケースもある。この広告料収入については，本章で取り扱う「本人と代理人の区分」が問題となるケースがあり得ると考えられる。また，YouTube Premium などのプレミアムサービスによる収入はサブスクリプション収入に該当することとなる。

図表 1　YouTube 社のビジネス概要

出所）著者作成

　本章の構成は次の通りである。〔Ⅱ〕において，本人と代理人の区分に関する会計上の取扱い，および税務上の取扱いを検討する。〔Ⅲ〕において，サブスクリプション収入を検討し，〔Ⅳ〕において本章における検討および検討結果をまとめることとする。

Ⅱ　本人と代理人の区分

1　本人と代理人の区分に関する会計上の取扱い

(1)　収益認識会計基準等の規定

　顧客との契約に基づく企業の収益は，企業会計基準第 29 号「収益認識に関する会計基準」（以下，「収益認識会計基準」という。）および企業会計基準適用指針第 30 号「収益認識に関する会計基準の適用指針」（以下，「収益認識適用指針」という。）に準拠して会計処理される[(1)]。基本的には，顧客との契約における履行義務に配分された取引価格を，企業は履行義務を充

足した時に，または充足するにつれて収益として認識することとされている（収益認識会計基準第17項）。

　顧客への財またはサービスの提供に「他の当事者」が関与している場合（つまり，3社以上の場合）には，顧客との約束が①その財またはサービスを企業が自ら提供する履行義務であるのか，それとも②その財またはサービスをその他の当事者によって提供されるように企業が手配する履行義務であるのかを，企業は判断しなければならない。企業は，①の場合にはその取引に「本人（principal）」として，②の場合にはその取引の「代理人（agent）」として関与していることとなる。本人として，その収益取引に関わる場合には，その財またはサービスの提供と交換に企業が権利を得ると見込む対価の**総額**を収益として認識し，代理人として関わる場合には，他の当事者により提供されるように手配することと交換に企業が権利を得ると見込む報酬または手数料の金額（あるいは他の当事者が提供する財またはサービスと交換に受け取る額からその他の当事者に支払う額を控除した**純額**）を収益として認識することとなっている（収益認識適用指針第39-40項）。

　すなわち，収益認識に係る取引において，企業がどのように関わっている（本人であるのか，もしくは代理人であるのか）と取り扱われるかによって，認識される収益の額が相違することとなる。

　顧客との約束の性質が，企業が自ら提供する履行義務であるのか，もしくは他の当事者によって提供されるように企業が手配する履行義務であるのかを判定するために，まず，企業は顧客に提供する別個の財またはサービス（あるいは別個の財またはサービスの束）を識別し，次いで，その財またはサービスのそれぞれが顧客に提供される前に，その財またはサービスを企業が「支配」しているかどうかを判断することとなっている（収益認識適用指針第42項）。上述の手順に従って判断を行い，財またはサービスが顧客に提供される前に企業がその財またはサービスを支配しているとき

---

(1)　収益認識会計基準および収益認識適用指針の全体をさす場合には，「収益認識会計基準等」という。

には企業は本人に該当し，他の当事者が提供する財またはサービスが顧客に提供される前に企業がその財またはサービスを支配していないときには企業は代理人に該当することになる（収益認識適用指針第43項）。

(2) 本人と代理人の区分が問題となりうる取引例

　本人と代理人の区分が問題となりうる取引は多様であるが，①卸売業におけるコミッション取引，②小売業における売上仕入取引，③電子商取引サイトにおける取引などは典型例であるので，以下，本人と代理人の区分の違いにより，収益認識の額がどのように異なるかを示すこととする[(2)]。

卸売業におけるコミッション（手数料）取引

　サプライヤーとバイヤーを仲介する商社におけるコミッション取引は典型例であろう（図表2を参照）。商社が顧客への財またはサービスの提供において，本人としてその取引に関わっているのか，それとも代理人として関わっているかによって，認識すべき収益の額は異なる。

図表2

　商社が本人であると判断される場合には，顧客（バイヤー）から受領する対価の総額1,000を収益とし，メーカー（仕入先）に支払う対価900を売上原価として認識することとなる。

仕入時：	（借）商　　　品	900	（貸）現　　　金	900
売上時：	（借）現　　　金	1,000	（貸）売　　　上	1,000
	（借）売 上 原 価	900	（貸）商　　　品	900

---

(2)　本人と代理人の区分判定については，ケーススタディを用いて解説している市原・井上・古河等〔2019〕が詳しいので，参照されたい。

　　商社が代理人であると判断される場合には，顧客から受領する対価の額からメーカーに支払う額を控除した純額100を収益として認識することとなる。

受領時：	（借）現　　　　金	1,000	（貸）預　り　金	900
			（貸）受取手数料	100
支払時：	（借）預　り　金	900	（貸）現　　　　金	900

小売業における売上仕入取引

　　日本の百貨店などでは，従来，テナントが顧客に商品を売り上げたときに，帳簿上，「売上」と「仕入」を同時に計上するというきわめて特徴的な取引が存在しており，売上仕入取引または消化仕入取引と呼ばれていた[3]。売上仕入取引の背景には，通常，商品の販売価格の決定権はテナントが有する一方で，商品の陳腐化リスクや在庫リスクなどはテナントが負担するという百貨店とテナント間で締結されている商品販売契約がある。この契約により，百貨店は販売価格の決定権をもたない代わりに，大量の商品在庫の管理リスクを負担することから開放されているのである。

図表3

　　従来からの会計処理では，次の仕訳のように，顧客から受領した対価の総額1,000を収益と認識し，売上収益の認識と同時に，テナントから商品を仕入れたとして，売上原価900を計上するとともに，テナントへの支払債務900を認識している。

---

(3)　百貨店の会計については，小野編〔2021〕の「第17章　百貨店の会計」（櫛部幸子著）を参照されたい。

売上時： （借）現　　　金　1,000　（貸）売　　　上　1,000

　　　　　（借）売 上 原 価　　900　（貸）商　　　品　　900

仕入時： （借）商　　　品　　900　（貸）買　掛　金　　900

　しかしながら，収益認識会計基準等によれば，百貨店が本人に該当するか，それとも代理人に該当するかにより，会計処理は異なることとなる。百貨店が本人であると判断される場合には，従来の会計処理で問題ないと考えられるが，代理人と判断される場合には，売上高 1,000 と仕入高 900 の差額である純額 100 のみが収益（受取手数料）として認識されることとなる。

受領時： （借）現　　　金　1,000　（貸）預　り　金　　900

　　　　　　　　　　　　　　　　　（貸）受取手数料　　100

支払時： （借）預　り　金　　900　（貸）現　　　金　　900

電子商取引サイトにおける取引

　Amazon や楽天などのデジタル・プラットフォーム企業が運営する電子商取引サイトにおける取引も，本人と代理人の区分が問題となりうる例であろう。

図表 4

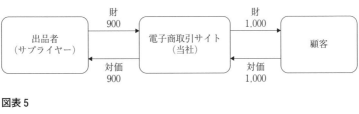

図表 5

　図表4と図表5の違いは，電子商取引サイトを運営するデジタル・プラットフォーム企業が出品物（商品）を保管する倉庫等をもっているか否かである[4]。

　倉庫等がある場合には，次のように，出品者からの商品が入庫したときに仕入処理を行い，倉庫から顧客に商品を出庫し，売り上げたときに売上処理を行うという一般的な商品売買取引を考えることができる（図表4を参照）。

仕入時：（借）商　　　品　　900　（貸）現　　　金　　900
売上時：（借）現　　　金　1,000　（貸）売　　　上　1,000
　　　　（借）売 上 原 価　　900　（貸）商　　　品　　900

　倉庫等がない場合には，顧客から受領する対価の額1,000から出品者に支払う額900を控除した純額100のみが，電子商取引サイトの運営者の収益として認識されることとなろう。

受領時：（借）現　　　金　1,000　（貸）預 り 金　　900
　　　　　　　　　　　　　　　　　（貸）受取手数料　　100
支払時：（借）預 り 金　　900　（貸）現　　　金　　900

(3)　支配の判断基準

　本人と代理人の区分における収益認識会計基準等の中心となる原則は，上述したように，顧客に財またはサービスを提供する前に，企業がその財またはサービスを「支配」しているか否かにある（収益認識適用指針第42-43項）。

　顧客に財またはサービスを提供する前に，その財またはサービスを

- 　支配している　　→「本人」に該当
- 　支配していない　→「代理人」に該当

　収益認識適用指針は「支配」の判断基準として，次の①から③のいずれかを企業が支配している場合には，「支配」を認め，本人に該当するとし

---

(4)　倉庫の有無が，直接，本人と代理人を区分することを意味しているのではない。

ている（第44項）。

① 企業が他の当事者から受領し，その後に顧客に移転する財または他の資産

② 他の当事者が履行するサービスに対する権利

③ 他の当事者から受領した財またはサービスで，企業が顧客に財またはサービスを提供する際に，他の財またはサービスと統合させるもの

なお，「支配」とは収益認識会計基準によれば，「資産の使用を指図し，当該資産からの残りの便益のほとんどすべてを享受する能力（他の企業が資産の使用を指図して資産から便益を享受することを妨げる能力を含む。）」である（第37項）。また一時点で充足される履行義務における支配の移転の検討においては，次の①から⑤の指標を考慮することとしている（第40項）。

① 企業が顧客に提供した資産に関する対価を収受する現在の権利を有していること

② 顧客が資産に対する法的所有権を有していること

③ 企業が資産の物理的占有を移転したこと

④ 顧客が資産の所有に伴う重大なリスクを負い，経済価値を享受していること

⑤ 顧客が資産を検収したこと

また，特に本人と代理人の区分において，収益認識適用指針は本人に該当するか否かを判断するための指標として，次の①から③をあげている（第47項；下線部筆者）。

① 企業がその財またはサービスを提供するという約束の履行に対して主たる責任を有していること（通常，財またはサービスの受入可能性に対する責任〔例えば，財またはサービスが顧客の仕様を満たしていることについての主たる責任〕が含まれる）

② その財またはサービスが顧客に提供される前，あるいはその財またはサービスに対する支配が顧客に移転した後（例えば，顧客が返品権を

有している場合）において，企業が在庫リスクを有していること

③　その財またはサービスの価格の設定において企業が裁量権を有している こと

①の約束の履行において主たる責任を有しているとは，片山〔2017〕によれば，「契約の履行のための事実行為に果たす役割」（295頁）を指し，「必ずしも契約責任と一致するものではない」（296頁）。そして，主たる責任を有しているか否かは，「一次的に果たす役割だけでなく，最終的な責任（他の当事者が履行しない場合に自ら履行する責任＝顧客が特定された財又はサービスを受け入れることを可能にする責任）も含めて判断」（同上）されるとされている。上述の商社の取引例を考えれば，サプライヤーからバイヤー（顧客）に対して約束された財またはサービスが提供されない場合に，商社が最終的にその財またはサービスを自己の責任において顧客に引き渡すことになるのであれば，商社は本人に該当する可能性が高いこととなる。

②の財またはサービスを提供する取引の前後における在庫リスクの有無について，企業が在庫リスクを有しているとは，在庫を倉庫等に保有し，在庫に係る陳腐化または減失による損失のリスクを負っていることを意味する。企業が返品による在庫リスクを負うかどうかは，「企業と他の当事者（供給者）との間の契約において明示的又は黙示的に合意されている顧客が返品したときの取り扱いによる」（片山〔2017〕297頁）こととなる。例えば，上述の百貨店の売上仕入取引を考えると，百貨店は在庫リスクを負っておらず，次に述べる価格設定の裁量権も有していないことから，本人には該当せず，代理人に該当する可能性が高いということになる。

③の価格設定における裁量権の有無について，企業が財またはサービスに対して顧客が支払う価格を設定している場合，その企業は本人に該当する可能性がある。なぜなら，企業はその財またはサービスの使用を指図し，その財またはサービスからの残りの便益のほとんどすべてを享受する能力を有していると考えうるからである（収益認識会計基準第37項）。例えば，電子商取引サイトにおける取引において，出品者が価格設定を行っている

場合には，電子商取引サイトの運営者であるデジタル・プラットフォーム企業等は代理人に該当する可能性がある。しかしながら，代理人が価格設定の裁量権を有している場合もあることから，価格設定の裁量権を有しているという指標のみをもって，本人に該当すると判断することはできない。

　本人と代理人を区分する「支配」の判断においては，上述の種々の考慮すべき指標等を総合的に勘案する必要があり，収益認識適用指針第47項の３つの指標についても，「特定の財又はサービスの性質及び契約条件により，財又はサービスに対する支配への関連度合いが異なり，契約によっては，説得力のある根拠を提供する指標が異なる可能性がある。また，当該指標による評価は，支配の評価を覆すものではなく，単独で行われるものでもない」(収益認識適用指針第136項) として，単独の指標によってではなく，原則主義に基づきケース・バイ・ケースで判断すべきとしている。

2　現行ファイナンス・リース取引に係る貸手の会計処理の問題点

　リース取引については，企業会計基準第13号「リース取引に関する会計基準」（以下，「リース会計基準」という。）および企業会計基準適用指針第16号「リース取引に関する会計基準の適用指針」（以下，「リース会計適用指針」という。）に準拠して会計処理されることとなっている。これらの会計基準等について，現在，国際的に整合性のあるものとするために，企業会計基準委員会において，すべてのリース（ファイナンス・リースおよびオペレーティング・リースを区分しない）について資産および負債を認識するリースに関する会計基準の開発を進められているが，本章の執筆時点において公開草案等はまだ公表されていない[5]。

　リース取引については，そもそも収益認識会計基準等の範囲外であるが，以下，本人と代理人の区分の観点から，現行のリース会計基準等におけるファイナンス・リース取引に係る貸手の会計処理（収益認識の会計処理）について検討し，問題点を指摘する。

(1) 現行のファイナンス・リース取引に係る貸手の会計処理

リース会計基準は, ファイナンス・リース取引について, 通常の売買取引に係る方法に準じて会計処理を行うとしており (第9項), ファイナンス・リース取引に係る貸手の会計処理については, 取引実態に応じ, 次の①から③の方法を選択し継続適用するとしている。なお, 各期における利息相当額は, いずれの方法を用いても, 同額となることに留意する必要がある (リース会計適用指針第51項)。

① リース取引開始日に売上高と売上原価を計上する方法

② リース料受取時に売上高と売上原価を計上する方法

③ 売上高を計上せずに利息相当額を各期へ配分する方法

① リース取引開始日に売上高と売上原価を計上する方法 (第1法)

この方法は, リース取引開始日に, リース料総額で売上高を計上し, 同額でリース投資資産を計上するものである。また, リース物件の現金購入価額により売上原価を計上し, リース取引開始日に計算された売上高と売上原価との差額は, 利息相当額として取り扱われる。そして, リース期間中の各期末において, リース取引開始日に計算された利息相当額の総額のうち, 各期末日後に対応する利益は繰り延べることとし, リース投資資産と相殺して表示する。

---

(5) 企業会計基準委員会は, 2019年3月, すべてのリースについて資産および負債を認識するリースに関する会計基準の開発を決定し, リース会計専門委員会および企業会計基準委員会において議論を進めている。審議状況等は企業会計基準委員会のホームページで参照が可能である (https://www.asb.or.jp/jp/project/project_list/pj-20180621.html)。

なお, 現行のリース会計基準等を置き換えるリースに関する会計基準の開発は, 国際的な会計基準等とのコンバージェンスを目的としており, 国際会計基準審議会 (IASB) は2016年1月に国際財務報告基準 (IFRS) 第16号「リース」を公表 (2019年1月1日以後に開始する事業年度から適用), 米国財務会計基準審議会 (FASB) は2016年2月にTopic842「リース」を公表 (上場企業については2018年12月16日以後に開始する事業年度から適用) している。

リース取引開始時：

(借) リ ー ス 投 資 資 産 ×××　(貸) 売　　　　　　上 ×××
(借) 売 　上 　原 　価 ×××　(貸) 買 　　掛 　　金 ×××

リース料受取時：

(借) 現 　　　　　金 ×××　(貸) リ ー ス 投 資 資 産 ×××

決算時：

(借) 繰延リース利益繰入 ×××　(貸) 繰 延 リ ー ス 利 益 ×××

② リース料受取時に売上高と売上原価を計上する方法（第2法）

　この方法は，リース取引開始日に，リース物件の現金購入価額により，リース投資資産を計上するものである。また，リース期間中の各期に受け取るリース料を各期において売上高として計上し，当該金額からリース期間中の各期に配分された利息相当額を差し引いた額をリース物件の売上原価として処理する。

リース取引開始時：

(借) リ ー ス 投 資 資 産 ×××　(貸) 買 　　掛 　　金 ×××

リース料受取時：

(借) 現 　　　　　金 ×××　(貸) 売 　　　　　　上 ×××
(借) 売 　上 　原 　価 ×××　(貸) リ ー ス 投 資 資 産 ×××

③ 売上高を計上せずに利息相当額を各期へ配分する方法（第3法）

　この方法は，リース取引開始日に，リース物件の現金購入価額（リース物件を借手の使用に供するために支払う付随費用がある場合は，これを含める。）により，リース投資資産を計上するものである。各期に受け取るリース料を利息相当額とリース投資資産の元本回収とに区分し，前者を各期の損益として処理し，後者をリース投資資産の元本回収額として処理する。

リース取引開始時：

　（借）リース投資資産 ×××　　（貸）買　　掛　　金 ×××

リース料受取時：

　（借）現　　　　　　金 ×××　　（貸）リース投資資産 ×××
　　　　　　　　　　　　　　　　　（貸）受　取　利　息 ×××

　現行のリース会計基準等が上述の第1法および第2法の採用を認めているのは，所有権移転ファイナンス・リース取引は，貸手にとってリース物件の売却と同様の取引であり，収益の認識については割賦取引の場合と同様と考えられることによる（リース会計基準第51項，リース会計適用指針第120項）。第3法は，ファイナンス・リース取引について金融取引の性格が強い場合を想定しており，リース料総額とリース物件の現金購入価額の差額は受取利息相当額として取り扱っているのである（リース会計適用指針第122項）[6]。つまり，現行のリース会計基準等においては，取引の性格をどのように観るか，つまり割賦取引または金融取引であるかに基づいた会計処理が考えられているのである。

(2) 「本人と代理人の区分」の観点からの検討

　上述の現行リース会計基準等における取引の性格に基づいて，収益を認識する方法は，収益認識会計基準等における，顧客との契約における履行義務に配分された取引価格について，企業が履行義務を充足した時に，または充足するにつれて収益として認識するという方法とは異なる。もちろん，リース会計基準等は収益認識会計基準等の範囲外とされているので，

---

[6]　IFRS16では，貸手の会計処理について，第3法に近い方法だけを認めており，会計処理は次のようになる。

リース取引開始時：
　　（借）リース投資資産 ×××　（貸）買　掛　金 ×××
　　（借）リース債権 ×××　（貸）リース投資資産 ×××
　　　　　　　　　　　　　　　　　未稼得金融収益 ×××

リース料受取時：
　　（借）現　金 ×××　（貸）リース債権 ×××
　　（借）未稼得金融収益 ×××　（貸）金融収益 ×××

現行の制度上，なんら問題ない。

　以下，ファイナンス・リース取引に係る貸手の３つの会計処理について，「本人と代理人の区分」における履行義務や支配の考え方に照らして検討してみる。

　収益認識会計基準等の考え方に基づけば，リース取引がファイナンス・リース取引であるのか，またはオペレーティング・リース取引であるかは問題ではなく，そのリース取引において，企業が顧客とどのような契約を結び，履行義務を負っているかが鍵となる。ファイナンス・リース取引において，リース資産の貸手である企業の履行義務は，そのリース資産を借手である顧客に対して提供することである。リース期間が設定されることから，企業は一時点ではなく，一定の期間にわたり履行義務を充足することになる。貸手である企業の収益は，リース期間にわたって，その履行義務を充足するにつれて認識されることとなる。

　このようにリース取引の収益認識を捉えるならば，３つの会計処理については次のようになる。第１法の会計処理は，リース取引開始時に売上高（収益）と売上原価（収益獲得に貢献した原価）を計上する方法であり，企業が本人に該当する場合かつ一時点において履行義務を充足する場合においてのみ，このような総額による収益の認識が認められる。しかしながら，ファイナンス・リース取引が基本的に金融取引であることに鑑みれば，企業の履行義務は資金の融通であり，受け取るリース料総額で収益を認識し，それに対する費用を計上することは認められない。

　第２法の会計処理は，リース料受取時に売上高と売上原価を計上する方法であり，従来の割賦取引における割賦基準（現金主義）に基づく収益の認識である。収益認識会計基準等は履行義務の充足に基づく収益認識を要求していることから，この第２法は認められないこととなる。

　第３法の会計処理は，売上高を計上せずに利息相当額を各期に配分する方法であり，受け取るリース料総額とリース物件の現金購入価額の差額を受取利息相当額とし，リース期間にわたって配分する。ファイナンス・リ

ース取引における貸手企業の履行義務は資金の融通であることから，受取利息として収益認識する方法が，収益認識会計基準等の考え方と整合的な取扱いとなる。

3　本人と代理人の区分に関する税務上の取扱い

(1)　法人税法の規定

収益認識会計基準等によれば，上述のように，企業が本人に該当する場合には収益を総額で認識し，代理人に該当する場合には収益を純額で認識する。以下では，このような企業会計上の収益認識を法人税法はどのように取り扱うかを考察・検討する。

企業が本人に該当する場合，顧客に提供する財またはサービスの対価の総額は，「資産の販売」や「有償による資産の譲渡または役務の提供」に係る収益の額であり，法人税法第22条第2項に定める益金として，益金の額に算入することとなる。また，売上高に係る売上原価は法人税法第22条第3項第1号の原価の額として，損金の額に算入される。また，企業が代理人に該当する場合，顧客に提供する財またはサービスの対価の純額は，「資産の販売」や「有償による資産の譲渡または役務の提供」に係る収益の額であり，法人税法第22条第2項に定める益金として，益金の額に算入することとなる。いずれの場合においても，課税所得は同じとなる。法人税法上，企業会計上の「本人と代理人の区分」に対する別段の定めは置かれておらず，本人と代理人の区分による収益認識の額の相違が課税所得の計算に影響を及ぼすことはない。つまり，企業会計上の会計処理がそのまま，法人税法上も認められることとなる。

(2)　留意点

企業会計上の「本人と代理人の区分」は，課税所得計算上，基本的に影響を及ぼさない。しかしながら，研究開発税制のように売上高が基準となっている税制（租税特別措置法関連）については影響を及ぼす可能性がある。売上高が総額ないしは純額で計上されるかにより，租税特別措置法の適用

の可否や限度額計算などの算定に間接的に影響を及ぼすからである。

① 試験研究費の税額控除制度（租税特別措置法第42条の4）

　研究開発税制は，研究開発を行う企業が試験研究費の一定割合を法人税額から控除できる制度であり，民間企業の研究開発投資を維持・拡大することにより，イノベーション創出につながる中長期・革新的な研究開発等を促し，国家の成長力・国際競争力を強化することを目的に措置されている（経済産業省〔2022〕）。研究開発税制は，「一般試験研究費の額に係る税額控除制度」，「中小企業技術基盤強化税制」および「特別試験研究費の額に係る税額控除制度」の3つの制度により構成されているが，企業会計上の「本人と代理人の区分」により影響を受ける可能性があるのは，「一般試験研究費の額に係る税額控除制度」と「中小企業技術基盤強化税制」の2制度である。これらの2つの制度は，企業が適用要件を満たす場合に，同時に選択することができず，選択適用となっている。

　どちらの制度も，試験研究費の額に一定割合を乗じて計算した金額が，その事業年度の法人税額から控除されるというものであり，控除率は平均売上金額に占める試験研究費の割合（租税特別措置法第42条の4第19項第6号；以下，「試験研究費割合」という。）により異なる。

$$試験研究費割合 = \frac{試験研究費の額}{平均売上金額}$$

　分母の平均売上金額は，適用を受ける事業年度およびその事業年度開始の日前3年以内に開始した各事業年度の売上金額の平均額（租税特別措置法第42条の4第19項第14号）であり，企業会計上の売上高の金額が総額となるか，純額になるかにより，平均売上高の金額に影響を及ぼすからである。試験研究費の額が一定と仮定すると，総額計上による平均売上高に比べ，純額計上による平均売上高によると，試験研究費割合は高くなることとなる。

② 移転価格税制（租税特別措置法第 66 条の 4 第 1 項）

　移転価格税制（国外関連者との取引に係る課税の特例）は，企業たる法人が国外関連者と行う取引の価格が独立企業間価格と異なると認められる場合に，それらの取引が独立企業間価格で行われたものとみなして課税を行うものである。独立企業間価格の算定において，再販売価格基準法や原価基準法は国外関連取引に係る売上総利益の水準と比較対象取引に係る売上総利益の水準を比較する方法であり，本人と代理人の区分に基づく収益（売上高）の額の認識が売上総利益（率）の算定に影響を及ぼす可能性がある。

③ BEPS 包摂的枠組みにおける 2 本の柱

　経済協力開発機構（OECD）は，周知のように，2021 年 7 月 1 日にBEPS 包摂的枠組みメンバー国のうち 130 カ国・地域が国際課税ルールを見直し，多国籍企業が事業を行う場所における公平な税負担を確保するための 2 つの柱の解決策（two-pillar solution）に合意し，声明を公表している[7]。この 2 つの柱のうち，本人と代理人の区分に基づく収益認識が影響を及ぼすのは第 1 の柱（Pillar One）である。

　第 1 の柱は，グローバルの売上高（turnover）が 200 億ユーロ超かつ利益率（税引前利益／売上高）10% 超の多国籍企業を対象にして，その利益の一部をその企業がサービスなどを提供した市場国に配分し，市場国は消費を根拠として課税権をもつとするものである。本人と代理人の区分により，売上高（収益）として認識される額は総額または純額で大きく異なることとなる。

④ デジタル・サービス税

　経済のデジタル化に対応した課税については，上述③のように OECD

---

(7)　声明の詳細は，OECD〔2020〕を参照されたい。

を中心とした検討が進められているが，暫定的な対応として，各国はデジタル・サービス税（Digital Service Tax/DST）を導入している[8]。例えば，英国においては，ソーシャル・メディア・サービス（social media service），検索エンジン（search engine），オンライン・マーケット・プレイス（online marketplace）のデジタル・サービスを提供する全世界売上高（worldwide amount of revenues）5億ポンド以上の多国籍企業に対して，英国ユーザーとの取引に起因する2,500万ポンド超の売上高（UK Digital Services revenues）に2％のデジタル・サービス税を，2020年4月1日より課税している[9]。英国歳入関税庁（HMRC）の公表しているマニュアル[10]によれば，デジタル・サービス税の算定にあたっては，英国，カナダ，中国，日本，韓国，米国の各国会計基準およびIFRSの収益認識会計基準（IFRS15）に基づいた収益の額を用いるとしている（DST22000）。

　日本では，現時点において，デジタル・サービスに係る課税は行われていないが，デジタル・サービス税を課している各国において事業活動を行う日本企業においては，収益認識会計基準等に基づく収益の額は企業が本人であるのか，それとも代理人であるのかによって大きく異なり，デジタル・サービス税の算定にも影響があることに留意する必要がある。

Ⅲ　サブスクリプション収入

1　サブスクリプションとは

　サブスクリプション（subscription）とは，もともと新聞や雑誌などの定

---

(8)　デジタル・サービス税の理論的根拠については，渡辺〔2020〕を参照されたい。欧州ではフランス，英国，オーストリア，チェコ，ハンガリー，イタリア，ラトビア，ノルウェー，ポーランド，スロバキア，スロベニア，スペイン，トルコなどが，また欧州以外ではオーストラリア，インド，シンガポールなどがデジタル・サービスに係る課税を導入している（220頁）。
(9)　英国のデジタル・サービス税の概要については，溝口〔2020〕を参照されたい。
(10)　デジタル・サービス税のマニュアルについては，下記サイトを参照されたい。
https://www.gov.uk/hmrc-internal-manuals/digital-services-tax

期購読や予約購読を指すものであったが，最近では，「一定期間定額で継続的にサービス提供を行う」（渡邊〔2019〕8頁）ビジネスモデルを意味する言葉となっている（以下，「サブスク」という。）[11]。渡邊〔2019〕によれば，サブスク方式のビジネスモデルの広がりは，「ICT 業界において，ソフトウェア・ライセンスを売り切りの形態ではなく一定期間定額で継続課金する形態で提供する取引が増え始め」，このような取引を「サブスクリプション方式」と呼んだことに起因し，サブスクの広がりの背景には消費者マインドの「所有から利用」の変化があるとのことである（8頁）。

　現在では，ICT 業界のみならず，デジタル・プラットフォーム企業をはじめとする様々な企業が，BtoC のみならず BtoB のビジネスにおいても，このサブスク方式を利用している。

　例えば，次のようなサービスにサブスクが用いられている。

- 音楽（Spotify，Apple Music など）
- 動画（Amazon Prime Video，Hulu，Netflix など）
- 電子書籍（Kindle Unlimited，d マガジンなど）
- アパレル（メチャカリ，airCloset など）
- ソフトウェア（Microsoft 365，Adobe Creative Cloud など）

　宮崎・藤田・小澤〔2019〕は，サブスクを「『顧客と継続的な関係を担保している』ビジネス」（3頁）と定義していることを勘案すると，サブスクは単に「一定期間定額で継続的にサービス提供を行う」のみならず，顧客がサブスク期間の終了後も，引き続いてサブスク契約を行う可能性が非常に高いビジネスであり，企業は一度顧客との間にサブスク契約を結ぶと，

---

(11)　「サブスクリプション」は，どのような場面で用いられるかによって異なり，定着した定義もまだないように思われる。例えば，サブスクと類似のサービスには，定額制／月額制，リカーリング，リース，レンタル，シェアリングエコノミー等をあげることができ，その違いが説明されている（https://www.ntt.com/business/services/application/crm-dm/subsphere/lp/article-what-is-subscription.html#eachArticle01〈2022 年 5 月 9 日閲覧〉）。しかし，これらの類似サービスは時にサブスクと置換え可能（interchangeable）な言葉として用いられている。

顧客獲得のための広告費などの追加的コストを掛けることなく，エンドレスに収益の獲得を見込むことができるものであるといえる。

2　サブスクの会計上の取扱い

　企業がサブスク契約を締結し，サービスを提供し，対価を受領する場合の会計処理については，上述したように，サブスク契約の内容は多様であるので，収益認識会計基準の示す5つのステップ（第17項）に従って，企業は顧客との契約を識別し，そして，契約における履行義務を識別する。次に，その契約における取引価格を算定し，契約における履行義務に取引価格を配分することとなる。最後に，その履行義務が充足された時，または充足されるにつれて収益を認識することとなる。

　サブスクでは，企業は顧客との契約に基づき，所有している資産を顧客に供与し，顧客は契約に基づき財またはサービスを利用し対価を支払うことが一般的であると考えられる。サブスク契約は使用許諾契約や会員契約等で契約を締結することから，使用許諾権（ライセンス）に関する取引に該当する可能性がある（渡邊〔2019〕10頁）。以下では，ライセンスの供与について，収益認識会計基準等がどのように規定しているかを確認することとする。

(1)　収益認識会計基準等の規定

　ライセンスとは「企業の知的財産に対する顧客の権利」（収益認識適用指針第61項）であり，ライセンスの供与とは「企業の知的財産に対して顧客の権利を設定すること」（片山〔2019〕254頁）である。

　知的財産とは，一般に「特許，著作，意匠，商標，ノウハウ（営業秘密その他技術上又は営業上の情報）等の無体物としての財産」（同上）を意味するが，「将来的にも広がる可能性がある」（同上）ものである。収益認識適用指針は，知的財産の例示として，①ソフトウェアおよび技術，②動画，音楽他の形態のメディア・エンターテイメント，③フランチャイズ，④特許権，商標権および著作権をあげている（第143項）。知的財産は，その性

質上，その保有者の許諾（ライセンス）を受けなければ，法律上または事実上，利用することはできないものである（片山〔2019〕254 頁）。

　企業は，顧客とライセンス供与の約束を締結するが，その約束が他の財またはサービスを移転する約束から独立した履行義務であるか否かにより，会計処理は異なる。

①　ライセンスを供与する約束が独立した履行義務でない場合

　ライセンスを供与する約束が，顧客との契約における他の財またはサービスを移転する約束と別個のものでない場合には，ライセンスを供与する約束とその他の財またはサービスを移転する約束の両方を一括して単一の履行義務として処理し，一定の期間にわたり充足される履行義務であるか，または一時点で充足される履行義務であるかを判定することとなっている（収益認識適用指針第 61 項）。

　顧客との契約が，財またはサービスを移転する約束だけでなく，ライセンスを供与する約束を含む場合には，ステップ 2 における契約における履行義務の識別（収益認識会計基準第 32-34 項）を行い，別個のものでない（すなわち，独立した履行義務でない）と判定されると，両者を一括して単一の履行義務と識別することとなる。

　例えば，「有形の財の一部を構成し，その財の機能性と不可分であるライセンス」や「関連するサービスとの組み合わせでのみ顧客が便益を享受することのできるライセンス」が該当する（IFRS15，B54 項）。前者の例としては，ソフトウェアが自動車（有形の財）の構成部分となっていて，その自動車がどのように機能するかに大きく影響を与えるようなライセンスであり，後者の例としては企業のシステム等の主幹設備にオンラインのアクセスによってのみ顧客がソフトウェアを使用することができるサービスに係るライセンスである（片山〔2019〕258 頁）。

② ライセンスを供与する約束が独立した履行義務である場合

ライセンスを供与する約束が，顧客との契約における他の財またはサービスを移転する約束と別個のものであり，その約束が独立した履行義務である場合には，ライセンスを顧客に供与する際の企業の約束の性質に基づいて，一定の期間にわたり充足される履行義務と処理するか，一時点で充足される履行義務として処理するかを判定する。

企業の約束の性質は，顧客に次の（ア）または（イ）のいずれを提供するものかを判定する。

　　（ア）ライセンス期間にわたり存在する企業の知的財産にアクセスする権利（アクセス権）

　　（イ）ライセンスが供与される時点で存在する企業の知的財産を使用する権利（使用権）

（ア）の場合には，一定の期間にわたり充足される履行義務として処理し，収益も一定の期間にわたって認識する。（イ）の場合には，一時点で充足される履行義務として処理し，顧客がライセンスを使用してライセンスからの便益を享受できるようになった一時点で収益を認識する（収益認識適用指針第62項)[12]。

企業の約束の性質がアクセス権または使用権のいずれに該当するかの判定によって，認識される収益の額は異なることとなる。そこで収益認識適用指針は，アクセス権に該当する場合の次の3つの要件を示し，すべてに該当する場合においてのみ，顧客が権利を有している知的財産の形態，機能性または価値が継続的に変化しており，企業の知的財産にアクセスする権利（アクセス権）を提供するものとして処理することを求めている（収益認識適用指針第63項)。

---

[12]　ただし，ライセンス期間が開始していても，企業がソフトウェアの使用に必要なコードを顧客に提供し，顧客がそのソフトウェアを利用できるようになるまでは，顧客はライセンスに対する支配を獲得しないために，収益を認識することはできない（収益認識適用指針第147項)。

- ライセンスにより顧客が権利を有している知的財産に著しく影響を与える活動を企業が行うことが，契約により定められている，または顧客により合理的に期待されていること
- 顧客が権利を有している知的財産に著しく影響を与える企業の活動により，顧客が直接的に影響を受けること
- 顧客が権利を有している知的財産に著しく影響を与える企業の活動の結果として，企業の活動が生じたとしても，財またはサービスが顧客に移転しないこと

1つ目の要件については，①その企業の活動が，知的財産の形態（例えば，デザインまたはコンテンツ）または機能性（例えば，機能を実行する能力）を著しく変化させると見込まれる，または②顧客が知的財産からの便益を享受する能力が，その企業の活動により得られることやその企業の活動に依存している場合には，これに該当することとなる。

なお，上述の3つの要件のいずれかに該当しない場合には，企業の知的財産を使用する権利（使用権）を提供するものとして処理することとなる（収益認識適用指針第64項）。

(2)　サブスクにおける会計上の留意点

サブスクは，顧客がサブスク契約の期間終了後も，継続してサブスク契約を締結することを目指しているビジネスモデルであることから，そのサービスやコンテンツを常にアップデートして，企業は顧客のニーズを充足しようとしている。このようなアップデートが常に起きると想定される場合には，「知的財産に著しく影響を与える活動」を企業が行っていると判断される可能性があり，使用権として収益の一時点における認識ではなく，アクセス権に該当すると判断し，一定の期間にわたって収益を認識する可能性があることに留意する必要があろう（渡邊〔2019〕12頁）。

また，1年契約のソフトウェアのライセンス供与において，その製品が完成しており，機能性に著しいアップデートなどが予定されていない場合には，使用権に該当すると判断し，一時点で収益を認識することになるが，

このライセンス契約期間が長期（1年超）にわたるような場合には，契約内容を慎重に考慮した上で，一時点で収益認識を行うことが適切であるか否かを判断する必要があろう（同上）。

3　サブスクの税務上の取扱い

(1)　法人税法の規定

サブスクに係る収入の取扱いについて，法人税法上，個別のサブスク契約の内容に照らし，「有償による役務の提供」に係る益金（法人税法第22条第2項）として，益金の額に算入されることとなる。役務の提供に係る収益の額については，工事進行基準が適用される長期大規模工事等に係るものを除き，その役務の提供の日の属する事業年度の益金として算入される（法人税法第22条の2第1項）。役務の提供に係る履行義務について，「一定期間について充足されるもの」と「一時点において充足されるもの」が存在するため，法人税基本通達において，次のように収益の帰属の時期および金額を明らかにしている（2-1-21の2から2-1-21の6）。

① 履行義務が一定期間にわたり充足されるもの

　その履行に着手した日から引渡し等の日までの期間において，履行義務が充足されていく事業年度において，履行義務の充足に係る進捗度に応じた金額が益金の額に算入される（法人税基本通達2-1-21の2，2-1-21の5）。

② 履行義務が一時点で充足されるもの

　役務の引渡し等の日の属する事業年度において，益金の額に算入される（法人税基本通達2-1-21の3）。

　法人税法上，特にサブスク収入に関連する別段の定めは置かれていないことから，通常，企業会計上の会計処理と法人税法上の取扱いは異ならないものと考えられる。

(2)　ライセンス供与に係る税務上の取扱い

知的財産のライセンス供与に係る収益認識について，企業会計上の整備

が行われたことに対応して，法人税法上もその取扱いを通達において次のように明示している（法人税基本通達 2-1-30）。

知的財産のライセンスの供与に係る収益の額については，企業会計上，企業の約束の性質をアクセス権と使用権に区別したことから，法人税法上も知的財産のライセンスの性質に応じた取扱いが定められている。

① ライセンス期間にわたり存在する法人の知的財産にアクセスする権利

　「履行義務が一定の期間にわたり充足されるもの」（法人税基本通達 2-1-21 の 2）に該当するものとして，収益の額はその履行義務が充足されていくそれぞれの日の属する事業年度の益金の額に算入

② ライセンスが供与される時点で存在する法人の知的財産を使用する権利

　「履行義務が一時点で充足されるもの」（法人税基本通達 2-1-21 の 3）に該当するものとして，収益の額は引渡し等の日の属する事業年度の益金の額に算入

Ⅳ　むすびに代えて

本章では，本人と代理人の区分，サブスク収入について，会計上および税務上の取扱いを整理，検討した。そして，本人と代理人の区分，サブスク収入のどちらの領域においても，会計上と法人税法上の取扱いに差異は基本的に認められないことを明らかにした。

収益認識会計基準等は，周知のように収益全般を対象としたものではなく，損益計算書のトップラインである売上高の認識に焦点を当てたものである。本人と代理人の区分が問題となるのは，損益計算書におけるトップラインの表示に違いが生じるからである。つまり，売上高として計上する金額が本人に該当すれば総額であり，代理人に該当すれば手数料部分のみの純額である。企業会計上は業績表示という点で本人と代理人の区分は重要な論点であるが，法人税法上はいずれの場合であっても課税所得は同じ

であり，課税所得の計算に影響はない[13]。

　サブスク収入については，個々のサブスク契約の内容に基づいて会計処理も，また税務処理も行われるのであるが，収益認識会計基準等に対応する形で法人税法第22条の2が新設され，また関連する規定等の整備も行われていることから，会計上と法人税法上の取扱いに基本的に差異は生じていないといえる。

【参考文献】

市原順二・井上雅子・古河友紀・松田由貴・宮治哲司・村山華〔2019〕「収益認識基準における本人と代理人の区分判定」『旬刊経理情報』4月10日号（通巻No.1542），9-25頁。

小野正芳編〔2021〕『27業種別簿記・会計の処理と表示』中央経済社。

片山智裕〔2017〕『収益認識の契約法務：契約法と会計基準の解釈・適用』中央経済社。

片山智裕〔2019〕『ケーススタディでおさえる収益認識会計基準：すぐわかる契約・税務のポイント』第一法規。

企業会計基準委員会事務局・財務会計基準機構編〔2020〕『詳解 収益認識会計基準』中央経済社。

経済産業省〔2022〕「研究開発税制について」（https://www.meti.go.jp/policy/tech_promotion/tax/about_tax.html〈2022年5月7日閲覧〉）。

佐藤信彦・河﨑照行・齋藤真哉・柴健次・高須教夫・松本敏史編〔2021〕『スタンダードテキスト財務会計論Ⅱ〈応用論点編〉（第14版）』中央経済社。

成道秀雄〔2015〕『税務会計：法人税の理論と応用』第一法規。

日本税務研究センター編〔2021〕『デジタル取引と課税』日税研論集第79号，日本税務研究センター。

溝口史子〔2020〕「コロナ禍での売上増加で影響も：英国デジタルサービス税の概要と日本企業への影響」『旬刊経理情報』6月10日特大号（通巻No.1580），55-60頁。

宮崎琢磨・藤田健治・小澤秀治〔2019〕『SMARTサブスクリプション：第3世代サブスクリプションがB to Bに革命を起こす！』東洋経済新報社。

横張清威・伊勢田篤史・和田雄太〔2018〕『改正民法と新収益認識基準に基づく契約書作成・見直しの実務』日本法令。

渡邊景輔〔2019〕「収益認識基準を踏まえたサブスクリプションの会計・税務ポイント」『旬刊経理情報』4月20日号（通巻No.1543），7-16頁。

---

(13)　法人税法上，益金の算定において「総額・純額」という概念はない。

渡辺徹也〔2019〕『スタンダード法人税法（第 2 版）』弘文堂。

渡辺徹也〔2020〕「デジタルサービス税の理論的根拠と課題：Location-Specific Rent に関する考察を中心に」『フィナンシャル・レビュー』令和 2 年第 2 号（通巻第 143 号），6 月，219-235 頁。

OECD〔2020〕*Statement by the OECD/G20 Inclusive Framework on BEPS on the Two-Pillar Approach to Address the Tax Challenges Arising from the Digitalisation of the Economy - January 2020*, OECD/G20 Inclusive Framework on BEPS, OECD, Paris. www.oecd.org/tax/beps/statement-by-the-oecd-g20-inclusive-framework-on-beps-january-2020.pdf.

第9章　役務の提供と無形資産の ライセンスの供与，譲渡

成蹊大学名誉教授　**成道　秀雄**

はじめに

　本章では「収益認識に関する会計基準」（以下，「収益基準」とする）の開発を受けて，法人税での役務の提供と無形資産の譲渡の改正の内容を，収益基準で解説されている「設例」をもとに考察する。なお，収益基準は主に顧客との契約で，通常の営業活動から生じる収益に関する会計処理と開示に適用されるもので，「顧客」と「通常の営業活動」というキーワードからは，無形資産の譲渡は含まれないものと解されている（収益基準1，3）。収益基準が開発される以前で，一般に公正な会計慣行とされてきた企業会計原則においても固定資産の売却益等は特別利益とされて，通常の営業活動から生じるものとはされてこなかった。しかし，法人税で無形資産の譲渡と，収益基準での棚卸資産の譲渡と特段，区別して扱う実用性も乏しいことから，本章では無形資産の譲渡も含めて考察する。

I 収益基準での役務の提供と税務

1 収益基準での役務の種類

　収益基準であげられている顧客への役務の提供の例としては，(1) 顧客のための作業の履行，(2) 役務に対する権利の再販売（例えば，企業が再販売するチケット），(3) 役務が他の当事者によって顧客に提供されるように手配する役務の提供（例えば，企業の代理人として行動するプラットフォーマーの業務），(4) 役務を提供できるように待機する役務（例えば，ソフトウェアに対する随時のアップデート），あるいは顧客が使用を決定できる役務の提供（例えばソフトウェアに対する不定期のバージョンアップ），(5) 顧客又はその再販元に提供した資産，役務に対する保証（例えば，小売店に製品を販売する企業が，その小売店から製品を購入する顧客に対する追加的なサービスの提供），(6) 顧客に代わって行う役務の開発（例えばソフトウェアの受注開発），(7) ライセンスの供与，(8) 顧客が追加の資産又は役務を取得するオプションの付与，等があげられる（収益基準116）。収益基準では，それらの〔設例〕を別途用意しており，以下に個別に解説し，若干の考察を加えてみる。

　なお，下記2の設例のところで，無形資産のライセンスの供与についての会計，税務の概要を示しておき，3以後の設例ではそれらを省略したかたちで考察する。

2 収益基準での設例と税務

(1) 〔設例7〕顧客のための作業の履行

〔1〕A社はB社にコンサルティングサービスを提供する契約を締結した。B社はA社からB社固有の専門的意見を受けることで便益を享受する。B社が一方的に契約を解除した場合には，A社に生じた費用に15％の利益相当額を加算した金額を補償することになっている。逆にA社が義務を履行できず，B社が新たに他のコンサルティング企業と契約する場合には，A社が現在まで完了していた作業を大幅にやり直す必要があり，さらにA社の専門的意見である故に別の用途に転用できず，実務的に大きな制約がある。

　以上のA社とB社との関係から，A社の履行義務が「一定の期間にわたり充足されていくもの」か，あるいは「一時点で充足されるもの」かについては，「収益認識に関する会計基準の適用指針」（以下，「収益指針」とする）63項の以下の3つの全ての要件に該当すれば，B社がA社のコンサルティングサービスを受ける権利を有しており，履行義務が充足される一定の期間において，後述する「進捗度」を合理的に見積もって，それぞれの事業年度の収益の額を計上する。

　(1) 企業が，顧客に権利があるライセンスに著しい影響を与えていること

　(2) (1) の企業活動によって，顧客が直接的に影響を受けていること

　(3) 顧客に使用の権利がある知的財産に著しい影響を与えている企業の活動によって，財又はサービスが顧客に移転しないこと

　(3) については，企業の活動の影響が，ライセンスの供与の中に組み込まれているために，その影響が財又はサービスとして別個に顧客に提供されるものではないことを示しているものと思われる。

　法人税では次の3つの要件のいずれかを満たせば，履行義務が一定の期間にわたり充足されるものとしている（法人税基本通達（以下，「法基通」とする）2-1-21の4）。法人税では役務の種類にも配慮した区分となっている。なお，本通達では「資産」としているところを「役務」に代えて示した。

　(1) 取引における義務を履行するにつれて，相手方が便益を享受するこ

234

と

(2) 取引における義務を履行することにより，役務が生じ，又はその役務の価値が増加し，その役務が生じ，又はその役務の価値が増加するにつれて，相手方がその役務を支配すること

(3) 次の要件のいずれも満たすこと

イ　取引における義務を履行することにより，別の用途に転用することができない役務が生じること

ロ　取引における義務を完了した部分について，対価の額を収受する強制力のある権利を有していること

(1) については，相手方に便益が生じ，次第にその便益は消滅していくものである。例えば定期的なビル清掃サービスや運送サービス等が当てはまる。(2) については，例えば顧客の土地の上に建設を行う工事契約や顧客が所有する会計システムを拡張する役務提供契約等で，資産に対する支配を要件としている。ここでいう「資産に対する支配」とは，その資産の使用を指図し，その資産からの残りの便益のほとんどを享受する能力をいう。(3) のイについては，例えばソフトウェアを受託開発し，そのカスタマイズされたソフトウェアを他の企業に譲渡することが契約上制限されているとか，仮に譲渡できたとしても重大な損失が生じるような場合である。企業が履行義務を充足するにつれて生ずる役務又は価値の増加した役務を容易に他に転用できないことを意味している。(3) のロについては，例えばデジタル化支援サービスの顧客に対する固有のサービス契約や，個別受注製造，製作契約が該当する。契約の内容からして，契約期間の途中で解約されるようなことがあれば，少なくとも履行した部分の補償を受ける権利が生じているような場合である（高橋正朗編『法人税基本通達逐条解説』166〜167頁）。

本設例のA社のコンサルティングサービスは，B社の固有の事実及び状況に対する専門的意見でB社が便益を享受できるので，(3) が当てはまるといえよう。

　以上からしてA社のコンサルティングサービスは一定の期間にわたって提供されるものであるので，その役務の提供の日として，一般に公正妥当と認められる会計処理の基準に従って合理的と考えられる日は，契約の効力が生ずる日，その他近接する日の属する事業年度の確定した決算において収益として経理した場合には，その事業年度の所得の計算上，益金の額に算入される（法人税法（以下，「法法」とする）22の2②）。契約によって毎月のコンサルティングサービス料の支払いが，例えば前月末と確定しているのであれば，契約の効力が生じる日に近接する日として認められよう。

　そして，収益指針第63項のいずれの要件にも該当しない場合には，一時点で充足される履行義務として，顧客が役務を使用して便益を享受できる日の属する事業年度に収益の額を計上する（収益指針64）。

　ここでの履行義務が「一時点で充足される」とは，役務による便益のほとんど全てを顧客に享受させる時であって，その時に収益を認識する。顧客が便益を享受しているとは，次のような要件が満たされなければならない（収益基準40）。

①　企業が，顧客に提供した役務の対価を収受する権利を有していること
②　顧客が役務に対して法的に受益権を有していること
③　企業が役務の占有を移転したこと
④　顧客が役務の受益に伴う重大なリスクを負うとともに経済的価値を享受していること
⑤　顧客が役務を検収したこと

なお，ここでも収益基準第40項では「資産」としているところを「役務」として示している。

　法人税でも，役務の提供のうち履行義務が一定の期間にわたり充足されるもの以外のものとしているので（法基通2-1-21の3），そこで充足されている以外のものは，履行義務が一時点で充足されるものといえる。例えば定期的な清掃サービスでなく，臨時的な1回きりの清掃サービスを依頼す

236

る場合の収益の帰属の時期は，その役務の提供の完了の日が法法第22条
の2第1項に規定する「役務の提供の日」に当たり，その収益の額は，そ
の役務の提供の完了の日の属する事業年度の収益の額に計上される。

　〔2〕次にA社のコンサルティングサービスの収益の額は，提供した役
務と交換にB社からの「通常得べき対価の額（法法22の2④）」に一定期
間の履行義務の場合の「進捗度」を考慮して算定されるが，ここで「通常
得べき対価の額」とは，顧客に役務を提供する，その役務の時価相当額の
支払いを受けるということになるので，その提供した役務の時価とみるの
が適切といえる。ただ，ここでの時価は，いわば売り手と買い手とでせめ
ぎ合いによって決められる取引価額であって，諸事情を考慮して，その妥
当性が検証されなければならない。はじめに評価ありきではない。

　〔3〕この収益の額の算定は，「進捗度」を合理的に見積もれることが前
提であるが，仮に合理的に見積もることができない場合であっても，その
履行義務を充足する際に発生する原価の額を回収することが見込まれる場
合には，その進捗度を合理的に見積もることができるようになるまで，そ
の発生する原価のうち回収することが見込まれる原価相当額までを収益の
額としなければならない。すなわち原価回収基準による収益の額の算定が
行われる（法基通2-1-21の5注（2））。

　さらに，代替的な取り扱いとして，役務提供の履行に着手した後の初期
段階において，履行義務の充足に係る進捗度を合理的に見積もることがで
きない場合には，その収益の額を益金の額に算入しないことができる（法
基通2-1-21の5注（3））。この取り扱いは収益基準に準じたものであって，
取引の初期段階で発生する費用の額は重要性が乏しいであろうから，契約
の初期段階に回収が見込まれる費用の額で収益を認識しなくとも，財務諸
表間の比較可能性を大きく損なうものではないとしている（収益指針165）。
法人税では，工事進行基準では当初，損出しを認めていない時期があった
が，ここでの取り扱いは特に損出しを認めているという趣旨でもないので，
法人税でも支障があるものとしなかったのであろう。

　ここで「進捗度」の合理的な見積方法としては，「インプット法」と「アウトプット法」がある。インプット法とは，役務の提供に係る原価の額の合計額のうち，その役務の提供のために既に要した原材料費，労務費その他の経費の合計額に占める割合，その他の履行義務の進捗の度合いを示すものとして合理的と認められるものに基づいて計算した割合をいうこととされている。インプット法で使用される指標としては，消費した資源，発生した労働時間，発生したコスト，経過時間，機械使用時間等がある（収益指針20～22）。

　アウトプット法とは，顧客にとっての価値を直接的に見積もるもので，現在までに提供した役務と契約によって約束した残りの役務との比率に基づいて収益を認識するものである。アウトプット法で使用される指標としては，現在までに履行を完了した部分の調査，達成した成果の評価，達成したマイルストーン（プロジェクトの節目のポイントや中間地点），経過期間，生産単位数，引渡単位数等がある（収益指針17～19）。

　法人税では，原価の額の発生割合で進捗度を計っているので，収益基準でのインプット法を取り上げているが（法基通2-1-21の6），合理的であればアウトプット法を排除するものではないと解される。

　A社のコンサルティングサービスであるが，全くの期間の経過で，例えば1ヶ月いくらのサービス料を受け取るという場合と，コンサルティングの基本料を決めておいて，それに加えてコンサルティングに応じた時間でもって追加料金を受け取るような場合もあろうから，実情に応じた進捗度でもって収益の額が計上される。

　A社がB社にコンサルティングサービスを提供しての通常得べき対価の額は，原則として役務の提供につき第三者間で取引されたとした場合に通常付される価額ということになるが（法基通2-1-1の10），ここでA社が受け入れる対価の額が200万円で，引き渡したコンサルティングサービスの価額が，その通常の対価の額を超えて300万円であるとすれば，その超える部分の100万円の額が，例えば寄附金や交際費等に該当しないで，A社

の所得の金額の計算上損金の額に算入されるものであれば，その超える部分の 100 万円の金額を益金の額及び損金の額に算入する必要はないことになっている（法基通 2-1-1 の 10）。

そこで，まずは，その差額 100 万円が寄附金とみなされれば次のように処理される。

　A社（借）現　金 200 万円（貸）コンサルティングサービス収入 300 万円
　　　　　　　寄附金 100 万円

解釈的には次のようになる。

　A社（借）現　金 300 万円（貸）コンサルティングサービス収入 300 万円
　　　　（借）寄附金 100 万円（貸）現　金 100 万円

この場合には，コンサルティングサービス収入を 100 万円増額して益金に算入したが，それに対して寄附金が全額損金不算入となれば，実質的に 100 万円が増額されて益金算入となる。

さらに，その差額 100 万円がB社への情報取得費であれば，次のように処理される。

　A社（借）現　金 200 万円（貸）コンサルティングサービス収入 300 万円
　　　　　　　情報取得費 100 万円（貸）現　金 100 万円

解釈的には次のようになる。

　A社（借）現　金 300 万円（貸）コンサルティングサービス収入 300 万円
　　　　（借）情報取得費 100 万円（貸）現金 100 万円

A社のコンサルティングサービス収入を 100 万円増額して益金に算入しても，それに対して情報取得費 100 万円が損金算入されるので（平成 30 年版『改正税法のすべて』（大蔵財務協会）によれば，「移転価格税制のようにその差額を損金不算入とする規定がないため」としている。276 頁），特別にそのような処理は必要がないということになる。

(2) 〔設例 20〕役務に対する権利の再販売（企業が本人に該当する場合）

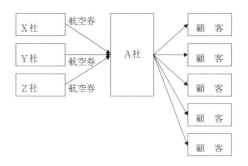

　旅行会社のA社は航空会社X，Y，Z社から航空券を購入して，それを顧客に再販売しているが，A社が自らフライトサービスという役務を提供しているか（すなわち「本人」に当たるか），あるいはX，Y，Z社によってその役務が提供されているか（すなわち「代理人」に当たるか）を判断するに，顧客に航空券を再販売する前にA社がそのフライトサービスという役務を支配していたこと，すなわちA社の売れ残った航空券に対してX，Y，Z社に支払義務が生じていなければ，本取引においてはA社が本人であると判断されよう（収益指針 43，47）。

　このように収益基準では，役務が移転するのは顧客が役務に対する支配を獲得したときであるとしており（収益指針 35），法人税でも収益基準の導入を契機として，支配の有無の判定に，その役務の使用を指図し，その役務の便益のほとんど全てを享受する能力を顧客が有するか否かを考慮するとしているので，その再販売したときを捉えて，その役務の提供の日の属する事業年度の収益の額に計上することを原則としたのである（法基通2-1-21 の 4（2）注）。

3 〔設例18〕役務が他の当事者によって顧客に提供されるように手配する役務の提供（企業が代理人として行動する場合）

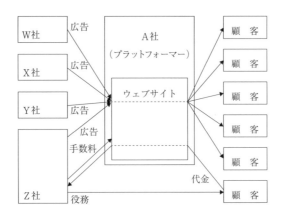

　A社はウェブサイトを運営しているプラットフォーマーである。A社がある役務を自ら提供している「本人」であるか，供給者の「代理人」であるかを判断するに，A社の提供するその役務が顧客に提供される前に，自らがその役務を支配しているかどうかを判断することになる。

　A社のウェブサイトを使用しているメーカーのなかのZ社をみると，その役務を自ら顧客に提供しており，A社は他の役務の提供を顧客に約束していないこと，A社はどの時点においても，顧客に提供される，その役務の使用を指図する能力を有していないこと，A社は，Z社が，その役務を顧客に提供できない場合に，それと同等の役務を提供する義務はないこと，A社は，その役務が顧客に提供される前後のどの時点においても，その役務を提供しなければならないというリスクを有していないこと等から，A社自らが，その役務を支配しているとはいえず，よってA社はZ社の代理人に該当することになる。

　よって，A社が，その役務を顧客に提供されるように手配して，A社の履行義務が充足するときに，A社が自らがその役務の対価を受け取る権利

を得る事業年度において，販売価格の一定割合（本設例では売上高の10％）の手数料の額の収益を認識している。

実体は本人でありながら意図的に代理人とみせかけて租税回避を図る例としては，コミッショネア・アレンジメントから生じるBEPS問題がある。

① Buy-Sell形態でXco（医薬品販売会社）からYcoへ医薬品が販売され，Ycoはその医薬品を顧客に再販していた。XcoとYcoは親子関係にある。

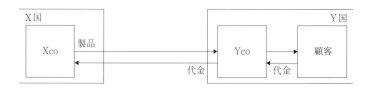

② コミッショネア・アレンジメントに変更し，Ycoは，その有している固定資産，株式，顧客情報をXcoに売却し，Y国においてXcoの製品を自己の名において，Xcoのリスクで販売することに合意した。

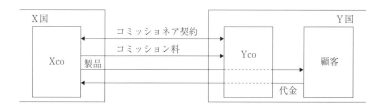

③ 結果として，Y国におけるYcoの課税所得は減少するので，X国の法人税率がY国の法人税率より低ければ，X国，Y国全体の法人税額が減少するので，多くの場合，コミッショネア・アレンジメント及び類似の手法が，主として，販売が行われるYcoの課税ベースを浸食するために行われることは明らかである。

なお，同じ企業でありながら，「本人」と「代理人」を兼ねる仕入形態の

あるものもある。例えば，百貨店業界は消化仕入れといって，店頭商品で売れるまで取引先の資産で在庫リスクも取引先が負い，一方，百貨店のバイヤーがあらかじめ商品を仕入れて自らのリスクで販売するもので，前者では代理人，後者では本人という位置付けになろう。

4 〔設例24の一部〕一時点か一定の期間かの履行義務の区分

A社はB社へ金型設計ソフトのライセンスを供与し，かつ5年ごとの契約でアップデートサービスとテクニカルサポートサービスを提供している。ここでのアップデートサービスはソフトウェアのプログラムの更新であるために，不定期で行われている。5年間継続して履行義務を充足し，その効力が発生している日の事業年度に収益の額を計上する。

それに対してバージョンアップは，ソフトウェアの大幅な機能強化や性能向上，表示，操作体系の刷新，データ形式の変更などの大幅な改良，修正を伴うもので，アップデートサービスのように不定期で提供されるものではなく，かなりの間隔を開けて行われるのが普通である。バージョンアップは，いわばソフトウェアの新規交換に等しく，新規交換されたソフトウェアが，事後の新たなアップデートサービスによってプログラムが更新されていくことになる。B社がバージョンアップするか否かは，自らの選択によることになる。B社がバージョンアップして，その対価をA社に支払ったとすれば，A社は，その支払いを受けた日の属する事業年度の収益の額に計上することになる。

ここで，A社がバージョンアップによって支払いを受けた対価は，その

新規交換によってライセンスを供与した日の属する事業年度の収益の額に
計上されるか，そのライセンスを供与した一定の期間のそれぞれの事業年
度の収益の額として計上するかは，前者においては収益を早めに計上した
い（収益の前倒し）の要請に適うものであり，後者は収益を遅めに計上し
たい（収益の繰延べ）の要請に適うものであり，いずれから意図的選択す
れば，租税回避とみなされることもあり，留意が必要である。

5　〔設例17〕顧客又はその再販元に提供した製品，役務に対する保証

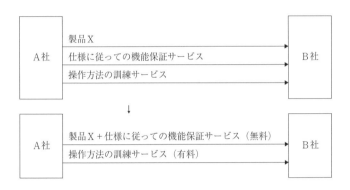

　A社はB社に製品Xの販売と共に2つの保証サービスを提供する契約を
した。それぞれの保証サービスの内容は，購入日から1年間の仕様に従っ
ての機能保証サービスと販売してから2年以内の製品Xの操作方法の20
時間以内の訓練サービスである。いずれのサービスも追加的な支払いを必
要としていない。

　B社に追加的なサービスを保証する場合には，別個の履行義務として識
別することになる。前者の仕様に従っての機能保証サービスは別個の履行
義務とされないのが普通であるが，後者の操作方法の訓練サービスは，顧
客の責任による故障に修理等で対応する保証サービスと同様に製品Xの提

供とは別個の履行義務と考えられ，取引価額を製品Xと訓練サービスの独立販売価格の比率で配分することになる。ここで製品Xの取引価額が4,100万円として，製品Xの独立販売価格が4,000万円，訓練サービスの独立販売価格が200万円として，それぞれの独立販売価格をもとにしてその取引価額を按分すると，製品Xの取引価額が39,047,600円，訓練サービスの取引価額が1,952,400円と見直される。

　年度はじめに製品Xを販売したときの処理は次の通りである。

（借）現金預金 41,000,000 円　　（貸）売上 39,047,600 円

　　　　　　　　　　　　　　　　　契約負債 1,952,400 円

　訓練サービスの取引価額の部分については，契約負債として認識し，保証期間にわたって契約負債から売上に振り替えることが考えられる。

　年度末に契約負債の半額を売上に振り替えると次のようになる。

（借）契約負債 976,200 円　　（貸）売上 976,200 円

　法人税では，仕様保証サービスは別個の履行義務としては取り扱わないとされており（法基通2-1-1の3），収益基準と同様である。機能保証サービスに対応する製品保証引当金については税法上認められておらず，申告調整となる。また，訓練サービスを提供する保証についても収益基準と同様に別個の履行義務として取り扱われることになろう。

　このように製品と抱き合わせで数年間継続のサービスが提供される場合には，関連会社間では，製品の販売価額を圧縮して，その圧縮した分をサービスの取引価額にオンすれば，収益の一部の繰り延べが可能となるともいえる。逆に製品の取引価額を引き上げて，その分サービスの取引価額を圧縮して，益出しを先行することで繰越欠損金の期限切れを防ぐようなことをすると，それぞれが利益操作とされて，租税回避とみなされる場合も考えられよう。

6　ライセンスの供与

(1)　〔設例6-1〕それぞれの役務が別個のものであるか否かの判定

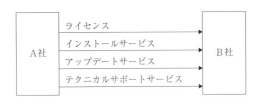

　ソフトウェア開発業者のA社は，ソフトウェアのライセンスを供与し，かつそれに伴うインストールサービス，アップデートサービス，テクニカルサポートサービスを独立して提供した。ライセンスの供与とそれらのサービスの提供は互いに著しい影響を与えないため，相互依存性及び相互関連性は高くない。インストールサービスは同業他社から日常的に購入できるものであり，B社がライセンスを使用して便益を享受する能力に著しい影響を与えるものではない。アップデートサービスは，B社がライセンスを使用して便益を享受する能力に著しい影響を与えるものではない。収益基準によれば，A社によるライセンスの供与，インストールサービス，アップデートサービス，テクニカルサポートサービスのそれぞれについて履行義務を識別し，それぞれの事業年度で個別に収益の額を計上することになる。

　法人税も同様に，役務の提供に係る収益の額は，原則として個々の契約ごとに計上するとしており，ただし，複数の契約でも役務の提供の組み合わせではじめて単一の履行義務となる場合や一つの契約の中に複数の履行義務が含まれている場合は，それぞれの履行義務に係る役務の提供の収益の額を計上するとしているところであり（法基通2-1-1），収益基準と基本的に変わるところはない。

　次に，それぞれのサービスが一時の履行義務であるか一定期間の履行義務であるかについては，それぞれの固有の事実及び状況で判定することに

なる。

(2) 〔設例6-2〕インストールサービス（顧客仕様のソフトウェア）

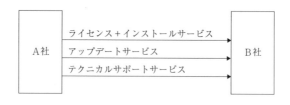

　本設例6-2では，アップデートサービス，テクニカルサポートサービス
は設例6-1と同じで，それぞれ独立したサービスであるが，ソフトウェア
のインストールサービスはB社用にカスタマイズされている。B社が既に
使用している他のB社仕様のソフトウェア・アプリケーションとの接続を
可能にする大幅な新機能の追加が行われている。それゆえ，ソフトウェア
のインストールサービスは，ソフトウェアのライセンスと統合されたサー
ビスとして捉えられる。ソフトウェアはインストールサービスにより著し
く修正され，B社仕様のものとなっている（収益指針6）。このようなイン
ストールサービスは，設例6-1のインストールサービスと異なり，ソフト
ウェアのライセンスと一体となっている。一体となれば，収益基準第24
項により，ライセンスの供与とインストールサービスとで単一の契約とみ
なして，それが一時点の履行義務であるか一定期間の履行義務であるかが
判定される。

　設例6-1では，ソフトウェアのライセンスとインストールサービスとは
区分して収益の額の計上がなされるが，設例6-2ではソフトウェアのライ
センスにインストールサービスが組み込まれて，収益の額の計上がなされ
ていく。

　法人税では，インストールサービスの収益の額の計上を遅らすために，
ソフトウェアのライセンスの供与とともに一定期間での履行義務の充足で
収益の額の計上がなされるのであれば，意図的にソフトウェアのライセン

スに組み込んで，収益の額の計上をすることもあり得る。逆にインストールサービスの収益の額の計上を前倒しにしたいために，本当であれば一定期間で履行義務を充足するソフトウェアのライセンスの供与に組み込まれるところ，意図的に区分して，インストールサービスの収益を一時点で計上することも考えられる。このような処理がなされれば租税回避とみなされるおそれもあり，留意が必要である。

　もとより，ライセンスの供与の額は，他の付随的なインストールサービス，アップデートサービス等の額よりも大きいであろうし，重要であるのが普通である。それゆえ，その額を一時点の履行義務の充足として，その事業年度の収益の額に計上するか，一定の期間での履行義務の充足としてそれぞれの事業年度に配分して計上するのかは，それぞれの事業年度の課税所得に大きく影響することから，租税回避とみなされないように，合理的な判断が求められる。

(3) 〔設例26〕フランチャイズ権

　設例26は設例6-1と同じく，ライセンスの供与に情報サービスが一体となって，履行義務を充足している。フランチャイズ権開発業者たるA社はB社にフランチャイズ権のライセンスを供与して，A社の製品を10年間にわたり販売する権利を提供するとともに，顧客データをもとに顧客の嗜好の分析，製品（商品）の改善，価格戦略，販促キャンペーン，運営面の効率化の実施の指導を情報化し，B社にフィードバックするサービスを

提供するソフトウェアへのアクセスを許容している。B社はその見返りとして毎月の売上高の５％のロイヤリティーをA社に支払うことになっている（収益指針67）。契約にはライセンスの供与のほか，A社がB社のフランチャイズ店舗の運営に必要な設備を15,000万円で引き渡されている。

A社からするとB社に対してフランチャイズ権のライセンスの供与と情報サービスの提供のためのソフトウェアへのアクセスの許容という二つの履行義務が存在しているといえるかであるが，収益基準第31項では，本部たるA社が，フランチャイズに係る商品の売上に貢献する有用な情報を顧客に提供することで，今後のフランチャイズ権の価値を高めるとともにフランチャイズ店舗数の拡大を見込めるという意味からも，フランチャイズ権のライセンスの供与と顧客への情報サービスはセットで用意されるものであって，二つの履行義務とはいえないとしている。

もっともフランチャイズ権のライセンスの供与と顧客への情報サービスの提供の対価の額として売上高の５％という変動対価たるロイヤリティーが，当然得べき対価の額であるかは，別途検討すべきである。

法法第22条の２第４項によると，役務の提供による収益の額は，その提供した役務につき通常得べき対価の額に相当する額とされている。すなわちその提供した役務の時価ということになっている。適正な時価はどのように決定されるかであるが，一般的に類似のサービスにどれほどの対価が支払われているか。A社は他者の顧客に対して類似のサービスにどれほどの対価が支払われているかが参考とされる。

A社は，ライセンスの供与と顧客データを分析して有用な情報を顧客にフィードバックするという履行義務が一定の期間にわたり充足するにつれて，ライセンスに係る売上高の５％のロイヤリティーの支払を受けることからすれば，その収益の額は，ライセンスの供与という役務が提供されるという履行義務が充足されていく，一定期間のそれぞれの日の属する事業年度の益金の額に算入されることが原則といえる。しかし，従前から契約又は慣習でもって支払いを受けるべき日において収益の額を計上する取り

扱いは，一般に公正妥当と認められる会計処理の基準に従ったものとして
認められてきており，法人が継続してその支払いを受けるべき日において
収益計上しているときは，引き渡しを受けるべき日は原則の引き渡しの日
に近接する日に該当するものとして認められよう（法法22の2②）。

　この設例では，ライセンスの供与と固定設備の譲渡がセットとなってお
り，固定設備の売価を圧縮して，その分，何年間かのライセンスの供与の
額を増加すれば，収益の額の繰り延べが可能といえ，逆に固定設備の額を
過大にして，その額を何年間かのライセンスの供与の額を減少すれば，収
益の額の前出しが可能となるので，そのような行為が租税回避と認められ
ることはないかも注意すべきといえる。

(4)　〔設例25-1，25-2〕上記〔設例6-1，6-2〕と同じくライセンスの供与に特定の役務が結合する場合と区別する場合

　特許権開発業者たる製薬会社A社が薬品の特許権だけでなく，その薬品
製造も独占している場合である。その薬品製造は特殊であって，他社が薬
品製造することができないことから，B社としては，A社に薬品製造を委
託しなければ，その特許権のライセンスからの便益を享受することができ
ない。そこで収益基準第24項では，A社は特許権のライセンスと薬品製
造を一体として，それらを単一の履行義務として処理することになる。そ
して，一時点で，あるいは一定期間で履行義務が充足されるものかが判断
されて，収益の額の計上の帰属時期が決定される。法基通2-1-1（注1）に
おいても同様の内容が示されている。

　次の設例25-2は，ライセンスの供与と薬品製造が別個のものの場合で

250

ある。

　設例 25-1 と異なる点は，薬品製造の方法が特殊なものでなく，他社でも，その薬品製造が可能ということである。それゆえ A 社は，B 社への特許権のライセンスの供与を薬品製造と切り離して，履行義務を充足することができる。

　それゆえ収益指針第 6 項では A 社が B 社に特許権のライセンスを供与した後に B 社を特別にサポートせずとも，B 社はその薬品製造の便益の相当部分を A 社以外の企業から享受できることから，A 社は B 社に特許権のライセンスを供与した日の属する事業年度で履行義務を充足していると判断されれば（収益指針 63），ロイヤリティーたる収益の額が計上されるとしている。法基通 2-1-1（2）においても同様の内容が示されている。B 社は別途，他社に薬品を委託製造しているとする。

　さらには，例えば B 社が，A 社から受け入れた特許権をもとに新製品を開発したような場合には，その製品販売量に応じた従量課金（サブスク）を請求される場合も見受けられる。

7 〔設例 27-2〕顧客が追加の資産又は役務を取得するオプションの付与

　A 社は 2021 年 1 月 1 日に，製品 X を 1,000 千円で B 社に販売する契約をした。契約には，B 社の要求により 2021 年 12 月 31 日以前に製品 X を900 千円で買い戻す義務を A 社が負うプットオプションが含まれている。2021 年 12 月 31 日時点で予想される製品 X の市場価格は 750 千円であっ

た。

返品権付取引とされた場合

　この設例で，B社がA社に返品するというインセンティブを有している
と判断すれば，収益指針第72項で，リース会計基準に従ってリース取引
として処理するが，仮にB社がそのようなインセンティブを有していなけ
れば，当初販売時点で資産の支配がB社に移転した上で，B社から買い戻
しの要求を受ける可能性を考慮して，返品権付取引として処理することと
されている。いずれにしてもB社がA社にオプション料を支払っていれば，
A社は販売契約の当初において，B社が事後にオプションを行使するか否
かにかかわらず，そのオプション契約を締結した事業年度の収益の額に計
上することになる。なお，オプション契約は販売契約と同時になされるの
が普通であるが，後になされるようなことがあれば，その後のオプション
契約の締結した日の事業年度の収益の額に計上する。
　法人税では，A社とB社が関連会社関係にあるとして合理的な理由もな
くオプションを行使しなかった場合，この設例ではB社が，2021年12月
31日に市場価格が750千円と予想される製品を900千円で買い戻される
権利を行使しなかった場合には，そのオプション取引に係る利益の額に相
当する金額150千円を，その取引のB社に対して寄附をしたものとして扱
われることに留意する必要がある（法基通2-1-37）。

II　無形資産の譲渡の税務

1　無形資産の評価の困難性と税務

　収益基準の開発を受けて，法人税では，固定資産の譲渡について，その引き渡しのあった日の属する事業年度の収益の額に計上するとした。ただし，その固定資産が土地，建物その他これらに類する資産である場合において，法人がその固定資産の譲渡に関する契約の効力発生の日において収益計上を行っているときは，その効力発生の日は，その引き渡しの日に近接する日に該当するものとしている（法法22の2②，法基通2-1-14）。

　効力発生の日の属する事業年度で収益計上の取り扱いが設けられている趣旨は，固定資産のうち土地，建物，その他これらに類する資産にあっては，一般的に，その引き渡しの事実関係が明らかでないことが多いからである（前掲書『法人税基本通達逐条解説』150頁）。

　上記「固定資産のうち土地，建物，その他これらに類する資産」のうちの「その他これらに類する資産」に無形資産が該当するかであるが，土地，建物と同様に，引き渡しの日が外形的に明らかでない場合が多いであろうから，含められると解されよう。そして「契約の効力発生の日」であるが，一般的には，契約締結の日でよいのではないか。なお，法基通2-1-16「工業所有権等の譲渡等による収益の帰属の時期の特例」では，ここでの契約の効力の日以外に，例外的にその譲渡の効力が登録により生ずることになっている場合，すなわち無形資産の移転登記の日であっても，これを認めるとしている。工業所有権等には特許権，実用新案権，意匠権及び商標権，さらにはこれらの権利に係る出願権及び実施権も含められ，それらの工業所有権等の譲渡に係る計上時期については，契約の効力発生の日を原則としつつ，工業所有権等の移転については登録がその効力発生の要件としているところである（特許法98①，実用新案法26等）（前掲書『法人税基本通達逐条解説』152〜153頁）。

　その引き渡しの日については，棚卸商品での取り扱いが参考になろう（法基通2-1-2）。その例の中には，相手方が検収した日，相手方において使用収益ができることとなった日などが含まれているが，その無形資産の種類及び性質，その販売に係る契約の内容等に応じた，その引き渡しの日として合理的と認められる日のうち，法人が継続してその収益の計上を行うこととしている日による。

　無形資産の譲渡でもソフトウェアも含められる著作権の譲渡は，移転登記や登録がないので，その契約内容に応じて，継続性を担保にして収益の計上が行われることになる。

　そして，資産の譲渡に係る目的物の引き渡しの日の属する事業年度終了の日までに，その対価の額が合意されていない場合には，同日の現況により引き渡しの時の価額等を適正に見積もるとされており，この場合に，その後確定した対価の額が見積額と異なるときは，法法施行令第18条の2第1項（収益の額につき修正の経理をしたとき）の規定の適用を受ける場合を除き，その差額に相当する金額につきその確定した日の属する事業年度の収益の額を減額し，又は増額することになっている。ここではあくまでも適正に見積もった額が確定した額と，結果的に異なったということであろう。

　譲渡される資産の引き渡しの時における価額とは，原則としてその資産の譲渡につき第三者間で取引されるとした場合に通常付される価額をいうが（法法22の2④），無形資産においては，その特殊性から第三者間で取引されるとした場合にという前提が当てはまらない場合が多いのではないか。

　移転価格税制では，平成31年度の税制改正で比較対象取引が特定できない，すなわち評価が困難な無形資産に係る独立企業間価格の算定方法として現在割引価値法（以下「DCF法」とする）が加わった。かかる無形資産の取引でもって独立企業間価格の算定の基礎となる予測と結果が相違して，その相違の原因となった事由の発生の可能性を勘案して，その無形資産の

254

取引に係る最適な価格算定方法により算定した金額を独立企業間価格とみなして更正することができる所得相応性基準がDCF法とセットで導入された。

この移転価格税制で用いられるDCF法でもって適正に評価された無形資産が譲渡されれば，当然のこととしてその評価の詳細の記録を保持しておくことを前提として，課税上問題はないように思われる。

もとより，このような評価が困難な無形資産の取引の契約においては，短期の契約をしたり，契約条件の中に価格調整事項を含めたり，又は条件付き支払いを含む価格体系を採用する可能性があるとしており(注)，所得相応性基準の導入を正当化しているように思われる。

（注）例えば，ライセンス使用者の売上高に連動して使用料率を高くできる契約や，開発目標が成功した時に追加的な支払いが要求できる契約に加え，取引時点では商業化されておらず更なる開発が必要となる無形資産及びその権利の譲渡について，更なる段階へ達した時に，最初の譲渡時に設定した支払条件に追加できる支払いが必要となる契約が考えられるとしている（2017年版　OECD多国籍企業及び税務当局のための移転価格ガイドライン　6.183）。

2　ソフトウェアの受託開発等の事例（この事例は収益基準の設例にあげられていない）

ソフトウェアの受託開発は，その実質は請負であることから，その収益の額は，原則として，役務の全部の提供を完了した日の属する事業年度の収益の額に計上するところ，収益基準の導入を契機として，法基通2-1-21

の4（履行義務が一定の期間にわたり充足されるもの）に示されている（1）
から（3）の要件のいずれかを満たす場合において，その請負に係る履行
義務が充足されていく，それぞれの日の属する事業年度において法基通
2-1-21の5（履行義務が一定の期間にわたり充足されるものに係る収益の額の
算定の通則）に準じて算定される額を収益の額に計上することになる。

　ただし，ここでのソフトウェアの受託開発のような技術役務の提供で，
顧客への請求額が現地に派遣する技術者等の数及び滞在期間の日数等によ
り算定され，かつ，一定の期間ごとにその金額を確定させて，支払を受け
ることとなっている場合，あるいは，それぞれの開発段階で報酬の額が区
分されている場合で，報酬の額が作業の段階ごとに区分され，かつ，それ
ぞれの段階の作業が完了する都度，その金額を確定させて支払いを受ける
こととなっている場合には，それぞれの作業の区分ごとに，その収益の額
を確定して計上することになっている（法基通2-1-1の5，2-1-21の10）。
この方法は，建設工事での部分完成で，その事業年度に引き渡した建設工
事の部分に対する収益の計上（法基通2-1-1の4）に準じた扱いといえる。

　ちなみにソフトウェアの開発は，「設計」，「開発」，「テスト」の順に進め
られていく。「設計」は，ソフトウェアの仕様を決める工程で，基本設計と
詳細設計に分かれる。「開発」は，設計書の内容のもとに，プログラミング
言語を使ってプログラムを設計する。「テスト」は，開発の作業が終わって，
そのソフトウェアが設計書通りに動くかをテストする。不具合があれば修
正し，エラーなく動作することを確認する。このように段階の完了ごとに
決済されるのであれば，それぞれの段階の完了する日の属する事業年度の
収益の額として計上して構わないであろう。

　なお，先の一定の期間での，それぞれの履行義務の充足による収益の額
の計上で，進捗度を合理的に見積もることができれば，その技術役務の段
階ごとに完了する日の属する事業年度に収益の額を計上する場合と，かな
り近似した各事業年度の収益の額の計上がなされるのではないか。そして，
一定の期間による収益の額の計上や段階の完了ごとの収益の額の計上のい

ずれかが適用されれば，請負の原則による，役務の全部の提供を完了した
日での収益の額の計上に優先することになる。

　このように，ソフトウェアについては請負による処理を，その完了の日
の属する事業年度の収益の額の計上を原則としつつ，作業の段階ごとの収
益の額の計上（法基通 2-1-1 の 5，2-1-21 の 10），さらに一定の期間での履
行義務の充足につれての収益の額の計上（法基通 2-1-21 の 2，2-1-21 の 5）
が可能であれば，それらが優先するとしているが，実情から後者の収益の
額の計上が優先すべきところ，収益の計上を遅らすために原則による収益
の額の計上によるとするか，あるいは逆に収益の額の計上を早めるために
後者による収益の額の計上とすれば，租税回避によるものとみなされるお
それもあろう。

【参考文献】
成松洋一「会計上と税務上の収益認識基準の異同点とその調整〈1〉〜〈6〉」『週間税
　　務通信』No. 3515〜3521　平成 30 年 7 月 16 日〜9 月 3 日
藤曲武美『収益認識の税務——法人税法から法人税基本通達まで——』中央経済社　平
　　成 30 年 10 月 15 日
髙橋正朗編『10 訂版　法人税基本通達逐条解説』税務研究会出版局　令和 3 年 7 月 30
　　日
太田達也「品質保証型とサービスを提供する保証との違い」2020 年 3 月 2 日　企業会計
　　ナビ https://www.ey.com/ja_jp/corporate-accounting/ota-tatsuya-point-of-view/ota-
　　tatsuya-point-of-view-2020-03-02
成道秀雄「第 8 章　PE 認定の人為的回避の防止」『日税研論集 VOL. 73「税源浸食と利
　　益移転（BEPS)」対策税制』平成 30 年 3 月 20 日

補章　収益認識計上に関する租税判例
—相栄産業事件・大竹貿易事件・ビックカメラ事件—

桜美林大学助教　**柳　綾子**

は じ め に

　法人の課税所得計算における収益及び費用等の額は「別段の定め」があるものを除き法人税法 22 条 4 項の「一般に公正妥当と認められる会計処理の基準」(以下,「公正処理基準」という。)に従って計算される。しかし,公正処理基準の具体的な内容については条文上からは明らかになっていない。そのため,その解釈適用においては具体的な内容や基準は明確ではなく,判例の積み重ねにより明らかにされることになる。

　とりわけ収益の認識計上基準については,権利確定主義が採用されその根拠を公正処理基準に求める旨を示した「相栄産業事件」「大竹貿易事件」「ビックカメラ事件」(最高裁の判決年月日順)は税法の収益認識計上基準の理論形成に大きな影響を及ぼしたといえる。そこで,本章ではこの三つの判例を分析検討することにより,税法における公正処理基準の解釈適用及び収益認識計上基準のあり方を論考することとする。

I 過収電気料金等の返還金の収益計上時期
―相栄産業事件

1 事実の概要

　X（原告・控訴人・上告人）は，三条市で自動車部品の製造等を業とする株式会社であり，青色申告法人である。Xは，東北電力と電力需給契約を締結し，電力の供給を受けていたが，東北電力において，昭和59年12月3日，同年11月分の定期検針の際，Xの使用電力量が例年に比べて大幅に少ないことから，過去の実績を含め調査したところ，計量装置の計器用変成器の設定誤りが原因で，昭和47年4月から昭和59年10月までの12年7か月にわたりXから過大に電気料金等を徴収していたことが判明した。

　昭和59年12月21日，東北電力の三条営業所の3名が，Xを再度訪問してX代表者及び経理担当者に面談し，過収電気料金等の概算精算額が約1億5,200万円，年6％の単利で計算した金額に係る利息が約4,000万円程度になる旨を告げ，昭和60年3月28日，三条営業所の営業所長及び営業課長がX方を訪れ，X代表者と経理担当者に対し，精算内容について具体的な金額を提示し，Xと東北電力との間で事実上合意が成立した。

　そして，同月29日，東北電力は最終的に本店の決裁を経て，Xと東北電力間の合意に基づき，同日付けの確認書を作成するとともに，東北電力はXの指定口座に確定金額（本件過収電気料金と右利息を合わせたもの。）を振り込み，精算業務を終了した。

　Xは，昭和60年1月1日から同年12月31日までの事業年度（以下，「本件事業年度」という。）に係る法人税について，Y（三条税務署長）（被告・被控訴人・被上告人）に対して法定申告期限までに課税所得金額1億6,023万9,499円，法人税額6,216万4,300円の確定申告書を提出した。次いで，Xは，確定申告書に記載した課税標準の計算に誤りがあり，納付すべき税額が過少であったので，昭和61年5月20日，課税所得金額1億6,387万

7,312 円，法人税額 6,373 万 9,400 円の修正申告をした。

　Yは，当該過収電気料金等は当該返戻金全額を本件事業年度の益金に計上すべきであるとして，昭和 61 年 6 月 25 日，修正申告に係る過少申告の額を 7 万 8,500 円とする賦課決定処分をするとともに，課税所得金額 3 億 1,583 万 8,691 円，法人税額 1 億 2,953 万 8,600 円，追加納付法人税額 6,579 万円（1 万円未満端数切捨て）の 100 分の 5 の割合を乗じて計算した過少申告加算税額 328 万 9,500 円の法人税の更正処分及び更正処分に係る過少申告加算税の賦課決定処分をした。Xは審査請求をしたが棄却裁決を受け，本件提訴に至った。

　本件の主要な争点は，①過年度過収電気料金等の返戻額は法人税法 22 条 2 項の益金に該当するか，又は前期損益修正か，②益金として計上する事業年度はいつか，③収益計上基準としての権利確定主義の意義，④所得計算の根拠規定となる法人税法 22 条 4 項「公正処理基準」の解釈適用との関係についてである。

　第 1 審（新潟地判平成 2 年 7 月 5 日）はXの請求を棄却し，控訴審（東京高判平成 3 年 5 月 29 日）もXの控訴を棄却したため，Xは上告した。

2　判　旨
(1)　新潟地方裁判所平成 2 年 7 月 5 日判決[1]
請求棄却

　「法人の各事業年度の所得金額は，当該事業年度の益金の額から同年度の損金の額を控除した金額であるとされ（法 22 条 1 項），右益金の額には別段の定めがあるものを除き当該事業年度の資本等取引以外の取引（いわゆる損益取引）による収益の額を算入することとし（同条 2 項），この収益の額については，一般に公正妥当と認められる会計処理の基準（いわゆる公正処理基準）に従って計算されるものとしている（法 22 条 4 項）。」

(1)　新潟地方裁判所第 2 民事部平成 2 年 7 月 5 日判決，昭和 63 年（行ウ）2 号，更正処分等取消請求事件，税務訴訟資料（1〜249 号）180 号 1 頁。

「公正処理基準は企業会計原則，財務諸表等規則によっても表されており，収益，費用の期間帰属については，原則として，発生主義を採用している。右発生主義とはいわゆる現金主義に対するものであるが，税法においては，課税の公平，基準の明確等の要請を勘案し，原則として収入すべき債権の確定をもって基準とする，いわゆる権利確定主義として理解されるべきものである。」

「権利確定主義によれば，法人の収益の帰属年度は右収益たる債権が確定した事業年度であるから，本件過収電気料金等を収益として計上すべき事業年度は，本件過収電気料金等の返還請求権が確定した日の属する事業年度であることになる。そして，前記認定事実に照らせば，本件過収電気料金等の返還請求権が確定したのは，昭和60年3月29日（早くとも同月28日）であると認められる。」

「債権が確定したというためには，本件過収電気料金等の返戻額が当事者間において客観的に確定し得るものであることを要する……本件過収電気料金等の返戻額は過大徴収の事実が判明した時点で当然に算出することのできた客観的な価値とはいえないのであり（なお，使用電力量を計量できなかった場合の使用電力量算出基準に関する東北電力の電力供給規程も需要家との協議により定める旨の規定となっており，右規程の存在により当然に推計額が算出されうるものでないことも明らかである。），右返戻額が確定したのは，原告と東北電力との合意によるものというほかない。」

「担税力の適正な評価の点からはもちろん，公正課税の点からみても，前記認定のとおり，過年度の電力料金等の支払いは会計事実としては既に確定していたというべきものであり，また，本件過収電気料金等の返戻額は客観的に存在する過年度の過大徴収額の実額ではなく，当事者の合意という新たな会計事実によって確定された金額であるから，本件過収電気料金等の精算を過年度の損益が事実をありのままに表現していなかったような単なる損益計算の誤りの修正の場合と同視して，これを過年度の損金額の修正によって処理すべきものでないことは明らかである。本件過収電気

料金等を本件事業年度の特別収益として計上した本件更正処分には原告の主張する違法はない。」

(2)　東京高等裁判所平成 3 年 5 月 29 日判決[2]

控訴棄却

「当裁判所も，控訴人の請求は理由がないと判断するものであり，その理由は，次のとおり訂正又は付加するほかは，原判決理由説示と同一である」

(3)　最高裁判所第一小法廷平成 4 年 10 月 29 日判決[3]

上告棄却

「右事実関係によれば，上告人は，昭和 47 年 4 月から同 59 年 10 月までの 12 年間余もの期間，東北電力による電気料金等の請求が正当なものであるとの認識の下でその支払を完了しており，その間，上告人はもとより東北電力でさえ，東北電力が上告人から過大に電気料金等を徴収している事実を発見することはできなかったのであるから，上告人が過収電気料金等の返還を受けることは事実上不可能であったというべきである。そうであれば，電気料金等の過大支払の日が属する各事業年度に過収電気料金等の返還請求権が確定したものとして，右各事業年度の所得金額の計算をすべきであるとするのは相当ではない。上告人の東北電力に対する本件過収電気料金等の返還請求権は，昭和 59 年 12 月ころ，東北電力によって，計量装置の計器用変成器の設定誤りが発見されたという新たな事実の発生を受けて，右両者間において，本件確認書により返還すべき金額について合意が成立したことによって確定したものとみるのが相当である。したがって，本件過収電気料金等の返戻による収益が帰属すべき事業年度は，右合意が成立した昭和 60 年 3 月 29 日が属する本件事業年度であり，その金額

---

(2)　東京高等裁判所第 5 民事部平成 3 年 5 月 29 日判決，平成 2 年（行コ）97 号，更正処分等取消請求控訴事件，税務訴訟資料（1 〜249 号）183 号 856 頁。

(3)　最高裁判所第一小法廷平成 4 年 10 月 29 日判決，平成 3 年（行ツ）171 号，更正処分等取消請求上告事件，最高裁判所裁判集民事 166 号 525 頁。訟務月報 39 巻 8 号 1591 頁。税務訴訟資料（1 〜249 号）193 号 397 頁。

を右事業年度の益金の額に算入すべきものであるとした原審の判断は，正当として是認することができ，原判決に所論の違法はない。」

味村治裁判官の反対意見は，次のとおりである。

「上告人は，電気料金等の過大支払により，その都度，過収電気料金等の額に相当する額の現金を失ってはいるが，それと同時に，民法の規定により東北電力に対し不当利得としてその額の返還を請求する権利を取得したことが明らかである。」

「返還請求権…は，…過収電気料金等の額に相当する現金の喪失という資産の減少を回復するものにすぎないから，その取得は，同項の収益に当たらないというべきである。したがって，右の権利の取得を収益として，これにより返還を受けるべき過収電気料金等の額を益金の額に算入することはできないし，まして，表裏の関係にある右の権利の取得と現金の喪失とを切り離して，右の現金の喪失は前記の過大支払の日の属する各事業年度の損失であるとしながら，右の権利の取得は前記の合意の日の属する事業年度の収益であるとすることはできない。…過収電気料金等の額は，電気料金等の過大支払の時において，客観的に確定していて，算定可能であり，税法上は，この客観的に確定した額が不当利得として上告人が返還を受けるべき額であって，被上告人は，右の合意にかかわらず，所定の権限を行使し，過収電気料金等の額を調査し，これに基づいて更正を行うべきである。」

3　分析検討[4]

本判決の意義は，法人税法22条4項の公正処理基準は収益の期間帰属について判決例として権利確定主義を位置づけている点である。そこで本件で争点となった，①過収電気料金等の返還金の会計的・法律的・税法的

(4)　川端康之「過大徴収電気料金の返還と収益の計上時期―相栄産業事件」中里実・佐藤英明・増井良啓・渋谷雅弘・渕圭吾編『租税判例百選（第7版）別冊ジュリスト253号』有斐閣，2021年6月，134-135頁。

性格，②公正処理基準と過年度損益修正，③権利確定主義と益金計上時点
について検討する。

(1)　過収電気料金等の返還金の性格—会計・民法・税法

　本件の争点の一つである過収電気料金等の返還金の性格について，Ｘは
不当利得として返還したものであるから本件事業年度の益金ではないとし
ているのに対して，Ｙは法が益金である収益の処理基準を公正妥当な会計
処理の基準に委ねているのであるから，本件精算金額を，特別利益として
本件事業年度の益金に計上すべきとして更正処分をしている。

　それに対して，新潟地裁は，本件過収電気料金等を本件事業年度の損益
計算書の特別利益として計上すべきであると本件更正処分を適法と判示し
ている。

　また，東京高裁も最高裁も，原審判断を踏襲し，本件過収電気料金等の
返還請求権に基づく返還金額は，東北電力によって計量装置の計器用変成
器の設定誤りが発見されたという新たな事実の発生を受けて，両者間にお
いて本件確認書により返還すべき金額について合意が成立したことによっ
て確定したものであり，本件事業年度に帰属すべき収益として，益金の額
に算入すべきである，と判示している。

　しかし，最高裁の味村治裁判官は，「返還請求権…は，…過収電気料金
等の額に相当する現金の喪失という資産の減少を回復するものにすぎない
から，その取得は，同項の収益に当たらないというべきである。したがっ
て，右の権利の取得を収益として，これにより返還を受けるべき過収電気
料金等の額を益金の額に算入することはできない」として，本件事業年度
の益金に該当しないと原判決破棄の反対意見を述べている。

　このように，Ｙ・新潟地裁・東京高裁・最高裁の多数意見として過収電
気料金等の返還金については，新たな会計事実による特別利益として本件
事業年度に帰属する益金として認識計上すべきであるとされている。

(2)　公正処理基準と過年度損益修正

　法人の各事業年度の所得金額は，各事業年度の益金の額から損金の額を

控除した金額として計算される。ここに益金は収益を構成要素とし，損金は原価・費用・損失を構成要素とするものである（法法22条2・3項）。そして，その益金の額に算入すべき収益及び損金の額に算入すべき原価・費用・損失は，会計包括規定たる公正処理基準に従って計算されるものとされている（法法22条4項）。

公正処理基準の規定は，1967（昭和42）年の法人税法の改正において導入されたものである。これは，法人の課税所得の計算が，収益及び原価・費用・損失という企業会計の概念を構成要素とするものであるから，それらは企業が継続して適用する健全な会計慣行によって計算する旨の基本規定を設けるとともに，税法においては企業会計に関する計算原理規定は除外して，必要最小限度の税法独自の計算原理を規定することが適当であるという基本的見解を表明したものとされている[5]。

当時の企業会計においては，企業会計審議会によって昭和49年8月30日に改正された「企業会計原則」第二損益計算書原則六において，過年度損益修正項目を前期損益修正益又は前期損益修正損（前期損益修正損益）とし，特別損益として計算表示する旨が規定されていることから，このような会計処理方法が公正処理基準として理解されていたと考えられる。

しかし，平成21年12月4日に企業会計基準委員会から公表された企業会計基準第24号「会計上の変更及び誤謬の訂正に関する会計基準」により，過年度遡及処理方式が金融商品取引法・会社法における金融商品取引法適用会社に専ら適用される方法となり，これ以外の会社については「企業会計原則」による当期一括処理方式を選択適用することも可能である[6]。

なお，税法では，確定申告書を提出した後に，誤謬により申告税額が過少であることなどが判明した場合には，修正申告（通法19条）や更正の請求（通法23条）制度があり，後に修正すべきことが発覚した場合，過去の

(5) 成道秀雄『税務会計―法人税の理論と応用―』第一法規，2015年，11頁。
(6) 濱本明「過年度損益修正に係る制度会計上の諸問題」『商学研究』第36号，2020年3月，125-128頁。

事業年度に遡って修正することが予定されている。また前期損益修正については，東京高等裁判所平成28年3月23日判決[7]では，前期損益修正事項が生じた場合，本来であれば，過年度遡及処理方式によるのが理想的であるが，これが通常極めて困難であるため，企業会計においては当期一括処理方式によって，修正すべきことが明確になった決算期において前期損益修正益又は前期損益修正損を計上することによりその修正を行うというのが実務慣行となっているが，これを公正処理基準として課税所得の計算上容認すると，課税所得の計算に混乱を生じ，ひいては法人の恣意の介入する余地を生ずることになるので公正処理基準として認めることはできないとしている。

(3)　権利確定主義と益金計上時点

収益の認識基準については，企業会計では，実現主義により認識計上されるが，実現概念は広く理解されることから，税法では法的に安定した時点をとらえて認識計上する権利確定主義[8]という考え方が採用されている[9]。しかし，確定の時点については，認定事実をめぐり争いが絶えない。本件でも，下級審は，権利の確定とは債権額が実額として確定計算出来る状態にあることを要する旨判示しているが，最高裁は，返還請求権の発生時期は，権利確定の時すなわち当該権利が法律上行使し得る状態になった時であるが，これは債権額が実額として確定計算出来なければならないわけではなく，「合理的に算出し得る状態」になった時をもって足りると解すべきであるとしている。

以上のように，司法の場においては，公正処理基準について，企業会計

---

(7)　東京高等裁判所第17民事部平成28年3月23日判決，平成27年（行コ）344号，法人税更正処分等取消請求控訴事件，税務訴訟資料（250号〜）266号12830順号。最高裁判所第一小法廷平成28年10月27日上告棄却・不受理決定，法人税更正処分等取消請求上告及び上告受理事件，税務訴訟資料（250号〜）266号12925順号。

(8)　金子宏『租税法（第24版）』弘文堂，2021年，365-366頁。

(9)　柳裕治『税法会計制度の研究—税務財務諸表独立性の論理—』森山書店，2005年，204-207頁。

の基準を尊重しながらも公平な所得計算という税法固有の視点から判断する傾向にある。

II 輸出取引にかかる収益計上時期―大竹貿易事件

1 事実の概要

　X（原告・控訴人・上告人）は，ビデオデッキ・カラーテレビ等の輸出取引を業とする株式会社である。Xと海外顧客との輸出取引は，Xが輸出商品を船積みし，運送人から船荷証券の発行を受けたうえ，商品代金取立てのための為替手形を振り出し，これに船荷証券その他の船積書類を添付して（いわゆる荷為替手形），これをXの取引銀行で買い取ってもらうというものであった。そして，Xは，前期の荷為替手形を取引銀行で買い取ってもらう際に船荷証券を取引銀行に交付することによって商品の引渡しをしたものとして，従前から荷為替手形買い取りの時点において，その輸出取引による収益を計上してきており（以下，この会計処理基準を「為替取組日基準」という。），昭和55年3月期及び昭和56年3月期においても，輸出取引による収益を右の為替取組日基準によって計上することで所得金額を計算し，法人税の申告を行った。

　これに対しY（神戸税務署長）（被告・被控訴人・被上告人）は，為替取組日基準により収益を計上する会計処理は，公正処理基準に適合せず，輸出取引による収益を船積日基準によって計上すべきものとして，Xの前記所得金額及び法人税額の更正を行った。そこで，この更正処分等の取消しを求めてXが提起したのが本件である。

　本件の争点は，輸出取引における売上収益を為替取組日基準による当該会計処理は，法人税法22条4項にいう公正処理基準に適合するか否かという点である。

　第1審（神戸地判昭和61年6月25日）は請求を棄却し，控訴審（大阪高判平成3年12月19日）も本件更正処分を適法なものとしてXの控訴を棄却

したため，Xは上告した。

2　判　旨
(1)　神戸地方裁判所昭和 61 年 6 月 25 日判決[(10)]
請求棄却

「…今日のように複雑化した経済社会においては，信用取引が支配的で，多数の債権債務が同時に併存し，いわゆる現金主義によっていては企業の期間損益を正確に把握しえないこと，企業会計の実務のなかに慣習として発達したもののなかから一般に公正妥当と認められるところを要約した企業会計規則には，損益の計算につき原則としていわゆる発生主義を採用すべきものと定め（同第二損益計算書原則一A），商品の売上高については実現主義の原則に従うことと定めている（同三B）こと，法人税法についてはすべての納税者を画一的かつ統一的に扱う必要があり，そのため課税の公平，明瞭，確実，普遍等の要求があることからすると，収益の認識基準については，客観的にみて収益実現の可能性が確実になったものと認められるような状態が存し，かつ会計処理の基準からみても，会計事実として確認記帳するに適したものであるかどうかを基準にして判断すべきであり，とりわけ，商品等の販売に関しての収益の認識基準は，原則として商品等の引渡しを基準とするのが相当である（法人税基本通達 2-1-1 参照。）。」

「輸出取引の場合は，売主としては商品を本船に積込んだ時に商品の現実的な管理支配をなしえない状態に至る。他方，信用状と保険制度の発達普及により，実際上売主は商品代金回収の危険性から解放されているので，売主は商品の本船積込みにより商品代金の取得が確実になったと客観的に認められる状態に至ったものといえる。してみると，商品の本船積込み時にその引き渡しがあったとみる船積日基準は，占有移転の時期からみても，

---

(10)　神戸地方裁判所第 2 民事部昭和 61 年 6 月 25 日判決，昭和 59 年（行ウ）7 号，法人税更正処分等取消請求事件，最高裁判所民事判例集 47 巻 9 号 5347 頁。訟務月報 32 巻 12 号 2908 頁。税務訴訟資料（1 ～ 249 号）152 号 428 頁。

また収益実現の時期に関する損益計算原則としての権利実現主義の観点からみても妥当な基準といえる。」

　また，原告は，Ｆ・Ｏ・Ｂ，Ｃ・＆・Ｆ，Ｃ・Ｉ・Ｆ条件により輸出取引を行っているが，「……売主としては，会計手続上も船積みをもって売上げを記帳することが望しいこととして実務上広く採用されていることからすると，Ｆ・Ｏ・Ｂ条件（通常は船荷証券が発行されるが，その場合は特に），Ｃ・Ｉ・Ｆ条件の如何にかかわらず，船積日をもって収益計上の基準とすることは必ずしも不当とすべきものとはいえない。」としている。

　「…原告のような貿易取引においては，国内取引と違い，海上運送の方法による，政治的，経済的，社会的な諸条件が異なる海外市場との取引であるから，販売代金の回収につき船積みをもって直ちに収益を実現したといえるか問題となる。しかしながら，…原告の輸出取引のほとんどは，信用状ないし保険制度等により，売主は，輸出商品等の代金回収の危険性から解放されているので，船積日をもって，収益が実現したということを妨げない。…輸出取引における収益計上基準については，船積日基準が実務上では公正妥当な基準として広く一般的に採用されており，このことは会計慣行としても尊重すべきである。」

　「…船積日基準は取引日の客観性が担保され，恣意性の入る余地が少ない。すなわち〈証拠〉によると，通常，船会社等の運送業者に輸出商品を引き渡すと，船積日等を記載した船荷証券の交付を受けるが，船荷証券の日付けが一般に船積完了日と認められていること，船荷証券は，船積確認の重要書類として理解されていることの事実が認められ，右認定を左右するに足りる証拠はない。したがって，船荷証券により船積み日を確定することには十分な客観性が存し，公正妥当な会計処理に適うものということができる。この点，原告主張の荷為替取組日基準によると，売主は船荷証券を受領しながら荷為替取組を故意に遅らせることによって期間損益の調整が可能となり恣意性の入る余地が大きくなるといわなければならない。…以上からすると，被告主張の船積日基準は実務上一般に採用されている公正

妥当な会計処理基準ということができる。」

「もとより公正妥当な会計処理基準は必ずしも一つに厳格に限定する必要はなく，他に適当な基準がある場合には複数存在することも認められるべきであるが，…為替取組日基準は，現行会計処理基準からみても，また一般に公正妥当と認められる会計処理基準の観点からみても，さらに輸出取引の実態・慣行，引渡手続，契約条件等からみても難点があり，実務上も一般に採用されていない基準といわざるをえない。これに比べて収益の計上時期についての引渡基準において，引渡の時期を船積み日とすることは，本件輸出取引の実態，慣行，引渡手続，契約条件や，会計慣行からみて，一般に公正妥当と認められる会計処理の基準に合致するものということができる。そして，一般に公正妥当と認められる会計処理の基準という点において荷為替取組日基準が船積日基準よりも優れているとか，或いはこれに代り得るものであるということはできない。そうすると，本件輸出販売における収益認識基準としては船積日基準によることが相当である。」

(2)　大阪高等裁判所平成3年12月19日判決[11]

控訴棄却

「当裁判所も控訴人の本訴各請求を棄却すべきものと判断するが，その理由は次のとおり付加，訂正するほかは原判決理由説示のとおりであるから，これを引用する」とし，「売上高については実現主義によることとし，財貨または役務が外部に販売されることをもって，収益が実現するものとしているが（販売基準），この場合における収益の実現とは，販売による財貨の移転等によって発生した価値が，客観的にみて確実となったと認められるような状態となり，かつ会計的に，当該取引について仕訳記帳がしうるような客観性と確実性を備えるに至ったことを指すものと解される。そして，企業会計実務においては，商品の引渡しを，右実現（販売）の具体

---

(11)　大阪高等裁判所第2民事部平成3年12月19日判決，昭和61年（行コ）25号，
　　法人税更正処分等取消請求控訴事件，最高裁判所民事判例集47巻9号5395頁。
　　訟務月報38巻7号1325頁。税務訴訟資料（1～249号）187号419頁。

的な基準としている。そして，通達 2-1-1 及び 2-1-2 は，法人税法において
ても右趣旨にしたがうこととし，商品の販売による収益計上基準の具体的
基準として，引渡基準による旨を定めたものと解される。以上の事由と，
租税法の目的である租税の公平負担の原則に沿うためにはすべての納税者
に画一的かつ統一的に取り扱う必要があること等に照らせば，法人税法に
おいても，商品の販売についての収益計上基準としては，右内容の実現主
義にしたがい，商品の引渡しを基準とするのが相当である。ただ，この場
合においても，法律上の引き渡し概念にとらわれることなく，右実現の内
容に則して，個々の具体的な取引過程においてどのような条件が満たされ
たときに収益が実現したと認識すべきかを判断すべきものと解するのが相
当である。」等と訂正を加えている。

(3) 最高裁判所第一小法廷平成 5 年 11 月 25 日判決[12]

上告棄却

「…ある収益をどの事業年度に計上すべきかは，一般に公正妥当と認めら
られる会計処理の基準に従うべきであり，これによれば，収益は，その実
現があった時，すなわち，その収入すべき権利が確定したときの属する年
度の益金に計上すべきものと考えられる。もっとも，法人税法 22 条 4 項は，
現に法人のした利益計算が法人税法の企図する公平な所得計算という要請
に反するものでない限り，課税所得の計算上もこれを是認するのが相当で
あるとの見地から，収益を一般に公正妥当と認められる会計処理の基準に
従って計上すべきものと定めたものと解されるから，右の権利の確定時期
に関する会計処理を，法律上どの時点で権利の行使が可能となるかという
基準を唯一の基準としてしなければならないとするのは相当でなく，取引
の経済的実態からみて合理的なものとみられる収益計上の基準の中から，
当該法人が特定の基準を選択し，継続してその基準によって収益を計上し

---

(12) 最高裁判所第一小法廷平成 5 年 11 月 25 日判決，平成 4 年（行ツ）45 号，法人税
更正処分等取消請求事件，最高裁判所民事判例集 47 巻 9 号 5278 頁。税務訴訟資
料（1～249 号）199 号 944 頁。

ている場合には，法人税法上も右会計処理を正当なものとして是認すべき
である。しかし，その権利の実現が未確定であるにもかかわらずこれを収
益に計上したり，既に確定した収入すべき権利を現金の回収を待って収益
に計上するなどの会計処理は，一般に公正妥当と認められる会計処理の基
準に適合するものとは認め難いものというべきである。」

　「…船荷証券が発行されている本件の場合には，船荷証券が買主に提供
されることによって，商品の完全な引渡しが完了し，代金請求権の行使が
法律上可能になるものというべきである。したがって，法律上どの時点で
代金請求権の行使が可能となるかという基準によってみるならば，買主に
船荷証券を提供した時点において，商品の引渡しにより収入すべき権利が
確定したものとして，その収益を計上するという会計処理が相当なものと
いうことになる。しかし，今日の輸出取引においては，既に商品の船積時
点で，売買契約に基づく売主の引渡義務の履行は，実質的に完了したもの
とみられるとともに，前記のとおり，売主は，商品の船積みを完了すれば，
その時点以降はいつでも，取引銀行に為替手形を買い取ってもらうことに
より，売買代金相当額の回収を図り得るという実情にあるから，右船積時
点において，売買契約による代金請求権が確定したものとみることができ
る。したがって，このような輸出取引の経済的実態からすると，船荷証券
が発行されている場合でも，商品の船積時点において，その取引によって
収入すべき権利が既に確定したものとして，これを収益に計上するという
会計処理も，合理的なものというべきであり，一般に公正妥当と認められ
る会計処理の基準に適合するものということができる。」

　「これに対して，上告人が採用している会計処理は，荷為替手形を取引
銀行で買い取ってもらう際に船荷証券を取引銀行に交付することによって
商品の引渡しをしたものとして，為替取組日基準によって収益を計上する
ものである。しかし，この船荷証券の交付は，売買契約に基づく引渡義務
の履行としてされるものではなく，為替手形を買い取ってもらうための担
保として，これを取引銀行に提供するものであるから，右の交付の時点を

もって売買契約上の商品の引渡しがあったとすることはできない。そうすると，上告人が採用している為替取組日基準は，右のように商品の船積みによって既に確定したものとみられる売買代金請求権を，為替手形を取引銀行に買い取ってもらうことにより現実に売買代金相当額を回収する時点まで待って，収益に計上するものであって，その収益計上時期を人為的に操作する余地を生じさせる点において，一般に公正妥当と認められる会計処理の基準に適合するものとはいえないというべきである。このような処理による企業の利益計算は，法人税法の企図する公平な所得計算の要請という観点からも是認し難いものといわざるを得ない。」

「以上のとおり，為替取組日基準によって輸出取引による収益を計上する会計処理は，公正妥当と認められる会計処理の基準に適合しないものであるのに対し，船積日基準によって輸出取引による収益を計上する会計処理は，公正妥当と認められる会計処理の基準に適合し，しかも，前記のとおり，実務上も広く一般的に採用されていることからすれば，被上告人が，船積日基準によって，上告人の昭和55年3月期及び同56年3月期の所得金額及び法人税額の更正を行ったことは，適法というべきである。」

なお，当該判決を支持する3裁判官の賛成意見に対して，味村治裁判官及び大白勝裁判官の反対意見があるが，次の分析検討で触れる。

3　分析検討[13]

本判決の意義は，法人収益計上の時期について，収益の「実現があった時」（実現主義）とし，その時点を「その収入すべき権利が確定した時点」（権利確定主義）と言い換え，実現主義と権利確定主義を同一時点と捉え収益計上することと判断した点と，船積日基準が公正処理基準に適合するのに対して，原告の採用した為替取組日基準は課税の公平や実務上一般的に

---

(13)　小塚真啓「輸出取引にかかる収益の計上時期―大竹貿易事件」水野忠恒・中里実・佐藤英明・増井良啓・渋谷雅弘編『租税判例百選（第5版）別冊ジュリスト207号』有斐閣，2011年12月，120-121頁。

採用される会計処理ではない等の観点から公正処理基準に該当しないと判断した点である。そこで，①公正処理基準の解釈，②為替取組日基準の公正処理基準との適合性と権利確定主義について検討する。

(1)　公正処理基準の解釈

　法人税法22条2項及び4項において，別段の定めがあるものを除き，当該事業年度の収益の額は公正処理基準に従って計算されると定めている。しかし，公正処理基準の具体的内容は明らかにされていないため，どのような会計処理が公正処理基準に該当するのか裁判において検討されている。

　Xは，法人税法22条4項が規定されるに至った経緯と立法趣旨に照らして企業会計原則は公正処理基準に適合すると主張しているが，大阪高裁では，法人税法22条4項にいう公正処理基準は「…複雑，多様化し，流動的な経済事象については，税法によって一義的，完結的に対応することは適切ではなく，健全な企業会計の慣行に委ねることのほうが適切であるとの趣旨で規定されたものである。したがって，…「一般に公正妥当と認められる会計処理の基準」とは，客観的な規範性をもつ公正妥当と認められる会計処理の基準という意味であり，企業会計原則のような明文化された特定の基準を指すものではないと解される。」と解している。

　なお，大阪高裁では「企業会計原則が…一般に公正妥当と認められる会計処理の基準の一つの源泉となるものと解されるが，一般に公正妥当と認められる会計処理の基準は，企業会計原則のみを意味するものではなく，他の会計慣行をも含み，他方，企業会計原則であっても解釈上採用し得ない場合もある。」としており，Xの主張を採用し得ないとしている。最高裁では，公正処理基準の意義を必ずしも明らかにしていないが，それは大阪高裁の理解を支持するためとも考えられる[14]。

(2)　為替取組日基準の公正処理基準との適合性と権利確定主義

　次に，収益計上基準として原告が採用した「為替取組日基準」が公正処

---

(14)　酒巻俊雄「輸出取引による収益の計上基準」『ジュリスト』1046号，1994年6月，105頁。

理基準に適合するのか否かを検討する。

　企業会計原則では，「すべての費用及び収益は，その支出及び収入に基づいて計上し，その発生した期間に正しく割り当てられるように処理しなければならない。ただし，未実現収益は，原則として，当期の損益計算に計上してはならない（第二・損益計算書原則一・A）」とされ，原則としていわゆる発生主義を採用するとともに未実現収益は計上してはならないとしている。また，売上高は，「商品等の販売又は役務の給付によって実現したものに限るとして（第二・損益計算書原則三・B）」実現主義によることとし，財貨又は役務が外部に販売されることをもって，収益が実現するもの（販売基準）と示されている。

　最高裁では，公正処理基準によれば「収益は，その実現があった時，すなわち，その収入すべき権利が確定したときの属する年度の益金に計上すべきものと考えられる」とし，実現主義によるべきことを明らかにするとともに，それは権利確定主義によることを意味するとしている[15]。つまり，実現主義にいう収益が実現した時に収入すべき権利が確定したとの理解に立って，権利確定主義の原則に従って収益を計上することが，一般に公正妥当と認められる会計処理の基準に適合すると判断をしたのである[16]。

　そのうえで，「収入すべき権利が確定したとき」がいつであるのかが問題となる。最高裁では，「権利の確定時期に関する会計処理を，法律上どの時点で権利の行使が可能となるかという基準を唯一の基準としなければならないとするのは相当でなく，取引の経済的実態からみて合理的なものとみられる収益計上の基準の中から…継続してその基準によって収益を計上している場合には，法人税法上も右会計処理を正当なものとして是認すべき」であるとし，公平な所得計算という要請に反するものでない限り納

(15)　野田博「輸出取引にかかる収益の計上時期」水野忠恒・中里実・佐藤英明・増井良啓編『租税判例百選（第4版）別冊ジュリスト178号』有斐閣，2005年10月，126-127頁。

(16)　綿引万里子『最高裁判所判例解説　民事篇平成5年度（下）』1996年3月，1009頁。

税者に収益計上時期について選択の余地があることを明らかにしており，弾力的な解釈がなされたといえる[17]。

　最高裁では以上のことを踏まえて，輸出取引における収益計上時期について検討を行っている。まず，輸出取引における収益計上時期については，神戸地裁において，①法的な観点からみて，商品の占有，所有権，危険負担の移転時期はいつになるのか，②実現主義の観点からみて，販売代金回収の確実性はいつか，③課税の公平の観点から，所得計算における恣意性が介入するおそれはあるのか，④実務上一般的にどのような基準が採用されているのか，という検討がなされている。以下①～④について神戸地裁の要旨をまとめたものである。これらは，大阪高裁・最高裁においても同様であり，いずれの判決も荷為替取組日基準を公正処理基準とすることは制度上なじまず，船積日基準によることが相当であるとしている。

　①②については，輸出取引では商品を本船に積み込んだ時点で商品の現実の管理支援をなしえない状態になり，また信用状と保険制度の発達普及により，実際に売主は商品代金回収の危険性から解放されていることになる。そのため，商品の本船積込みにより商品代金の取得が確実になったと客観的に認められる状態に至ったものといえる。

　③については，通常，船会社等の運送業者に輸出商品を引き渡すと，船積日等を記載した船荷証券の交付を受けるが，船荷証券の日付けが一般に船積完了日と認められていること，船荷証券は，船積確認の重要書類として理解されていることの事実が認められ，右認定を左右するに足りる証拠はないため，船荷証券により船積み日を確定することには十分な客観性が存し，公正妥当な会計処理に適うものということができる。この点，X主張の荷為替取組日基準によると，売主は船荷証券を受領しながら荷為替取組を故意に遅らせることによって，期間損益の調整が可能となり恣意性の

(17)　神山弘行「輸出取引にかかる収益の計上時期―大竹貿易事件」中里実・佐藤英明・増井良啓・渋谷雅弘・淵圭吾編『租税判例百選（第7版）別冊ジュリスト253号』有斐閣，2021年6月，129頁。

入る余地が大きくなると考えられる。

　④については，出庫基準，通関基準，船積日基準，船荷証券等作成日基準，為替取組日基準，揚地条件受渡し日基準などがあるとされている。当該基準のなかでも，船積日基準が輸出取引の収益計上基準として実務上は広く一般的に採用されている。その理由として，「①信用状を基礎とした国際間の取引の普及により，輸出者が輸出代金回収危険から解放され，輸出為替買取りによる運転資金の調達が可能となったこと，②信用状を基礎としない国際間取引にあっては輸出保険制度の利用によって輸出代金回収の危険，為替銀行の輸出為替買取についての難色が緩和されるにいたったこと，③海上保険制度を中心とする遠距離輸送危険の回避など」があげられるとしている。

　Xが採用した為替取組日基準について，船積みにより船会社から交付を受けた船荷証券は，一般的には船荷の権利者の記名はなく，裏書譲渡によって流通のできる指図式船荷証券であるため，他に転売することも可能となる。つまり，船積みにより売上債権は確定し，売上収益も実現することになる。そのため，貿易取引の実態とはかけ離れたものとなり，発生・実現主義には合致しないと解される。なお，当該「荷為替手形を銀行で取り組む行為は売主・買主間の契約における，実際の商品の引渡しとは離れ，売主が比較的自由に決定することができ，これを利用することにより「期間損益」の調整が可能となり恣意性の入る余地が多い」ことからも，為替取組日基準は，実務上一般に採用されているとはいえないと考えられる。このように，本判決を含め四つの観点から検討を行うと，船積日基準が権利確定主義の考え方に適合し，さらに公正処理基準に該当すると考えられる。

　なお，最高裁の味村治裁判官及び大白勝裁判官は，次のように，為替取組日基準も公正処理基準に該当すると反対意見を述べている。

　味村裁判官は，法人税法22条4項は，同法74条1項と統一的に理解すべきであり，公正処理基準とは，納税義務者である法人がその確定決算の

内容について従うべき規範をいい，株式会社の計算書類の内容に関する商法の規定が該当するとしている。すなわち，商法32条2項においては公正な会計慣行をしん酌しなければならず，企業会計の実務の中に慣習として発達したもののなかから一般に公正妥当と認められるところを要約した企業会計原則は，公正な会計慣行を記述している限りしん酌されることとなると解しているのである(18)。

　さらに，味村裁判官は，商法上，株式会社が販売による収益を計上する時点は，代金債権が貸借対照表能力を取得する時点及び商品が貸借対照表能力を失う時点であり，それは商品の引渡義務が消滅した時に，代金債権が貸借対照表能力を取得した時であると述べている。そのうえで，売主が取引銀行に荷為替手形を譲渡して船荷証券を交付した場合には，商品の引渡しのために行うべきことは完了し，船荷証券が荷為替手形の支払等と引換えに買主に引き渡されることは確実とみられること等から，船荷証券の取引銀行への交付時に，代金債権が貸借対照表能力を取得し，商品が貸借対照表能力を失うとして，為替取組日基準による会計処理も公正処理基準に該当するとしている。

　なお，大白裁判官は，為替取組日基準による会計処理を継続して行ってきている場合には，為替取組日基準により収益計上しているからといって，各事業年度の益金の計上時期を任意に操作することによって不当に税負担を免れるとまではいえないとしている。

　上記の内容が味村治裁判官及び大白勝裁判官の意見の要旨となるが，両者ともほぼ同じ観点から反対意見を述べている。

　たしかに，企業会計に基づく会計処理において複数の処理方法が適合する場合には，期間損益の操作を排除するために継続適用の原則が働くことになる。しかし，収益計上時期において恣意性が介入する会計処理につい

(18)　この理解は，企業会計原則の位置づけをめぐる判断の実質をXの立場より広く，大阪高裁に近い見解と捉えることができる。酒巻俊雄「輸出取引による収益の計上基準」『ジュリスト』1046号，1994年6月，105頁。

ては，継続適用の原則が働いたとしても期間損益の操作排除はできない。恣意介入の余地のある当該為替取組日基準については，権利確定主義の見地からも公正処理基準に該当しないと考える。

Ⅲ　公正処理基準と不動産流動化実務指針
—ビックカメラ事件

1　事実の概要

　X（原告・控訴人）は，家庭用電気製品の売買等を目的とする株式会社であり，本件事業年度中の平成20年6月以降その発行する株式を東京証券取引所市場第一部に上場している。Xは，平成14年8月に，A信託銀行との間で，Xの保有する本件土地建物について受益者のために管理・運営・処分することを目的として，Xを委託者兼受益者，A信託銀行を受託者とする信託契約を締結し，Xは当該信託の受益権を取得した。その後，XはB社との間で，本件信託受益権をB社に譲渡する契約を締結したが，XとB社との間で当該信託受益権をXが買い戻す契約が締結され，遅くとも平成19年10月22日の停止条件の成就の時点で当該信託受益権はXの手に買い戻された。

　Xは，これらの一連の不動産の流動化取引について，平成14年8月期の法人税確定申告に際し，本件信託受益権の譲渡を本件信託財産の譲渡と取り扱い，譲渡の対価の額である290億円から原価の額（帳簿上の取得価額）である263億9,000万円を控除した26億1,000万円を収益の額に計上するなどの会計処理を前提とした内容の確定申告を行った。その後の各事業年度の法人税について，上記の会計処理を前提とした内容の各確定申告をし，本件事業年度（平成19年9月1日〜平成20年8月31日）においては，本件買戻契約に基づいて本件信託受益権を取得したことに伴い，当該受益権を財務諸表上資産の部に計上する会計処理を前提とした内容の本件確定申告を行った。

　証券取引等監視委員会は，平成20年12月，調査の結果，本件不動産流動化取引の会計処理について，本件信託受益権のB社への譲渡を本件信託財産の譲渡として取り扱い，本件信託財産である不動産を貸借対照表上の資産の部に計上しないものとすること（売却取引処理）は不適切であり，本件信託受益権の上記の譲渡を本件信託財産である不動産の譲渡とは認識せずに金融取引として処理し，本件信託財産である不動産を貸借対照表上の資産の部に計上すること（金融取引処理）が適切であるとの判断をし，Xに対して，その旨の行政指導をした。

　Xは，本件行政指導を踏まえ，不動産流動化実務指針に従い，平成14年8月期に遡って本件不動産流動化取引に係る会計処理を金融取引処理に改めるなどし，平成21年2月20日，関東財務局長に対し，上記の事業年度から本件事業年度までの有価証券報告書の訂正届出書等を提出する等した。なお，Xは，同年7月30日，金融庁長官から，有価証券報告書等に虚偽の記載があったとして，2億5,353万円の課徴金の納付命令の決定を受けた。

　本件は，本件事業年度の法人税について，Xが，前記のとおり，その前提とした会計処理を訂正したことにより，同年度の法人税の確定申告に係る確定申告書の提出により納付すべき税額が過大となったとして，国税通則法（平成23年法律第114号による改正前のもの。）23条1項1号に基づき，更正をすべき旨の請求をしたところ，Y（豊島税務署長）（被告・被控訴人）から更正をすべき理由がない旨の通知を受けたため，その取消しを求めて出訴した。

　本件の争点は，Xの本件事業年度の法人税の所得の金額を計算するに当たり，平成14年8月期にされた本件信託受益権の譲渡について，本件確定申告後に，不動産流動化実務指針に従って金融取引処理に訂正したXの会計処理が，法人税法上相当なものといえるか否かという点である。

　第1審（東京地判平成25年2月25日）ではXの請求を棄却したため，Xは，これを不服として控訴した。

2　判　旨

(1)　東京地方裁判所平成 25 年 2 月 25 日判決[19]

請求棄却

　法人税法 22 条 4 項の創設趣旨について「…課税所得は，本来，税法・通達という一連の別個の体系のみによって構成されるものではなく，税法以前の概念や原理を前提とするものであるが，絶えず流動する社会経済の事象を反映する課税所得については，税法において完結的にこれを規制するよりも，適切に運用されている会計慣行に委ねることの方がより適当と思われる部分が相当多く，このような観点を明らかにするため，税法において，課税所得は納税者たる企業が継続して適用する健全な会計慣行によって計算する旨の基本規定を設けるとともに，税法においては，企業会計に関する計算原理規定は除外して，必要最小限度の税法独自の計算原理を規定することが適当」であるとして新設されたものであることが確認されている。

　「…同項の税会計処理基準とは，客観的な規範性を有する公正妥当と認められる会計処理の基準を意味し，企業会計の実務の中に慣習として発達したものの中から一般に公正妥当と認められたところを要約したものとされるいわゆる企業会計原則をいうものではなく，同項は，企業が会計処理において用いている基準ないし慣行のうち，一般に公正妥当と認められないもののみを税法で認めないこととし，原則としては企業の会計処理を認めるという基本方針を示したものである…。」

　「このような同項の立法の経緯及び趣旨のほか，同項が，「企業会計の基準」等の文言を用いず，「一般に公正妥当と認められる会計処理の基準」と規定していることにも照らせば，同項は，同法における所得の金額の計算に係る規定及び制度を簡素なものとすることを旨として設けられた規定

---

(19)　東京地方裁判所民事第 3 部平成 25 年 2 月 25 日判決，平成 24 年（行ウ）26 号，更正をすべき理由がない旨の通知処分取消請求事件，訟務月報 60 巻 5 号 1103 頁。税務訴訟資料（250 号〜）263 号 12154 順号。

であり，現に法人のした収益等の額の計算が，適正な課税及び納税義務の
履行の確保を目的（同法1条参照）とする同法の公平な所得計算という要
請に反するものでない限り，法人税の課税標準である所得の金額の計算上
もこれを是認するのが相当であるとの見地から定められたものと解され…，
法人が収益等の額の計算に当たって採った会計処理の基準がそこにいう
「一般に公正妥当と認められる会計処理の基準」（税会計処理基準）に該当す
るといえるか否かについては，上記に述べたところを目的とする同法の独
自の観点から判断されるものであって，企業会計上の公正妥当な会計処理
の基準（公正会計基準）とされるものと常に一致することを前提とするも
のではないと解するのが相当である…。」

「他方，法人税法は，既に述べたとおり，適正な課税及び納税義務の履
行を確保することを目的とし，資産又は事業から生ずる収益に係る法律関
係を基礎に，それが実質的には他の法人等がその収益として享受するもの
であると認められる場合を除き，基本的に収入の原因となった法律関係に
従って，各事業年度の収益として実現した金額を当該事業年度の益金の額
に算入するなどし，当該事業年度の所得の金額を計算すべきものとしてい
ると解されるところ，当該事業年度の収益等の額の計算に当たり，本件に
おけるように，信託に係る受益権が契約により法的に譲渡され，当該契約
に定められた対価を現に収入した場合（この場合に同法上収益の実現があっ
たと解すべきことは明らかである。）において，それが実質的には他の法人等
がその収益として享受するものであると認められる場合ではなくても，ま
た，同法において他の法人との関係を考慮することができると定められた
ときにも当たらないにもかかわらず，なお，他の法人との関係をも考慮し，
当該収入の原因となった法律関係を離れて，当該譲渡を有償による信託に
係る受益権の譲渡とは認識せず，専ら譲渡人について，当該譲渡に係る収
益の実現があったとしないものとする取扱いを定めた同指針については，
既に述べたところを目的とする同法の公平な所得計算という要請とは別の
観点に立って定められたものとして，税会計処理基準に該当するものとは

解し難いといわざるを得ないものである。」

(2)　東京高等裁判所平成 25 年 7 月 19 日判決[20]

控訴棄却

「不動産流動化実務指針は，不動産等が法的に譲渡され，かつ，その対価を譲渡人が収入として得ているときであっても，なお，子会社等を含む譲渡人に残された同指針のいう意味での不動産のリスクの程度を考慮して，これを金融取引として取り扱うことがあるとしたものであるが，法人税法は，適正な課税及び納税義務の履行を確保することを目的とし，資産又は事業から生ずる収益に係る法律関係を基礎に，それが実質的には他の法人等がその収益として享受するものであると認められる場合を除き，基本的に収入の原因となった法律関係に従って，各事業年度の収益として実現した金額を当該事業年度の益金の額に算入するなどし，当該事業年度の所得の金額を計算すべきものとしていると解されるのであるから，当該事業年度の収益等の額の計算に当たり，本件におけるように，信託に係る受益権が契約により法的に譲渡され，当該契約に定められた対価を現に収入として得た場合において，それが実質的には他の法人等がその収益として享受するものであると認められる場合ではなくても，また，同法において他の法人との関係を考慮することができると定められたときにも当たらないにもかかわらず，他の法人との関係をも考慮し，リスク・経済価値アプローチにより，当該譲渡を有償による信託に係る受益権の譲渡とは認識せず，専ら譲渡人について，当該譲渡に係る収益の実現があったものとしない取扱いを定めた同指針は，上記目的を有する同法の公平な所得計算という要請とは別の観点に立って定められたものとして，税会計処理基準に該当するものとはいえないといわざるを得ない。上記に関連して控訴人が主張するところを踏まえ検討するも，同判断に変更を来すものではない。」

(20)　東京高等裁判所第 8 民事部平成 25 年 7 月 19 日判決，平成 25 年（行コ）117 号，更正をすべき理由がない旨の通知処分取消請求控訴事件，訟務月報 60 巻 5 号 1089-1138 頁。税務訴訟資料（250 号〜）263 号 12263 順号。

3　分析検討[21]

本判決の意義は，原告が採用した不動産流動化実務指針に基づく会計処理が，公正処理基準に該当するのか否かの検討を通じて，法人税法 22 条 4 項の公正処理基準として「税会計処理基準」という概念を用いた点である。そこで，①公正処理基準の解釈，②不動産流動化実務指針の公正処理基準への適合性について検討する。

(1)　公正処理基準の解釈

Xは，法人税法 22 条 4 項にいう「一般に公正妥当と認められる会計処理の基準」とは，旧商法 32 条 2 項の「公正なる会計慣行」と一致するため，「別段の定め」が存在しない限り，株式会社がする税務処理は，公正なる会計慣行に従って当該会社がする会計処理と一致することとなると主張している。そのため，本件不動産流動化取引については，「別段の定め」は存在しないことから税務処理は会計処理と一致することとなるとしている。

一方でYは，法人税法が企図する公平な税収の確保という観点から弊害がある会計処理の方式は，税会計処理基準に該当しない旨を主張している。企業会計と同法の関係について，大竹貿易事件の判決を掲げ，同項の税会計処理基準は，客観的な規範性をもつ公正妥当な会計処理の基準であると認められる方式に基づいて所得の金額の計算がされている限り，これを認めようとするものと解され，同法の企図する公平な所得の金額の計算という要請に反するもの，あるいは適正公平な税収の確保という観点から弊害がある会計処理の方式は，税会計処理基準に該当しないとしたものと解するのが相当であるとしている。

東京地裁・東京高裁においては，法人が収益等の額の計算に当たって採用した会計処理の基準がそこにいう公正処理基準に該当するといえるか否

---

(21)　岡村忠生「法人税法 22 条 4 項と「税会計処理基準」―ビックカメラ事件―」『税研』178 号，2014 年 11 月，141-144 頁。川端康之「ビックカメラ事件と会計基準」『税研』182 号，2015 年 7 月，18-25 頁。吉村政穂「公正処理基準―ビックカメラ事件」中里実・佐藤英明・増井良啓・渋谷雅弘・渕圭吾編『租税判例百選（第 7 版）別冊ジュリスト 253 号』有斐閣，2021 年 6 月，116-117 頁。

284

かについて，適正な課税及び納税義務の履行の確保を目的とする同法の公平な所得計算という要請に反するものでない限り，法人税法上独自の観点から判断されるものであって，企業会計上の公正妥当な会計処理の基準とされるものと常に一致することを前提とするものではないと解するのが相当であるとしているのみである。先に検討した大竹貿易事件においても，公正処理基準の意義は必ずしも明らかにされていないが，法人税法22条4項の「一般に公正妥当と認められる会計処理の基準」については「税会計処理基準」といった法人税法固有の趣旨・解釈も含まれるとしている。すなわち，企業会計原則や企業会計基準などの企業会計におけるルールが，無条件に公正処理基準として法人税法上認められるといった理解はされていないといってよい[22]。

(2) 不動産流動化実務指針の公正処理基準への適合性

Xは，公正処理基準は公正なる会計慣行に従って当該会社がする会計処理と一致することとなると主張する一方で，企業会計原則等の明文の会計基準や確立した会計慣行であっても，その時々の企業会計の考え方に照らして公正妥当であると認められなければ，税会計処理基準には該当しない旨の主張をしている。ここで，今回の事案の特殊性としては，自社の所有する不動産を流動化し，当該流動化に伴う本件信託受益権の譲渡を不動産の売却取引とする会計処理をし，これを前提に税務申告をしていたが，証券取引等監視委員会から行政指導を受け，旧商法でいう「公正なる会計慣行」と認識される不動産流動化実務指針に基づいた過年度の決算訂正が行われた点である。

こういった経緯を踏まえて，本件不動産流動化の取引について，「別段の定め」はないため税務処理は会計処理と一致することとなり，本件行政指導及び課徴金納付命令における見解によれば，税務処理においても金融取引処理を前提とすべきこととなると主張している。さらに，これらの取

---

(22)　酒井克彦『裁判例からみる法人税法（3訂版）』大蔵財務協会，2019年，166頁。

扱いが認められないのであれば，金融庁の判断と同じく国の機関であるY及び国税庁の見解が異なることとなり，行政執行の一貫性を欠いた行政判断のいわゆるダブルスタンダードというべきものであり，法的安定性，公平性及び予測可能性の見地から著しく不当という旨の主張をしている。

　一方でYは，不動産流動化実務指針は税会計処理基準に該当しないことを主張している。同指針は，投資者保護の目的という観点から，会計処理上，不動産の流動化取引を売却と認定する上での特別な基準を設けたにとどまるものと解すべきであって，法人税法の適用場面としての信託財産の譲渡の認定の場面においては，このような目的は妥当ではない。さらに，当該特別な基準を機械的に適用すると，収入すべき権利が確定しているにもかかわらず，不動産の流動化取引かつ当該取引において一定割合を超える経済的リスクが譲渡人に残されている場合に限って，譲渡に係る収益を計上しないものと取り扱うこととなり，これ以外の場合と比して所得の金額の計算にアンバランスが生ずる結果となり，ひいては課税の公平を害する等の弊害が生ずることになりかねない。そのため，こうした場面においてまで当該特別な基準が適用されるという趣旨のものではないと解するのが相当であると主張している。

　東京地裁・東京高裁では，前述の通り，不動産流動化実務指針は，法人税法22条4項にいう公正処理基準には該当しない旨を判示している。この部分について，①不動産流動化実務指針5項等は，投資家にリスクが及ぶことを防止するという限定的な目的を持った指針であるのみでなく，企業会計原則よりもランクの低い会計基準であること，②企業会計原則は実現主義を採用しており，法人税法も所得は実現の時点で権利確定主義に従って課税されるべきであるという考え方を採っていることから，判決の結論は正当であると考えられる[23]。

---

(23)　金子宏『租税法（第24版）』弘文堂，2021年，360頁。

お わ り に

　以上，収益認識にかかる三つの重要判例を分析検討した。いずれの判決においても，法人税法 22 条 4 項に規定される公正処理基準の解釈については，企業会計原則や会計基準，確立した会計慣行を広く含むと解釈できるが，法人税法がそれらすべて容認しているわけではないとの見解を示している。つまり，企業会計原則の内容や確立した会計慣行が，必ずしも公正妥当であるとは限らないとしている。

　そのうえで，収益の認識計上時点を検討するに当たり，企業会計原則で示されている実現主義という文言を引用し，それは権利が確定した時であるとしている。なお，ビックカメラ事件においては，法人税法 22 条 4 項の解釈として「税会計処理基準」という文言を使用し，法人税法固有の趣旨・解釈も含まれるという点で一歩踏み込んだ判決となっている。現在も権利確定主義の採用を明確化した規定はないが，税法が権利確定主義を基本的基準としていることは否定できない。なぜなら法人税法は，法律としての観点から法的に最も安定した事実をもって益金の期間帰属を判定しようとする法的規準を基礎とせざるをえないからである[24]。しかし，納税義務の確定を納税者自ら行う申告納税制度において，課税所得計算について不確定概念たる公正処理基準との関連を裁判所の判断等に求める部分が多く存在しており，租税法律主義の視点から問題があると考える[25]。

【参考文献】
• 金子宏『租税法（第 24 版）』弘文堂，2021 年。
• 武田隆二『法人税法精説（平成 17 年版）』森山書店，2005 年。
• 酒井克彦『裁判例からみる法人税法（3 訂版）』大蔵財務協会，2019 年。

(24)　武田隆二『法人税法精説（平成 17 年版）』森山書店，2005 年，113 頁。
(25)　柳綾子「収益認識基準の変遷と課題」税務会計研究学会編『税務会計研究—損金をめぐる新たな課題—』31 号，2020 年 7 月，152 頁。

- 成道秀雄『税務会計—法人税の理論と応用—』第一法規，2015 年。
- 柳裕治『税法会計制度の研究—税務財務諸表独立性の論理—』森山書店，2005 年。
- 岡村忠生「法人税法 22 条 4 項と「税会計処理基準」—ビックカメラ事件—」『税研』178 号，2014 年 11 月。
- 神山弘行「輸出取引にかかる収益の計上時期—大竹貿易事件」中里実・佐藤英明・増井良啓・渋谷雅弘・渕圭吾編『租税判例百選（第 7 版）別冊ジュリスト 253 号』有斐閣，2021 年 6 月。
- 川端康之「過大徴収電気料金の返還と収益の計上時期—相栄産業事件」中里実・佐藤英明・増井良啓・渋谷雅弘・渕圭吾編『租税判例百選（第 7 版）別冊ジュリスト 253 号』有斐閣，2021 年 6 月。
- 川端康之「ビックカメラ事件と会計基準」『税研』182 号，2015 年 7 月。
- 小塚真啓「輸出取引にかかる収益の計上時期—大竹貿易事件」水野忠恒・中里実・佐藤英明・増井良啓・渋谷雅弘編『租税判例百選（第 5 版）別冊ジュリスト 207 号』有斐閣，2011 年 12 月。
- 酒巻俊雄「輸出取引による収益の計上基準」『ジュリスト』1046 号，1994 年 6 月。
- 野田博「輸出取引にかかる収益の計上時期」水野忠恒・中里実・佐藤英明・増井良啓編『租税判例百選（第 4 版）別冊ジュリスト 178 号』有斐閣，2005 年 10 月。
- 濱本明「過年度損益修正に係る制度会計上の諸問題」『商学研究』36 号，2020 年 3 月。
- 綿引万里子『最高裁判所判例解説　民事篇平成 5 年度（下）』1996 年 3 月。
- 吉村政穂「公正処理基準—ビックカメラ事件」中里実・佐藤英明・増井良啓・渋谷雅弘・渕圭吾編『租税判例百選（第 7 版）別冊ジュリスト 253 号』有斐閣，2021 年 6 月。
- 柳綾子「収益認識基準の変遷と課題」税務会計研究学会編『税務会計研究—損金をめぐる新たな課題—』31 号，2020 年 7 月。

収益課税の論点

日 税 研 論 集　第82号　（2022）

令和4年11月20日　発行

定　価　3,500円（本体3,182円＋税10％）

編　者　公益財団法人　日本税務研究センター

発行者　西　村　　　新

東 京 都 品 川 区 大 崎 1 - 1 1 - 8
日本税理士会館1F

発行所　公益財団法人　日本税務研究センター

電話（03）5435-0912（代表）

製　作　財経詳報社